井筒俊彦

叡知の哲学

若松英輔

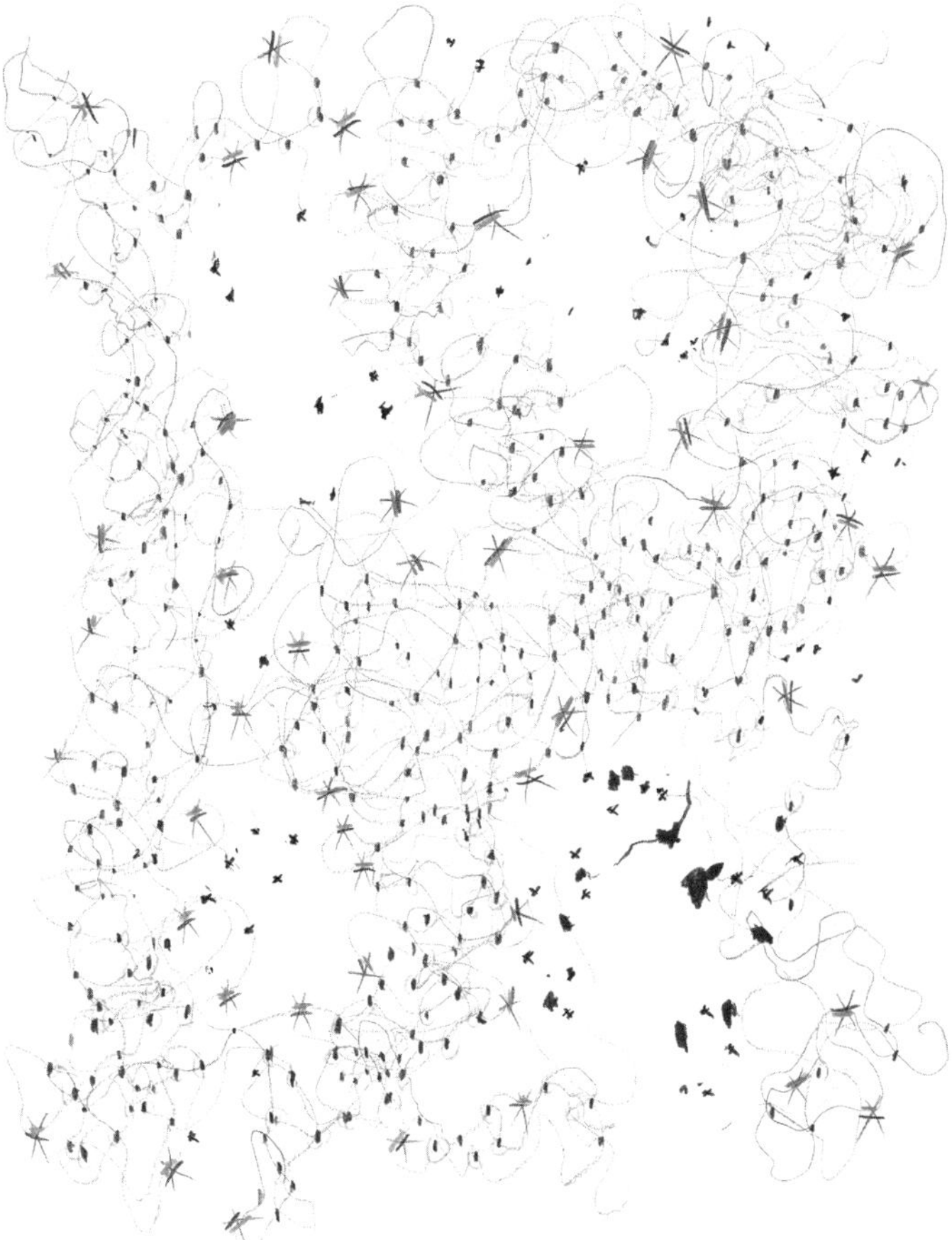

慶應義塾大学出版会

恵子に

井筒俊彦――叡知の哲学　目次

井筒俊彦——叡知の哲学

まえがき

一九四三年、ある講演の冒頭で、自分は哲学者ではない、そう言ったのは井筒俊彦自身である。このとき彼は三十歳だった。

私は元来大体アラビヤ文学、ペルシヤ文学、トルコ文学というようなものが専門でありまして、それ等の文学が全部回教文学である為に、自然回教をやらなければならぬので多少研究いたしたまでであります。それ故、哲学御専攻の方々に申上ぐべきことは何も持って居りません〔以下略〕（「回教に於ける啓示と理性」）

謙遜しているのではない。慶應義塾大学語学研究所に所属する、アラビア語およびその文学の研究者、それが当時の大学人である井筒の立場だった。だが、その一方で、彼は『アラビア思想史』、

『アラビア哲学』の二著を持ち、ムハンマド論、イブン・アラビー論も執筆していた。『神秘哲学』が刊行されたのは戦後だが、そのもととなる慶應義塾大学での講義「ギリシア神秘思想史」はすでに行われていた。業績から見れば、むしろ、彼はいわゆる哲学研究者であったとも言えるのだ。

『神秘哲学』の中心的人物であるプラトンは、『国家』で詩人を追放した。芸術を憎んだからではない。プラトンが拒んだのは悪意ある虚構である。詩人は、啓示の通路でなくてはならない。詩人が自分を語り始めることに忙しく、天啓の伝達者という役割を忘れたとき、「共和国」から追われたのである。現代、追放されるのは詩人ではない、哲学者ではないか。『神秘哲学』を読むと、そんな著者の声が聞こえてくる。

「形而上学は形而上的体験の後に来るべきものである」と井筒は『神秘哲学』で言う。そんな彼が、詩霊の声に耳を傾けることなく、超越との繋がりを遮断した営みを「哲学」と認めていなかったとしても、また、哲学を研究しているだけで、ためらいなく「哲学者」と自称する人々と同じく、自身を哲学の徒だとは認識していなかったとしても、不思議ではない。このときすでに、彼の内心には「哲学者」は、既成の概念とは全く別な、特異の意味を有していたのである。

井筒俊彦の公生涯は、彼自身が示唆するように、大きく三期に分けることができる。

第一期は、一九四一年、処女作『アラビア思想史』から、『神秘哲学』と『ロシア的人間』の刊行、『コーラン』の翻訳を経て、海外生活に入るまでの期間。

第二期は、カナダ・モントリオールのマギル大学を皮切りに、同学のテヘラン支所、そしてイラン王立哲学研究所と、海外での学際生活を過ごした時期——すなわち、一九七九年にイラン革命激化のため日本へ帰国するまでの期間である。この間、彼は、エラノス会議に深くかかわり、ほとんどの論考を英文で発表している。

第三期は、日本に帰り、『イスラーム生誕』、『イスラーム哲学の原像』、『意識と本質』、『イスラーム文化』、『コーランを読む』、『意味の深みへ』、『コスモスとアンチコスモス』、『超越のことば』と次々に著作を世に問い、東洋哲学覚書の第一部『意識の形而上学』を経て、死に至るまでの期間である。彼が斃れたのは、遺作の続編の執筆を始めようとしていたときだったから、棲家を異界へ移すまで、道程は間断なく続いたと言ってよい。

当然ながら、井筒も、最初から、今日の世界的な名声から想像されるような碩学だったわけではない。哲学者井筒俊彦が誕生する過程には、幾つもの出来事があった。それはイブン・アラビーや老荘との邂逅のように、彼の内面で生起したことばかりではない。現実世界での人、あるいは思想との出会いと交わりを経て、井筒俊彦という人間から、時代を画する一人の哲学者が顕れたのである。

しかし、中央公論社版『井筒俊彦著作集』を繙いても、彼が時代をどう生きたのかを看取するのは難しい。例えば、西田幾多郎、鈴木大拙の名前すら一、二度出てくるだけで、井筒は先行者たる日本人思想家に、ほとんど触れることはなかった。井筒が日本思想に関心を示さなかったのではない。鈴木大拙への敬愛は小さくなく、著作集未収の作品からは柳宗悦の読者だったことも分かる。

西田の高弟、西谷啓治は井筒俊彦の才能をいち早く認めた人物だった。ここに大川周明や折口信夫、あるいは師である西脇順三郎の名前を加えることもできる。

彼に影響を与えたのは日本人ばかりではない。井筒は同時代人であるジャック・デリダにしばしば言及したが、おそらく彼がもっとも愛した海外の思想家はルイ・マシニョンである。影響の強さからいえば、ルドルフ・オットーとミルチャ・エリアーデも看過できない。しかし、対談を除けば、こうした師友や先学の名前すら、著作集にはほとんど登場しない。そうした空白を埋める糸口を与えてくれたのは、二〇〇九年に公刊された『読むと書く』である。

これまで井筒は、同時代史から、どこか離れたところで理解されてきたことは否めない。超然とした感のある井筒には、生前から数々の「神話」的な逸話がつきまとっていた。

井筒俊彦をイスラーム学者と呼んでも、過ちを犯したことにはならないが、この人物を、単に言語哲学者と呼ぶ場合と似て、窮屈な感じが残る。こうした呼称は、あまりに実相を覆い隠してはいないだろうか。彼自身は、留保なく、イスラーム学者と自称したことはないのである。

一九六七年以来、八二年まで、井筒は毎年のように、エラノス会議に参加した。一九三三年、オルガ・フレーベ＝カプテインの企図に、ユングとルドルフ・オットーが協力し、始められた東西霊性の統合への試み、それが「エラノス」である。井筒はエラノスで、のべ十二回の講演を行うのだが、イスラーム哲学が主題として選ばれたことはない。論じられたのは、老荘と『楚辞』の思想、孔子、あるいは易について、禅、華厳、唯識の仏教思想、インド哲学などだった。井筒の読者には明白なように、これらの主題はそのまま『意識と本質』に流入している。エラノスに招かれていなければ、この著作は生まれなかったかもしれない。

『意識と本質』は井筒俊彦の主著である。英文著作を含めても、それは変わらない。彼は自伝を書かなかったが、『意識と本質』は、精神的自叙伝として読むこともできる。サルトルに始まり、古今集の歌人、リルケ、マラルメ、イスラームの哲人、孔子、ユダヤ教神秘主義、ユング心理学へと展開してゆくのを見ると、彼と共にその思想的軌跡を追うようである。だが、この著作を、彼の精神遍歴の書として読むとき、欠けている項目があることに気がつく。キリスト教との関係である。

ある人は井筒のキリスト教論の一つとして『ロシア的人間』を挙げるかもしれない。確かに井筒はそこでドストエフスキーを「基督の証人」と呼んだ。しかし、その直後に、この人物は何よりもまず、キリスト教という一宗派を超脱する「新しい人」、真実の神秘家なのだと書き添えるのを忘れなかった。この著作で明らかにされているのは、文学者の相貌をまとい、危機の時代を生きた精神的革命家の境涯である。

ここで問題なのは、字義通りに直接的な、歴史的存在としてのキリスト教思想家と井筒俊彦の関係である。ある時期、井筒は、詩人クローデルをはじめ、アウグスティヌス、ヨハネス・エリウゲナ、十字架のヨハネといったキリスト教思想家に強く動かされた。中でも彼が強い情感をもって論じたのがベルナールだった。これらの詩人、宗教者たちから受けた衝撃は、ギリシアの哲人との邂逅に比すべき強さで、彼の精神を貫いた。序文に明らかなように、その出会いがなければ、井筒は

『神秘哲学』に着手しなかったかもしれないほど、その影響は強く、深い。

井筒俊彦の哲学的企図は『意識と本質』の副題「東洋哲学の共時的構造化」に収斂される。「共時的」とは、ある問題が、現在と同時に永遠の相の下に横たわっていることを意味する。その営みを、一個人で完遂することが不可能なことは、彼には最初から了解されていた。『イスラーム哲学の原像』において、イスラーム神秘主義を窓として、東洋哲学の深層にわけ入ろうとした彼が、「非力を痛感した」ともらしている言葉は、そのまま受け止めなくてはならない。『意識と本質』のはじめにも、この論考は「東洋哲学の共時的構造化」への序論に過ぎないと書かれている。

確かに井筒は「序論」しか書かなかった。しかし、優れた論文にしばしば見られるように、「序論」において、根本問題は明示されている。序論で終わることを承知しながらも、彼がペンをとったのは、読者の出現を信じていたからである。井筒の読者は、世界に広がっている。しかし、今、求められるのは『意識と本質』をはじめとした井筒の日本語著作を、日本人が「読む」ことではないか。未だ海外の読者の多くは、井筒の主著を知らない。彼の全貌を理解し得る可能性は、日本人にこそ開かれている。

書き手は問いかけている。読者の役割は、それを単に論評することではない。それは、書かれた言葉を深化させ、ときには書き手が思いも及ばなかった世界をそこに見つけることではないのか。書かれた文字は、動かない。しかし、秘められた意味は、読者の出現によって自ずと姿を顕す。井筒がいう創造的営為としての「読み」と、「誤読」を創造的に実践する読者の出現が作品を完成させる。誤解を恐れずに言えば、作者は、その作品の全貌を知らないのである。

本論の一章から六章までは、二〇〇九年春季号から二〇一〇年秋季号まで『三田文学』に連載されたものをもとにしているが、刊行するにあたって、大きく書き改めた。七章から十章、そして年譜は、書き下ろしである。また、本書引用文中における筆者による注は、〔 〕で記し、引用は、読みやすさを考慮し、一部を除き現代仮名遣いにした。

第一章　『神秘哲学』——詩人哲学者の誕生

無垢なる原点

井筒俊彦の原点を論じるなら、『神秘哲学』から始めなくてはならない。それは、思想的始原、個人史を論じるとしても変わらない。

ただし、ここでいう『神秘哲学』とは著作集所収の改訂版ではなく、かつて「ギリシアの部」という副題が付されていた、光の書房から刊行された初版『神秘哲学』（一九四九年）である。学問的精確さを期し、後年彼が改めた点に言及する場合は著作集版に拠《よ》る。しかし、彼の思想的遍歴の追究を目的とする本論においては、初出の『神秘哲学』を典拠としたい。この著作に込めた、彼の息吹をはっきりと感じることができるからである。また、断りなく『神秘哲学』と書かれている場合も初版を意味している。

一九八九年、七十五歳の彼は、一九五二年に書かれ、ひとたびは加筆補正され『イスラーム生誕』(一九七九年)に再録された、預言者ムハンマドの小伝『マホメット』を、初出の表現に戻し、出版している。おそらく初版の『神秘哲学』も同様に、井筒の中では特別な意味を持つ著作だったと思われる。井筒自身は晩年、半生を振り返り、この著作を「無垢なる原点」(「『著作集』刊行にあたって」)かもしれないと述懐している。

結論めいたことを言うようだが、『神秘哲学』と『意識と本質』を繰り返し読めば、彼の他の著作を読まなかったとしても、井筒俊彦という人物を読み誤ることはないだろう。邦文著作と分量を同じくする英文著作を忘れているのではない。それらを含んでも『神秘哲学』と『意識と本質』の位置は変わらない。むしろ、この二冊がもし英訳されれば、世界は、*Sufism and Taoism*(『スーフィズムと老荘思想』)に触れたときのように、ふたたび驚きをもって哲学者井筒俊彦を認識するだろう。

これらの著作を看過すれば、彼の思想的中核と骨格を見失うことになる。なぜなら、この二冊は現代日本哲学史に刻まれるべき論考であるだけでなく、彼自身の精神的自叙伝でもあるからだ。この点において、日本語を母語とする日本人が、井筒俊彦の著作を読み解く意味は小さくない。

初めての著作は、イスラーム生誕から十二世紀の哲学者イブン・ルシュド(アヴェロエス)までを論じた『アラビア思想史』(一九四一年)だった。その前後に公にした文章も、イスラームもしくはアラビア語に関するものが多い。また、寄稿した雑誌も、大久保幸次が主宰する『回教圏』や大川周明が率いる満鉄東亜経済調査局の『新亜細亜』だったから、世間は彼をイスラーム学者だと思ったかもしれない。しかし、井筒俊彦のギリシア哲学との出会いはイスラームとのそれから、十年以上も遡るのである。彼が大学で最初に行った講義もギリシア神秘思想史だった。

「東洋」は井筒を読み解く鍵言語《キー・ターム》の一つだが、その淵源も『神秘哲学』にある。彼は古代ギリシアに「東洋的とも言えるその、情意的《パトス》・『心《プシュケー》』的、な主体性の哲学の典型的な顕現の一例」（「『著作集』刊行にあたって」）を見たのである。今は、井筒が「東洋」に含意する特異な位相には触れない。彼は時にそれを「ギリシア以東」だと言ったこともある。また、別なところではそれは地理的領域に限定されない、精神的境域であるとも発言している。

『神秘哲学』は、準備もなく、好奇心だけで手に取った者を容易に受け入れない。それは修道者の前に立ちはだかる、幾重にも重なる不可視な門を思わせる。読者は本を開くとすぐに、「親しく経験したことのない人には何人といえども説明することはできない」という一節に出会う。しかし、その一方で、ほとんど個人史を語ることのなかった井筒が、自らの精神遍歴を率直に語ったのも『神秘哲学』だったのである。

一九一四（大正三）年、井筒俊彦は父信太郎、母シン子の長男として、東京・四ッ谷に生まれた。立原道造、丸山眞男が同年の生まれである。対談（「思想と芸術」）で、安岡章太郎が「お父様のご出身は新潟ですか」と尋ねると、「そうです」と井筒は答えている。

信太郎は米問屋の次男で、若い日から書と囲碁、そして禅に親しんだ。禅への熱情は強く、しばしば曹洞宗の本山永平寺に出向き、参禅するほどだった。また彼は、書を書いていると「突然、自分の心が筆先に伝わって、紙の上に全部流れ出すのを実感」したという特異な感覚と経験を持つ人物でもあった。書とは、単に文字を記すことではなく「人間の本当の一番内奥のものがほとばしり出て、しかも筆という毛の先に伝わってそれが流れ出してくる。それはもう腕と指のとめようもない動き」であると父親は息子に語った。

父親はビジネスマンだった。彼は生業《なりわい》と同じく、日常の修道を重んじた。それは、俗に言われる精神集中や健康増進のためにする営為では、全くなかった。次に引用するのは、先に述べたように初版である光の書房版『神秘哲学』の序文からである。後年、版を改められ中央公論社の著作集に収められたとき、一部が削られている。「彼」とは父親のことである。


「マドンナの理想を抱きながらソドムの深淵に没溺して行く」という言葉があるが、私の父はまさしくそのような霊魂の戦慄すべき分裂を底の底まで知りつくした不幸な、憑かれた人であった。何者か、あらがい難き妖気のごときものに曳かれて暗澹たる汚辱の淵に一歩一歩陥ちこんで行きながら、而も同時にそれとは全く矛盾する絶対澄浄の光明を彼は渇望してやまなかった。いや、人間存在に纏わる罪の深さと、その身の毛もよだつ恐怖とを誰にもまして痛切に感ずればこそ、此の世には絶えて見出し得ぬ清朗無染の境地をあれほどまでに烈々たる求道精神を以って尋求していたのであろう。そう言えば私がものごころついてから後に屢々目撃した彼の修道ぶりは生と死をかけた何か切羽詰ったものをもっていた。古葦屋釜の湯のたぎりを遠松風の音と聞く晩秋深夜の茶室にただ独り湛坐して、黙々と止息内観の法を修している父の姿には一種悽愴の気がただよっていた。

内心に深い闇を抱き、特異な繊細さで罪業を感得するこの人物は、子供もまた、自分と同じ苦痛を経験すると思ったのかもしれない。それに耐え得る心身の構築のためだったのだろうか、息子がまだ幼い頃から、座禅と『臨済録』、『碧巌録』、『無門関』などの禅籍の素読を強いた。修道において、導師の手加減は弟子への愛の欠落を意味する。父親の修道が、生と死の境界で行われていた以上、その厳粛なる影響が、息子に流れ込むのは必然だった。

父親が教えたのは禅だけではなかった。むしろ、「私はこの父から彼独特の内観法を教わった」というよりもむしろ無理やりに教えこまれた」との言葉通り、禅も父親独自の内観法への架橋だったと理解する方が正確なのだろう。

先ず墨痕淋漓たる「心」の一字を書き与え、一定の時間を限って来る日も来る日もそれを凝視させ、やがて機熟すと見るやその紙片を破棄し、「紙上に書かれた文字ではなく汝の心中に書かれた文字を視よ、二十四時の間一瞬も休みなくそれを凝視して念慮の散乱を一点に集定せよ」と命じ、更に時を経て、「汝の心中に書かれた文字をも剰すところなく掃蕩し尽せ。『心』の文字ではなく文字の背後に汝自身の生きる『心』を見よ」と命じ、なお一歩を進めると「汝の心をも見るな、内外一切の錯乱を去ってひたすら無に帰没せよ。無に入って無をも見るな」といった具合であった。

この一文を読む限り、父親の行法は特定の伝統宗教に伝わる瞑想法ではないように思われる。いわゆる「内観」と呼ばれる行法とも違う。井筒が書いているように父親「独特の内観法」なのだろう。修道生活のはじめ、特定の宗旨あるいは行法から自由な道を与えられていたことは、井筒俊彦の人格を形成する上で、極めて重要な条件だった。

仏教とキリスト教、それぞれの修道者が沈黙のうちに、相互の行法を真摯に行う試みがあるように、修道は教義に縛られない。そこには、論議の展開はないが、認識の深まりがある。論議が本来、認識の深化のためにあるのは言うまでもない。

行と思想が不可分であるという認識は、井筒の中で終生変わることはなかった。彼は頭で理解することよりも実感を重んじた。その態度は、彼の主著『意識と本質』に著しく現れる。禅者道元における修道と認識の同時的深化を論じた考察、また、朱子をはじめとした北宋の儒者の行法、すなわち静坐の重要性と学究との連関論がその好例だろう。井筒俊彦の修道論は、稿を改めて論じなくてはならない。

瞑想法においては自由だった父が、断固として息子に禁じたのが「思惟」である。「知的詮索を加えることは恐るべき邪解であると教えられ」、修道とは「徹頭徹尾、純粋無雑なる実践道であって、これに就いて思惟することも、これに基いて思惟することも絶対に許されないと信じていた」というほどだった。

「信じていた」とは、父親を信頼し、自らを救い上げる何ものかの到来を予感していたことを示すのではない。知が指し示す道に従えば、魂は迷う。そして、いつかは滅ぶ。それはほとんど呪詛にも似た言葉だった。しかし、その忠言も父親からしてみれば、自らが与え得る最大限の愛情でもあったのである。息子は、それを信じるよりほか道がなかったに過ぎない。井筒がギリシア哲学に出会ったのは、こうした精神の暗夜にある時節だった。

彼がギリシアの哲人に発見したのは、父からの厳命とは真逆な事実である。愛知の業《わざ》である哲学こそ、求道の道を成就する、哲人たちの声は数千年の歴史を超えて、今日に至ってもなお、鮮烈な問題を投じ続けていることを、彼は「発見」する。それは、大海に投げ出された男が、波間に浮かぶ一枚の板をつかむような経験だったと言ってよい。

父親の言葉に逆行するように、息子は内側から沸き上がる「思惟」の衝動を感じていた。「思惟」とは考えることではない。考察とは異なる。「思惟」とは、人間を超える何者かが、叡知を通じて自己を世界に向かって顕すことであると、ある哲学者は言った。

人間的思惟の典型的活動ともいうべき哲学や形而上学が観照的生の体験に底礎されて成立し得るであろうとは夢にも思ってはいなかった。然るに、後日、西欧の神秘家達は私にこれと全く反対の事実を教えた。そして特にギリシアの哲人達が、彼等の哲学の底に、彼等の哲学的思惟の根源として、まさしくVita Contemplativaの脱自的体験を予想していることを知った時、私の驚きと感激とはいかばかりであったろう。私はこうして私のギリシアを発見した。(『神秘哲学』序文)

彼は「思惟」の道を開いた哲学者の名前を書いていない。それはおそらくアリストテレスである。この哲人だけではなかったにせよ、彼に哲学的啓示とも言うべき出来事の契機となったのは「スタゲイラの哲人」との出会いだったと私は思う。アリストテレスは、超越的絶対者を「思惟の思惟」と呼んだ。次に引くのは『神秘哲学』の「アリストテレスの神秘哲学」の一節である。

現世に於ける人間生活の極致としてのvita contemplativaの理念こそ、まさしくアリストテレス独特の人生観に由来する生の理念なのではなかったか。あらゆる種類の行為的実践的徳に対して、知性的叡知的徳の絶対的優位を断乎として揚挙せるかのスタゲイラの哲人にとっては、神々の生にもまがう純粋観想の浄境こそ、何物にもかえがたき人生の醍醐味であり、地上的幸福の極致であった。

「私のギリシアを発見した」といった先の一文との符合を見ないだろうか。哲学史に、しばしば登場するアリストテレスはイデア論、あるいは神秘論の否認者である。しかし、井筒俊彦が、この人物との最初の邂逅を神秘哲学者の相貌のもとに果したことは、『神秘哲学』の性格を決定しただけでなく、彼とイスラーム哲学、そしてイスラーム神秘哲学の出会いを準備することになるのである。

彼にとって、ギリシア哲学の発見は、父親との修道を否定することにはならなかった。それは、彼が父親と過ごした修道の日々もまた、「現世に於ける人間生活の極致」である「観照的生 vita contemplativa」だったと表現していることからも明らかだろう。

影響の深さと永続性を考えると、井筒が父親から継いだのは内観法であるよりも、むしろ「読む」ことだったのではないかと思えてならない。思惟を禁じた父親も、禅籍と論語の素読はむしろ義務とした。修道において、書籍はその深化に応じて、師が選ぶ。素読は「読む」ことが単なる知的行為ではなく、全身を傾け、深みにおいて「感じる」営みであることを教える。アリストテレスが学んだアカデメイアにおいても、「読む」ことは、すなわち秘儀に触れることだったのである。

「観照」は、ギリシア語「テオーリア（theoria）」の訳語、セオリー（theory）の語源で観想《かんそう》と訳される場合もある。また、思想的営為の彼方で起こる超越者との接触という意味から論究、究明の意でも用いられる。井筒は「純粋観想とは人間知性の脱自的体験を意味する」とも書いている。「純粋観想」と「観照」は同義である。観照が純粋の極に達したとき、人間は「脱自《エクスタシス》」を経験する。「脱自《エクスタシス》」はもちろん、法悦《エクスタシー》の原語である。しかし、私たちはここに必ずしも、アビラのテレサのような、脱魂する聖女を思い浮かべる必要はない。それは人間が何かを慕うように、存在の根源へと飛躍する経験、「すなわち人間の内なる霊魂が肉体の外に脱出して、真の太源に帰没すること」に他ならない。

しかし、「脱自」だけで終わるなら、肉体を飛び出た魂は、大地に叩きつけられてしまうかもしれない。「脱自的体験」の極点に接したその瞬間、人間は即時的に「神充《エントゥシアスモス》」を経験する。身を捧げ、自己の存在を無化した者を、超越者が間髪入れずに充足する。人間は、自らを完全に脱したとき、「神」が瞬く間にその空白を充たすという現象に遭う。

古代ギリシアの哲人たちにとって、観照とは超越者を思慕する神聖なる営みだった。それは内面の修道ではあるが、私たちが、外面的世界で経験する以上の試練と危機に直面しなくてはならない、身を賭すべき営為だったのである。

また、彼らにとって哲学とは、自己無化である「脱自」の果てに訪れた「神充」の経験に論理の肉体を付与し、世界に記録することだった。だから彼らは、哲学の始原が人間にあるとは考えない。プラトンが哲学における始原的営為を、「想起《アナムネーシス》」と呼んだように、哲学とは考えることではなく、想い出すこと、叡知界の記憶を手繰《たぐ》りよせることだった。

井筒は、自らを「ギリシア主義者でありプラトニスト」だと語っている。それは、超越的叡知の実在と、その想起《アナムネーシス》を基軸に、自らの哲学は存するという告白でもあったのである。「冥想Contemplatio が神秘主義道程上の本質的要素であることはもとより縷言を要さぬところであるが、エクスタシスが直ちに神秘主義そのものの本質なのではない。神秘主義は一たびテオーリアの絶頂を窮めた後、自ら進んで此の美的観想の静謐を断乎として踏み破る遑しき実践の意欲に結実しなければならぬ」。この一文は、『神秘哲学』の概略を端的に伝えている。観照《テオーリア》、脱自《エクスタシス》、実践《プラクシス》、これらは『神秘哲学』を皮切りに、井筒俊彦の思想全体を貫く鍵言語になってゆく。観照は瞑想を伴うとは限らない。観照は脱自的体験に終わらない。実践に結実するまで完成することはないというのである。

『神秘哲学』を読むと「実践《プラクシス》」の文字が用いられる頻度と多様性に気がつく。彼がこの論考で一義的に明示したかったのはギリシア神秘主義の系譜ではない。人間が自己発見を超えて存在的根源へと還る道程、神秘家たちの実践の道行きである。彼はそれを「神秘道」と呼んだ。

彼が意味する「神秘道」の実相を共有するために、術語の背景をいくつか確認しておきたい。それは「叡知」と「霊」あるいは「霊魂」。「現象界」と「実在界」、「超越界」、あるいは「叡知界」。そして「向上道」と「向下道」である。

これらの言葉というよりも、後年の井筒の表現を用いれば「意味分節」は、その生涯を通じて彼の中で脈々と生き続けたのである。

それは絶筆『意識の形而上学——「大乗起信論」の哲学』が術語、対象、命題において、『神秘哲学』を強く想起させることにも明らかだ。以下に引くのはその一例、大乗起信論における「心《しん》」の意識性を論じた一文である。論じられている主題は当面の問題ではない。術語に注意して読んでいただきたい。

「その重要な一点とは、〔中略〕超個人的・形而上学的意識一般、プロティノス的流出論体系の『ヌース』に比すべき純粋叡知的覚体（昔風の人なら宇宙的意識とでも言うだろう）であるということである。宇宙的意識とか宇宙的覚体などというと、やたらに大袈裟で古くさくて、そんな無限大の超個的意識の実在性など」現代の人は容易に信じられないだろう、と井筒は記す。

「昔風の人」あるいは「やたらに大袈裟で古くさくて」と言っているが、かつて「宇宙的意識」「宇宙的覚体」という表現をしばしば用いたのは彼自身である。それだけではない。「ヌース」すなわち「叡知」、「純粋叡知」は『神秘哲学』におけるもっとも重要な術語ですらあった。もし『神秘哲学』を創作に喩えるなら、それは長大な「ヌース」の叙事詩だと言ってもよい。神話の時代に遡り、タレス、ピュタゴラス、ヘラクレイトス、クセノパネス、プラトン、アリストテレス、そしてプロティノスへと流れる変遷の陰にありながら、この論考における真の発話者、主格的実在であり続けたのは「ヌース」、叡知なのである。

「一者からヌースへ、ヌースから堕在霊魂の状態へと霊魂が一段ずつ本来の神姿を失いつつ降りて来る。それと共に一段ずつ世界もまた降りて来るのである」（『神秘哲学』）と、井筒はプロティノスが万物創造を論じた「流出論」の現場を描き出している。つまり「ヌース」とは、「一者」がその実相を顕した最初の姿であり、それは次第に「堕在霊魂」すなわち人間の「肉霊」「肉体的霊魂」に姿を変じるというのである。

「肉体的霊魂」とは、心理学 psychology の語源である「プシケー」(psȳkhē—anima) であり、純粋霊魂 (pneuma—spiritus) とは区別される。本論では前者を主に「魂」、後者を「霊」と表記する。井筒は『神秘哲学』で「霊覚」(あるいは「宇宙的霊覚」) という表現を用いるが、それは霊の覚醒であり、魂の営み以上のことを表している。

魂は、人間に属し、個を特定する。霊は、「一者」の座であり、人間が超越者から生じた証しである。哲学者瀧澤克己の表現を借りれば、霊と魂は不可分だが不可同、また霊の優位において不可逆の関係にある。

『神秘哲学』を、「界」の術語に留意して読むとき、その多様な種別に驚く。先に挙げた現象界、実在界、叡知界、超越界は一例に過ぎない。プラトンのイデア界はもちろん、個物界、感性界、感性的仮象界、真実界、真実在界、精神界など、この論考は「界」論、すなわち境域論として読むこともできる。世界は多層的構造を織り成しているという実存的経験は、おそらく父親との修道の日々に培われたのだろう。彼が「現象界」と呼ぶのは私たちが生きるこの世界であるが、その世界に「現象」が生起していても、事象の「実在」は明らかにされていないと考えている。「実在」が確かに存在する世界、それを井筒は「実在界」と呼ぶ。

おそらく井筒が「実在界」という表現と出会ったのは、リルケにおいてだと私は思う。彼の蔵書には古いリルケの作品が複数ある。十九世紀末の精神的危機を一身に背負ったこの詩人は、マラルメと共に、井筒が強く影響を受け、愛した詩人だった。『マルテの手記』はRealität（実在界）とWirklichkeit（現象界）の狭間に生きる一個の魂の記録に他ならない。リルケも、井筒と同じく、この世界には真実の「実在」は露見していないという実感に忠実だった。後年、『意識と本質』で井筒は、「実在界」という表現の後ろにリルケがいることを示している。

叡知界は文字通り、叡知が支配する世界で、人間の精神の臆測を超える出来事が生起する。超越界は、実在界あるいは叡知界の総称である。叡知界、超越界も現象界の彼方にあるという意味では、実在界と変わらない。しかし、表現の差異は単なる修辞《レトリック》上の問題ではない。それは、井筒の観照経験の繊細さを明示している。彼は、論じる主題に従って言葉を使い分けている。あたかも、ダンテが天界に十の階層を描き出したように、一《いつ》なる絶対的超越界に、複数の力動的側面《ペルソナ》的世界を認識しているのである。

神秘道の追究はしばしば登攀《とうはん》に喩えられる。徹底的に自己を滅し、ひたすらに叡知界を希求する道を、井筒は「向上道」と呼ぶ。徹底してそれを行った者は、叡知的世界に安住するのではなく、再び現象界に舞い戻り、そこに叡知界の実相を再現しなくてはならない。その道を「向下道」と言う。

山を登る者は頂《いただき》を目指すだけでなく、見た風景を記憶し、地上に降りて、それを伝えなくてはならない。頂で見る一切は、魅惑的なほど美しいかもしれない。しかし、そこに安住するなら、道半《なか》ばであるに過ぎない。「向上道」的世界の非日常的現象に目を奪われ、見たことの実現に注力しない者は「神秘道」を放棄し、忌むべき逸脱を犯しているというのである。だから井筒は、神秘あるいは、神秘主義の現象論を展開しない。むしろ、そこに彷徨うことは「無意義なる稚戯に耽溺すること」であり、神秘体験に「強烈なる光燿に眩暈し、遂に浮誇《ふこ》慢心の独善主義に趨《はし》るは神秘主義の邪道」に他ならないとする。次の一文は、古代ギリシアの哲人たちの不文律だっただろうが、それは、井筒が自らの生涯に定めた律言でもあった。

現世を超脱して永遠の生命を味識するプラトン的哲人は、澄潭の如き忘我静観の秘境を後にして、またふたたび現世に帰り、其処に孜々として永遠の世界を建設せねばならぬ。イデア界を究尽して遂に超越的生命の秘奥に参入せる人は、現象界に降り来って現象界の只中に超越的生命の燈を点火し、相対的世界のイデア化に努むべき神聖なる義務を有する。

『神秘哲学』における中核的論考「プラトンの神秘哲学」に同様の文章を見つけるのは難しくない。「我れ唯ひとりの魂が救われても、他の全ての人の魂が悉く救われなければ神秘家の仕事は了らない」とも述べているように、繰り返しを恐れることなく、井筒は執拗なほど、プラトン哲学における「向下道」の絶対的意義を論じた。観照の果て、静寂の境地を自ら打ち破り、濁世にその身を捧げる者、それが井筒俊彦にとっての「神秘家」である。

「神秘家」と井筒が書く。そこには深遠なる思想家と無私の実践家が並存している。ソクラテス以前の哲学者の多くは、「いずれも溌剌たる時代精神をその一身に凝集する活動家であり、思惟することが直ちに行動することを意味するごとき情熱的実践家」だった。ある者は「民心を鼓舞激励して外敵をやぶる雄勁豪偉の武人、或は国風の腐敗堕落を見て憂国の至情抑えがたく、決然立って政治を刷新する一代の経世家、曠世の革命家、また故国の輝かしき立法家」だったのである。

すなわち「彼等はいずれも哲学者である以前に神秘家であった」とある通り、神秘家とは、人間的個性すなわち魂の特性よりも、霊的陶冶を意味する表現である。神秘家は、神秘説を唱える口巧者、口舌の徒である神秘「主義者」ではない。神秘家は語る前に実践する。彼等の悲願は、主義を唱えるところにあるのではない。万人の救済にある。救いというのは比喩ではない。ギリシア哲学における究極の目的は、理性的知解ではなく、魂の救済だった。

父信太郎は一九四四年、病に斃れる。先にも引いたように、井筒は父親のことを「霊魂の戦慄すべき分裂を底の底まで知りつくした不幸な、憑かれた人」だったと書いている。次の一文は、後年『神秘哲学』が再版された際には削られてしまう。しかし、そこにはこの論考を書いた彼の根本的動機が刻まれているように思えてならない。

このような根源的分裂に魂をひきさかれた人にとって、光明への向上の一歩は同時に暗黒への没落の一歩でもあったことは、悲しくも当然のなりゆきなのであった。果して父の観照的生の修業がその極限に達したかに見えたとき、却ってそれは彼にとって生への完き絶望、すなわち死を意味した。観照的生の完成こそ生命そのものの完成を意味する筈であったのに。

死は、『神秘哲学』が取りあげる根本問題の一つである。しかし、そこには、いつも死者への語らいがある。死と死者は違う。死は現象界での出来事だが、死者は、実在界の「生者」である。彼は死を論じるときに、死者を忘れるということは決してなかった。その背景にいつも父親がいたことをどうして疑うことができるだろう。死に至るまで、修道を追究した父親こそ、井筒俊彦の人生に登場した最初の「神秘家」だった。

『神秘哲学』執筆の頃、井筒は結核を病み、血を吐きながら書いていた。「死」は、彼自身にも迫っていたのである。

スタゲイラの哲人と神聖なる義務

古代ギリシアにおいて哲学は、その始原において「密儀宗教《ミュステリオン》」と分かちがたく結びついていたと井筒は書いている。ギリシア哲学史、それは思想の歴史であるよりも、密儀宗教から誕生した信仰告白であるという確信が『神秘哲学』を貫いている。

先に、人間に備わる「霊」が、超越者から分節された証しであると書いたが、その意味に従えば、霊性とは、「霊」が始原的実在である一者を希求する働きである、と言える。

ギリシアの霊性は新しい神、北国トラキアの異神、ディオニュソスの誕生と共に大きく転換する。井筒は、ディオニュソス神を、紀元前七世紀のギリシア人たちが作り出した空想の産物だとは思っていない。彼はその実在を信じ、人類が遭遇した稀有な宗教的経験として論じている。彼はまた「原始形態に於けるディオニュソス崇拝の祭儀が極度の感情的興奮と集団的幻覚に基く一種のシャマニズム」だったことを看過すべきではないと指摘する。シャマニズム、すなわち原始的神充の経験が、哲学の根源に横たわっているというのである。

ギリシア神話を、あくまで現世的であるとする井筒俊彦の指摘は興味深い。神話時代、人間と神々は、救済的次元においては関係が薄かった。神々が人間に救済を約束することはなかったのである。だが、この新しい神は、信徒に異界があることを告げた。生はこの世では終わらない、「彼岸」はあると新しい神、ディオニュソスは言った。この神は、現世がすべてであると信じていたギリシア人に、その彼方に別世界があることを教えたのである。

「ディオニュソス！　人々この恐るべき神の名を喚べば、森林の樹々はざわめき、深山は妖しき法悦にうち震う。秘妙なる忘我の旋風が全地を覆い、人も野獣も木も草も、あらゆるものは陰惨なる陶酔の暗夜に没入帰一し、怒濤のごとき野性の情熱が凄じく荒れ狂う」。私たちがそこに見るのは、生贄と陶酔と狂乱、さらには神懸り。確かにこの神はギリシアの民に異界があることを告げたが、「個人的救済」と、「霊魂の不死と浄福」とを約束したわけではなかった。古代のギリシア人は、何の確約もないまま、内なる渇望を埋め尽くす何かをそこに探したのである。現象界に新しい神の顔が顕現するときには必ず、救済を願う人間の根源的希求がある。ギリシア人たちは、神話的神々に満足することができず、彼岸の生命、永遠の生命を求めたのである。

ディオニュソスは、オルフェウス教団の頂《いただき》という座位を得て、「秘儀典礼組織と独特なる教義体系を与えらるるに及び、はじめて全ギリシア的彼岸宗教の神」になった。歴史はオルフェウス教団の実態をあまり伝えていない。異郷からやって来た「深き伝説の霧に隠れた『トラキアの詩人祭司』オルフェウス」が開いた原始教団であり、個人霊魂の不滅と輪廻を信じ、秘教的典礼を有し、禁欲的生活による永遠の浄福への道程を説いた。

霊の救済が現実となると同時に、霊肉二元の思想が生まれた。しかし、それは同時に、哲学の萌芽でもあったのである。その狭間に生まれたのがピュタゴラスだった。この人物において、哲学と宗教は不可分だったばかりか、宗教性を帯びない哲学など、概念として成立しなかっただろう。ピュタゴラスだけではない。それは古代ギリシアを貫く実相だった。「哲学は、いわば『真理』を聖体として成立するところの高次の密儀宗教なのである」とも井筒は書いている。

「オルフィズム・ピュタゴリズム」と井筒も一語で表現するように、オルフェウス教団とピュタゴラス教団は接近した霊的共同体だった。井筒は、ピュタゴラス教団に学んだと伝えられるパルメニデスに触れ、密儀宗教における魂の階梯、イニシエーションを論じる。

階梯は三つ、第一に浄化を意味するカタルシス（「現世的感性的穢汚の掃蕩」）、次にミュエーシス（「絶慮沈潜」）そして、エポプテイア（「霊性開顕」）である。カタルシスとは心身霊における浄化である。ミュエーシスとは理知的思索の超克、そして、エポプテイアとはすなわち秘儀参入である。

密儀宗教における霊的進化の三層構造は、そのまま哲学に継承されるのだが、階梯の終わり「密儀宗教の窮極」エポプテイアが「すなわち哲学の始りなのである」とも井筒は言う。存在の浄化、無化を経て、秘儀参入することが宗教の終わりなら、そこを突破し、現実世界における実践を説くのが哲学の起点になるというのだ。

宗教と哲学の融入を生きたのは、いわゆるソクラテス以前の哲学者たちだけではない。それは『神秘哲学』の最後を飾るプロティノスまで、一貫して変わらない。「イオニア的自然神秘主義と、密儀宗教的霊魂神秘主義との最後の綜合」と井筒はプロティノスを表現している。この人物もまた、真実の思索者であることで、祭司でもあり得ているというのである。

ラファエロの《アテナイの学堂》と題された有名な画がある。中央に二人の哲人が立ち、一人はオレンジ色の衣をまとい、天を指し、水色の布をはおっている。もう一方の人物は、手のひらで大地を押さえつけるような仕草をしている。それぞれが真理の場所を訴えているのだと解されている。天上界を指さすのはプラトン、現象界に留まれと促すのはアリストテレスである。これを思想史的表現に置き換えれば、アリストテレスによるプラトン的イデア論とその否定を示すことになる。

プラトンが創設したアカデメイアに集った多くの弟子たちは、師の偉大さのあまり、その思想の継承に忙しく、自らその思想を深化させようとはつゆ考えなかった。その実現は六百年の経過とプロティノスの出現を待たなくてはならなかったと哲学史は教える。多くの哲学史はプラトン、プロティノスの間に時間的断絶を認め、その原因をアリストテレスに帰した。アリストテレスはプラトン哲学の破壊者のように論じられたのである。

「自分は恩師を敬愛する、がしかしそれよりも更に真理を敬愛すると断言」したアリストテレスの信念は、哲学の園アカデメイアにいる頃から、内心で燃えていた。アリストテレスは、自らの懐疑の強靱さを知っていたのだろうが、同時に、先師の思想が、その挑戦を前に、容易にたじろがないことも熟知していた。

花がある。人間はそれを「実在」だと信じて疑わない。しかし、プラトン哲学では人間の五感が感覚する事物は「幻影」に過ぎず、真実の実在はイデアであるとする。花がいかに美しくても真実在と呼ぶべきものではない。それは不完全な表象、花のイデアの陰影に過ぎない。石、人間、王、市民、国家、あるいは美、勇気、平等といった理念においても、その理法は変わらない。イデアは、存在者の数だけ存在する。そして万物のイデアは、究極的にイデアのイデアすなわち「善のイデア」に収斂するとプラトンは考えた。

しかし、プラトンが説くように、イデア性あるいは「存在の叡知性」が遍在するのだとすれば、なぜ、天上のイデア界に限定されなくてはならないのか。どうして今、このときに現れないのか、つまり、人間が見、感じる世界にそれが実現されていないはずがあろうか。「存在が叡知的であるというならば、それは我々が現に具体的に生きている現実の世界から遥かに遠い何処か天上の世界の存在が叡知的であるのではなくして、此の具体的な存在界が、生成の事物が叡知的であるのでなければならぬ。切れば血の迸る生々しい現実の存在が叡知的なのであらねばならぬ」という考えがアリストテレスの原点だった。

確かにアリストテレスは、プラトンの「像」を壊した。しかし、それはプラトン主義者たちが作った教祖プラトンの偶像ではなかったか。アリストテレスは、プラトン哲学の破壊者ではない。井筒は、アリストテレスにそのもっとも正統な継承者、「真摯なプラトン主義者」の姿を見ている。井筒は「アリストテレスは先師プラトンにも後輩プロティノスにも劣るところなき純然たる神秘家であった」とも述べている。

「畢竟するに形而上学は神学なのである」とパルメニデスに触れ、井筒は書いているが、このとき、おそらく彼の念頭には、アリストテレスの姿があっただろう。形而上学と神学の根源的一致はアリストテレスの根本問題だったからである。アリストテレスの哲学はその誕生以来、「神学」に他ならなかったのである。しかし、ここでいう「神学」は、人間による「神」の人間的理解を意味しない。『神秘哲学』によれば、哲学者とは、知による超越者の実像の復元を、超越者に託された者の謂である。

観照は存在探究の道に違いないが、最初にあるのは、根源からの招きである。観照は、人間が愛する人に向かって全身を投げ出す行為に似ている、とアリストテレスは言った。井筒俊彦が注目するアリストテレスは「神」の解析者ではない。それを「愛慕」する実践的思索者である。

井筒は、アリストテレスが説く人間に備わる絶対者希求の本能、「本能的欲求《オレクシス》」（orexis）に言及する。神は人間を絶望と彷徨から救済するために、「愛慕」する本能を植え付けた、人間には元来、自己の存在的根源を求める本性があるとアリストテレスは考える。アリストテレスの「神学」の底を流れるのは、絶対者への信頼と安住の確信である。そこには、浄土門の阿弥陀如来を彷彿させる母性的な神の姿すら浮かび上がる。

神秘家の本分は、神を知解し、その甘美な経験に惑溺することではなく、その顕現を準備することである。なぜなら、「個人的救済の余徳は万人にわかたれて全人類的救済に窮極するまでは決して止むべからざる」ということこそ、アリストテレスが師プラトンから継承した哲学の使命だったからである。

アリストテレスは、井筒俊彦に、観照が哲学の道であることを明示しただけではない。観照体験の究極は、個の制約と桎梏を超え、ついに「宇宙的実践」たり得ることを教えた。それは「人間的実践即宇宙的実践として、あらゆる存在者の重量を一に脊《せお》った人間の実践的活動の極致に」他ならない。一個の存在者が、真実の意味で「神充」を経験すれば、それは、世界の祝福を意味する。ここにナザレのイエスの登場を、あるいは釈迦が仏陀に変貌する、いわば人間の聖化を高らかに告げ知らせる預言者の声を聞くことはできないだろうか。

預言する詩人

学生時代、井筒俊彦が属していたのは文学部英文学科だが、卒業論文のテーマには諸説ある。友人でもあったのちの旧約聖書学者、関根正雄はチョーサーの文体論、かつての教え子で、のちに大学の同僚になる松原秀一は、本人から聞いた話として、ウィリアム・モリス論だったと伝えている。ともあれ、そうした人間が助手になるといきなり「ギリシア神秘思想史」を講じ始めたのだ。

不幸にして当時学内一般の民族主義的思潮はかかる純超越的観想をこころよしとせず、加うるに日米間の情勢は頓に緊迫し内外の風雲急を告げて、大多数の学徒が業半ばにして動員さるるに及び、私はこの計画を中断するの止むなきに至った。(『神秘哲学』)

慶應義塾大学での講義が中止になったのは、戦争の激化だけが理由ではない。「学内一般の民族主義的思潮はかかる純超越的観想をこころよしとせず」とあるように、抗いがたい圧力の存在は文章からも窺《うかが》える。しかし、思想史上の一概念として「神秘主義」を論じるだけなら、誰も騒いだりはしなかっただろう。『神秘哲学』において、鮮明なまでに開花する井筒俊彦の実践的神秘家としての素性は、このときすでに、周囲を不安にさせたのかもしれない。

「神秘家」を理解しようとするなら、「自らも彼等と同じ直観を以て宇宙の深奥幽邃なる秘義に徹入し、彼等と同じ体験によって霊覚の境涯に転身しなければならぬ」、同様の言葉が、教壇からもまた、発せられたことは想像に難くない。戦争中、彼が口にした「神」は「民族主義的思潮」が許容する実在ではなかったのである。

井筒は大学での哲学教育を経ていない。むしろ、そのことが彼の精神を決定したのかもしれない。もちろん、彼にも師と呼ぶべき存在はいる。「生涯ただひとりのわが師」と彼が書くのは西脇順三郎である。英文学者、古典文献学者、言語学者であり詩人、この人物が『神秘哲学』の礎になった講義を許可したのだろう。

今では「羊のようにおとなしくなってしまった」が、大学に入った頃は「実に生意気」で、「たいていの先生を軽蔑していた」(「西脇先生と言語学と私」)と本人が記しているのだから、そうなのだろう。安岡章太郎との対談でも、三田では「ずいぶん暴れ」たと言っている。また、池田彌三郎によると英語の授業では、教師の誤りを一覧にして渡し、地理の答案を英語で書いたりしていたという。

彼は最初、今の慶應義塾大学経済学部に入学する。父親が文学部への入学を許さなかったからである。漱石を手放さず読んでいた、という父親にとって、文学は天才にのみ許されている道で、息子には無縁だと思われたのかもしれない。「ずいぶんひとを見くびったものだと思った」(「追憶」、一九七八年)と井筒は書いているが、父親は、息子の不才を指摘したのではない。そうであれば、年少の頃から息子に神秘道の実践を強いたりはしなかっただろう。経済学部への入学を強いた父は、息子に自分と同じ、実業界での活躍を期待したのかもしれない。

入学後、指定された座席に坐ると、隣には池田彌三郎、後ろには加藤守雄がいた。動機のない経済学部への入学、文学への愛惜の情、それが三人の共通項だった。彼らは、ついに文学部への転部を決心する。経済学部の試験が終わったその日、三人は揃って銀座数寄屋橋へ行き、分厚い簿記原論の教科書を橋の上から「泥川の中に叩きこみ、これできっぱり経済とは縁を切ってやったとばかり、意気揚々として文学部に乗りこむ次第となった」(「追憶」)。よほど鮮烈、そして爽快な一瞬だったのだろう。加藤、池田の両氏もそれぞれに同様の文章を残している。

それから四十五年後、イランから帰国した井筒は、慶應義塾大学通信教育課程の機関紙『三色旗』に短いエッセイの連載を始める。自分を語ることに慎重だった彼が、端的にその歩みを描き出した興味深い作品群である。その一編、「師と朋友」で、自分には「朋」はいない。しかし、「友」といえばまず、池田彌三郎を思い出すと書いている。「朋」は論語にいう学友、「友」は親友のことである。出会った頃、二人は「どういうわけか、哲学がやたらに好きだった」。のちに民俗学で一家をなした池田彌三郎も、当時は「おれは将来、池田哲学をつくる。そうだ、イケダ哲学にきめた」と言い、井筒俊彦を唖然とさせるほど哲学に熱中していた。しかし、そんな池田も、折口信夫を知って以降は、急速に国文学へと傾斜してゆく。

池田彌三郎、加藤守雄は、後年、共に折口信夫門下で特異の位置を占める。当時、彼らは吸い込まれるように折口門下へと入っていったが、井筒は独り、西脇順三郎の門を叩いた。彼は群れることを嫌った。「学問は自分ひとりでするもの、孤独者の営みでなければならないと私は若い頃から勝手に思いきめていた」(「師と朋友」)とあるように、学問が独歩の営みで、群れるべきではないという信念は、井筒の中で西脇を知ることで、強靱さを増した。彼が折口の後に続かなかったのは、「折口鑽仰者の固い朋構造」のゆえだった。しかし、彼は折口信夫に関心を示さなかったのではない。「妖気漂う折口信夫という人間そのものに、私は言い知れぬ魅惑と恐怖とを感じていた」のである。「危険だ」、この「魔法の輪」に曳きずりこまれたら、脱出は不可能だと思い、二人がそれぞれの道を選んだとき、池田は「朋」ではなく「友」になった。西脇順三郎が山本健吉との対談『詩のこころ』で言うには、西脇門下になった後も、井筒は折口信夫の講義を受け続けただけでなく、その内容を西脇に伝え続けたという。

井筒が、詩人西脇順三郎を知ったのは、中学時代だった。彼はのちに『超現実主義詩論』として刊行される詩論が寄せられていた詩誌『詩と詩論』を愛読していた。『超現実主義詩論』冒頭の一文は、まるでこの詩人の告白を見るような思いがする。「詩を論ずるは神様を論ずるに等しく危険である。詩論はみんなドグマである」。

『神秘哲学』は、ソクラテス以前の哲学者と呼ばれるさまざまな哲人たちの独擅場ではない。「ギリシアに於ける神義論《テオディセ》は、紀元前六世紀の抒情詩人達によって始めて明確なる問題として提出された」。人間存在の本源的問題性を「抒情詩時代以前のギリシア人は嘗て考えたことがなかった」とあるように、哲学の黎明を告げる者として現れるのはサッフォー、ピンダロスといった詩人たちである。おそらく、井筒が古代ギリシア詩人の中でもっとも愛しただろう、クセノパネスに至っては「詩人預言者」とすら呼ばれている。それは未来を予言する者を指すのではない。神のコトバを預かる詩人に他ならない。

個の経験を、その制約を超えて普遍化するだけでなく、永遠の相に布置することが、哲学の始まりであるならば、ギリシア抒情詩は確かに哲学の始原だった。ギリシア抒情詩は、「現実の歌」だった。以前の詩人が、神々や国家を歌い上げたのに対し、彼らは、個の現実である「恋愛、歓喜、快楽、苦痛、懊悩、忿恚」を歌った。

詩と哲学、あるいは詩と超越と言い換えてもよい。西脇順三郎の、井筒俊彦への影響を表現するとそうなる。詩論は神学と同じ危機を孕み、発せられた途端ドグマに堕する。しかし、書く。たとえ、残像としても、映し出すことができれば、成就からは遠くとも、超越の存在証明という祈願は達せられたことになる。この詩人の精神は、そのまま弟子に引き継がれている。

以下に引くのは、有名なと言ってよいだろう、西脇順三郎の和文処女詩集 *Ambarvalia* の最初にある「天気」と題された詩である。

覆《くつがへ》された宝石）のやうな朝
何人か戸口にて誰かとさゝやく
それは神の生誕の日。

西脇は続く一群の詩作をまとめて「ギリシア的抒情詩」と命名した。『神秘哲学』を書きながら井筒は時折、西脇を想っていたように思えてならない。詩は、言葉をもって神と人間をつなぐ、そう言っても井筒は否定しないだろう。

「純粋詩」を論じたアンリ・ブレモンは、詩の究極態を祈りだと言った。井筒俊彦も強く影響されたこのカトリック司祭でもあった文人哲学者によれば、祈りに論理の肉体を付与し、万人に用いられることを願う者が、真実の「詩人」である。しかし、その人物は必ずしも、詩を謳うとは限らない。その人物が、王たる宿命にあれば、歴史は彼を僭主と呼んだ。古代「ギリシア各地に並び起った無数の僭主と詩人と哲学者とは、いずれも同一精神を根幹として咲き出でた三種の異花であった」と井筒は書いている。『神秘哲学』の前半は思想史であると共に、優れた詩論あるいは、詩人論でもあるのだ。

「プロティノス精神の真の継承者はプロクロスでもイアンブリコスでもなくして、聖アウグスティヌスその人である」と井筒は書いている。プロティノスの霊性は、新プラトン主義の歴史で終わるのではなく、キリスト教という幹に接木され、むしろ大きく花開いたというのだ。それは思想史的事実に合致している。しかし、この言葉は、そうしたこととは別な事実も伝えている。

この一文の前に彼はこう書いている。「私自身は基督教徒ではなく、その世界観に於て純然たる一のギリシア主義者でありプラトニストであるに過ぎないが、併し私は西欧の神秘主義に関するかぎりプラトニズムはギリシアに於ては遂に完結せず、却って基督教の観照主義によって真に窮極の境地にまで到達するものと考えるのである」。『神秘哲学』執筆の頃は、井筒がキリスト教、それもカトリックの思想にもっとも接近した時期と重なり、あえて、「私自身は基督教徒ではなく」と断らなければならないほどの影響をもたらした。

プロティノスの影響は、プロクロスには十全に伝わらなかったと井筒は言い、プロクロスにはほとんど触れていないが、彼がしばしば言及したキリスト教中世の神学者ヨハネス・エリウゲナには、プロクロスの思想が深く流れ込んでいる。もちろん、井筒はその事実を知っている。しかし、彼の言葉のままに、プロクロスを通過しては、この時代に哲学が担っていた役割を見過ごすことになる。

プロティノスは三世紀、キリスト教が広がりつつある時代に生きた。彼はそれに反駁する文章を残している。五世紀に生きたプロクロスの時代になると状況は、一層混沌とし、プロクロスは『神学綱要』や『プラトン神学』を書き、ギリシア哲学をキリスト教の浸食から守ろうとした。書名を見ただけでも、当時の哲学の位置、そしてそれが神学と同義だったことが伝わってくる。

サマリアのマリノスが書いた伝記『プロクロスの生涯あるいは幸福について』には、中世の修道士を思わせる師プロクロスの生活が記録されている。プロクロスが先師プラトンの生誕を祝して公衆の面前で話す姿は、光に満ち、口から出る言葉は波形を成して広がり、ときにそれは舞い落ちる雪のようにすら見えたという。また、あるときは高潔な性格で知られた政治家ルフィノスが、講義をするプロクロスの頭を光が包み込むのを見、講演が終わると、プロクロスを礼拝したとも書かれている。

これは寓話に過ぎない、そうでなければ神格化である、と現代人は言うかもしれない。しかし、それでよいのだろうか。政治家が崇めたのはプロクロスではない。プロクロスを通じて現れた超越者である。マリノスが、この伝記を書いたのは、師プロクロスが亡くなった翌年のことである。事実が歪曲されるほどの時間は経過してはいない。プロクロスの時代においても、哲学は学問であるよりも、現実世界における叡知の顕現を準備する実践の学であり、哲学者は、聖なる巫者でもあったのである。

『神秘哲学』は「プロティノスの神秘哲学」で終わる。しかし、井筒俊彦とこの哲人との関係は始まったばかりなのである。彼が再び直接的にプロティノス論を論じるのは、『意識と本質』の後、『神秘哲学』から四十年以上ものちのことだった。その間に彼はプロティノスを語らなかったのではない。プロティノスの名前を出すことなく、その思想を語った。井筒俊彦のプロティノスへの関心は、その死まで続くのである。

上田光雄と柳宗悦

『神秘哲学』に「付録」として収録されているソクラテス以前の哲学者、いわゆるギリシア自然哲学者と呼ばれる哲人を論じた「ギリシアの自然神秘主義――希臘哲学の誕生」は、もともと単著として刊行されるはずだった。文字組みまで終わったとき、出版社が倒れる。それを掬い上げたのが光の書房の社主、上田光雄である。

本書の執筆はもともと私自身の発意ではなく――自己の菲才を知り抜いている病身の私が、これほど大がかりな仕事を、どうして自分から思いたつことができよう――始めから上田氏の熱烈な支持と激励とにはげまされてとりかかったものなのである。幸いにこの著書が、形而上学的情熱に燃える若き人々の伴侶として何らかの意味に於て役立つところがあるとすれば、そして今後もつつがなく私がこの仕事を継続し完成することができるとすれば、一切の功は私にではなく上田氏に帰さるべきである。(『神秘哲学』序文)

「一切の功は私にではなく上田氏に帰さるべきである」との言葉に込められた井筒の上田への感

謝と信頼は、そのままに理解するべきだろう。上田との邂逅が、『神秘哲学』誕生の重大な契機になっていることは、先の文章からも明らかである。病身にもかかわらず井筒は、すでに書いた部分をひとたび横に置き、新たに本文を書き始めた。「ソクラテス以前の神秘哲学」をはじめ、プラトン、アリストテレス、プロティノスそれぞれの神秘哲学を論じた部分は、このときに書かれた。

今となっては、上田光雄を知る人はほとんどいないだろう。ここでも彼が書肆の社主として出版した『神秘哲学』をはじめとする著作群と、彼自身による著作、翻訳、そして稲垣足穂が上田について語っている若干の文章を頼りに論じているに過ぎない。生年、没年、出身地など、上田の個人的な背景で分かっていることはないのである。上田の訳書としては、カントの『純粋理性批判』、シェリングの『神とは何か』、フェヒナーの『宇宙光明の哲学／霊魂不滅の理説』があり、著作としてはエドゥアルト・フォン・ハルトマンを論じた『ハルトマンの無意識の哲学』が残っている。翻訳とは訳者の熟読という行為と批評が融合してなされるものである。その人物が主体的に翻訳したものであれば、「訳書」は「著作」と同じ強度をもってその人物の個性を伝える。

上田が着目したカントは、超越界の存在を否定しない、人間理性の極北を論究した哲学者である。シェリングは啓示論を展開した神秘哲学者だった。フェヒナーは、十九世紀ドイツに生まれ、物理学者として出発し、後年には哲学者となった人物である。上田が訳したのはフェヒナーの代表的著作である。死者論として先駆的な哲学論考であり、当時も広く世界で読まれた。若き柳宗悦も影響を受けた人物で著作に幾度も名前が登場する。ハルトマンの「無意識」は精神分析のそれとは異なる。彼は宇宙にも、意識あるいは無意識があることを説いた孤高の思索者だった。

上田の出版事業は大きく二期に分けられる。戦時中に疎開した長野で、戦後すぐに始めた「日本科学哲学会」の運営と、その後東京へ戻り、一九四七年から四九年の二年間にわたって行われた「光の書房」の経営である。もちろん、井筒との関係は後者立ち上げの後である。稲垣足穂によればそれ以前は「洲崎埋立地に小さな飛行学校」(『東京遁走曲』)を経営していたという。

『神秘哲学』の奥付には、販売者である光の書房の他に「企画と発行」を受け持った事業体として「哲学道教団・神秘道　附属　哲学修道院　ロゴス自由大学」という名称が記されている。所在地は光の書房と同所である。

この何とも分かりにくい名称を理解するには、少し整理が必要だろう。まず、主体は「哲学道教団・神秘道」である。この団体は正式に登録された「教団法人」、今日の宗教法人だった。そこに「哲学修道院　ロゴス自由大学」が付属している。あくまでも主体は宗教法人である。後者はその教育機関に過ぎない。カトリック教会と修道会としてのイエズス会、そして、上智大学という関係を考えると分かりやすいかもしれない。

「哲学修道院」などという特異な名称を、上田光雄が初めから使っていたのではない。起業は、光の書房が先である。出版企画を受け持った事業体は、一九四七年十二月に刊行された「世界哲学講座」(以下「講座」)第一巻から確認できる。企画部門は当初、長野時代からの名称「日本科学哲学会」のみを用い、翌年そこに「ロゴス自由大学」の文字が加えられた。ロゴス自由大学を彼が企図したのも戦時下の長野時代だった。

出版人としての上田光雄の業績は、全十九巻、付録一巻の計画で始められた「講座」に収斂するはずだった。しかし、結果的には順不同で発刊され、第十四巻『神秘哲学』で終わった。刊行された巻数は予定の半数ほどだった。

「講座」の第一巻は、金倉円照の『印度哲学史』と岩崎勉の『希臘哲学史』の合本である。金倉円照は、古代インド哲学の泰斗、岩崎勉は、ギリシア哲学、ことにアリストテレスの優れた研究者で、遺著ながら『哲学における救いの問題』という著作もある。『希臘哲学史』は小著ながら、本人も愛着があり、彼の主著に挙げる人もいる。井筒俊彦と光の書房の関係は、遅くても一九四八年五月以前にさかのぼる。彼は「講座」の五巻に仏教哲学を書いた宇井伯寿らとの合本に『アラビア哲学』を寄稿している。

ちょうどこの頃である、上田が刊行していた雑誌『哲学と科学』を偶然見受けた稲垣足穂が、上田に手紙を送り、親交が始まる。ある時期、足穂はロゴス自由大学（以下「大学」）に寄宿していたことがある。生活に困っていた彼を、上田が「大学」の天文学部の主任として雇ったのである。「物判りのいい紳士と山師と田舎暴君とが合宿していた」（『東京遁走曲』）と足穂は上田について書いている。しかし、約束した仕事になかなか着手しないことで愛想を尽かされ、足穂はしばらくすると、上田のもとを追い出される。だが、上田を語る足穂の筆は、感情に流されておらず、記述も公平性を保っているように思われる。

そして、一九四九年五月、上田の訳書『意訳・純粋理性批判』の中巻が出たとき、突然、「ロゴス自由大学」の横に「哲学道教団所属哲学修道院」の名称が使われ始める。『神秘哲学』の刊行は、それから四ヶ月後である。

「講座」は一般書籍として刊行されたのではない。「演習教材」と記したものもあるように「ロゴス自由大学」の教材であり、「哲学修道院」における修道書でもあった。書籍としても販売された『神秘哲学』は例外的だった。精確に記すと、この本には、光の書房版と哲学修道院版の二版があり、外装が少し異なる。それは、上田の中では明確な区分があったことを物語ると共に、この刊行物への強い思い入れを窺わせている。

上田光雄自身の著訳書は、先に挙げたもので全部だと思われるが、無償配布、もしくは「講座」の受講生にのみ提供した著述が他にもある。手元にあるのは二つ、一つは『「純粋宗教」哲学道教団・神秘道とは何か?』(以下『純粋宗教』)、それと『世界哲学講座　十四巻・十五巻　修道指導書』である。

『純粋宗教』は細かい文字で埋められた七十頁ほどの冊子であり、教団のマニフェストだと言ってよい。そこには、六章二十一条の「教団法人『哲学道教団・神秘道』規則」と、「本教団の組織」の表題下に小乗門・大乗門・奥義実修門という修道の体系についても述べられている。後者は、上田光雄による井筒俊彦の『神秘哲学』と稲富栄次郎の『プロティノスの神秘哲学』の読解書である。しかし、記述の九割以上が『神秘哲学』への論究に割かれている。これも単なる概説書ではない。

ここに詳論することはできないが、『神秘哲学』を読む上田の視座は精確であり、また実存的でもある。彼はそこで、古代ギリシア哲学を、真に「読む」行為が、そのまま「哲学道」に直結することを実証的、かつ熱情的に語っている。

上田はまず、『純粋宗教』で、自身の考える「宗教」を定義する。それは「純粋経験たる神が『自らを絶対否定的に肯定して自らに帰ろうとする努力である』」。「純粋経験たる神」とは、「神」と不可分である「私」でもある。それが自らを「絶対否定的に肯定」し、純粋態に復帰しようとする営みであるとしている。

根源的な意味で、神と人間との間には断絶はない、むしろ、人間は神の内にあるとする上田の確信を前提にしないと、彼の言説は分かりにくい。神の創造は常に、その内なる営みである。人は、神から生み落とされ、外界にあるのではなく、依然として、神の中にいる。したがって、人間にとっての「宗教」的営為とは、努力の末に達成される何かであるよりも、先に触れたアリストテレスが論じる「本能的欲求《オレクシス》」的営みとなると上田は信じている。

「絶対否定的肯定」は、井筒が『神秘哲学』で用いた表現である。上田のこの著述にも『神秘哲学』の一節は引かれている。しかし、それがなくとも、一読すればその影響は随所に瞭然として確認することができる。上田は「純粋宗教」を定義し、「宗教の純粋本質を体験し、神仏の純粋本質を礼拝する宗教」だと書いている。既存宗教の退廃を経験した人間の並々ならぬ嘆きと、救済の光を見た男が抱く絶対者への深い欽慕が、この小冊子を貫いている。

「中学校初年級の頃より神を求める心に燃え」、仏教の大学に学んだがあきたらず、キリスト教の大学へ行き、その後、神道の門を叩き、「印度・ペルシヤ・アラビヤ・ギリシヤ等の密儀宗教も学び、内外の哲学宗教書など数千冊を読破し、或いは断食苦行するなど、かくて四十年の永きに亘り真の信仰」(『純粋宗教』)を得るためにでき得る限りのことをした、そうした彼が、ついに出会った「宗教」が真実の意味における「哲学」だった。宗教者のみが聖性の探究者だというのではない。むしろ、その道を市井に開放する者が真実の意味における「哲学者」ではないのか。現代に「純粋宗教」があり得るとすれば、それは「純粋本質」の認識を追求する「哲学」の姿をまとって顕れる、というのである。表現の方法とは別に、救済と教義の乖離を指摘する彼の視座は、今日でもほとんどの宗教が不可避的に抱える根源的問題を照らし出している。

諸宗教の超越的一性を説き、その始原的一性から直接的に開示された「伝統」こそ、真に信じるべきものである。それを明らかにすることが真実の意味における「哲学」、「久遠の哲学(philosophia perennis)」に他ならないとする一群の思想家たちがいる。ルネ・ゲノン、フリチョフ・シュオン、アーナンダ・クーマラスワーミーなど代表的な人物を総称して「伝統学派(Perennial school)」と呼ぶ。創始者のゲノンが亡くなったのが一九五一年、上田の活動期間からそう離れてはいない。もちろん、上田と伝統学派に交流はない。しかし、私はここにある時代精神の顕現をみとめてみたいのである。

伝統学派の中には上田光雄と同じく、宗教だけでなく真実の哲学――すなわち形而上学――によって結ばれた信仰共同体を組織したシュオンのような人物もいる。その思潮は、日本では十分に論究されるに至っていないが、今日では、その思想は世界に広がり、三大宗教はもちろん、芸術あるいは心理学の世界にも浸透している。こうした現況を考えてみても、上田の試みの意味は、日本思想史における一つの思潮として論じるに値する。どんな出来事が介在したのかは不明だが「哲学道教団・神秘道」は、冊子の配布からしばらくして活動を停止した。

当時、井筒俊彦が上田光雄の活動に強い共感を抱いていたことは外的状況からも明らかだろう。「哲学」は学問の一形態である以前に、叡知界を目指す修道であり、救済的問題と不可分の位置にある、それは上田光雄の信念でもあっただろうが、『神秘哲学』にも表れている井筒の絶対軸でもあった。

哲学が、その淵源に密儀宗教を有し、「オルフィズム・ピュタゴリズム」、プラトンを経てプロティノスの時代に至ってもなお、学問であるよりは一個の霊性だったことは先に触れた。五二八年頃とされている、ローマ皇帝ユスティニアヌスは、異教信仰を持つ者を公職から追放した。翌年には哲学の教授を禁止、プラトンの伝統を継承する学園アカデメイアは閉鎖を余儀なくされる。テオドシウス一世の勅命が発せられたのは三九二年、このときすでにローマ帝国の国教はキリスト教だった。帝国は単に思想を弾圧したのではない。禁じたのはキリスト教にとって最も大きな脅威だった当時の「哲学」の位置を推し量ることができるだろう。

このとき、ギリシア哲学は学問ではなく、高次な意味における「宗教」だった。ポルピュリオスが書いたプロティノス伝に記されているのは、今日私たちが想像するような哲学者の姿ではない。

そこにいるのは叡知に満たされた聖なる巫者である。上田光雄の試みは、ギリシア的霊性の復活にあった。懐古的、教条的に古代ギリシア哲学を蘇らせるのではない。現代における叡知と救済の関係断絶が修復されることを願ったのである。

『神秘哲学』を井筒俊彦は、文字通り「血を吐きながら」書いた。著者はもとより、書肆の側も、これが最後の作品になる可能性を感じていただろう。だが、あえてそれを否もうとする「近刊予告」が残っている。『神秘哲学』は三巻完結の予定だった。第一巻が「ギリシアの部」、第二巻は「ヘブライの部」すなわち、ユダヤ教の世界、第三巻は、キリスト教神秘主義について書かれるはずだった。以下に引くのは井筒がすでに書き始め、相当量の原稿を書き進めていたことを示す記録でもある。上田光雄の文章だろう。

第一巻（ギリシアの部）を完成した著者は、病弱の身を挺して更らに第二巻（ヘブライの部）の原稿約一〇〇〇枚の尨大な執筆に専念されている。この第二巻は、旧約聖書の人格神信仰から説き起して、その強烈なヘブライ神秘思想が時と共に第一巻のギリシア思想と衝突し闘争し遂いに融和して、ユダヤ教の方ではアレクサンドリヤのフィロンの神秘主義を生み、キリスト教の方では使徒パウロの神秘主義を生み、そして最後に聖アウグスティヌスの神秘主義によって決定的に統一されるまでの雄大なヘブライ神秘哲学の精神史的光景を描いた学界未踏の珠玉篇である。単なる文献学的研究書又は傍観的解説書の多い我国哲学書中にあって、本書の著者はその優れた学究的叙述の行文の間に、神秘的実存としての著者自らの内心に燃え上るパトス的な魂の叫びと崇高なる実存的自覚の体験を躍動開示し、読者をして思わず「哲学道」の法悦境に参入せしめずには措かぬ。第三巻以下も続刊。

上記の広告文にある内容は、上田と井筒の間で、熱を帯び、幾度となく語られたのだろう。執筆者の「病身」だけが、続編出版上の困難だったわけではない。先にも触れたように『神秘哲学』を発刊後、まもなく、光の書房は倒れたが、出版人としての眼力の確かさは、この論考が二十世紀を代表する哲学者の思想的原点となったことが証明している。

しかし、仮に「哲学修道院」の活動が継続されていたとしても、井筒と上田の「蜜月」は長くは続かなかったと思われる。井筒の思想は、宗教を統合的に捉えるのではなく、その差異に意味を見出す方向に深化していったからである。「本書〔『神秘哲学』〕の出版直後、出版社が倒れるという思いがけない事件が起って、そのために幸か不幸か私の計画もあえなく挫折してしまった」（『神秘哲学』新版前書き）と後年、井筒は書いているが、「幸か不幸か」という表現が、近い未来二人の違いが、無視できないほど歴然としてきたであろうことを物語っている。だが、たとえそうだったとしても、やはり上田がいなければ、『神秘哲学』は生まれなかったのである。この特異な人物との邂逅とその夢が語られなければ、病苦にあった井筒がペンを執ることはなかったかもしれないのだ。

『神秘哲学』が刊行されたとき、あるギリシア哲学の大家は、あまりにギリシアを「神秘化」し過ぎると語ったという。続編が書かれていれば、専門家からは同じく誤読と飛躍を多分に含む著作だと断じられたかもしれない。未刊行となった続編の原稿は現在のところ発見されていない。しかしその片鱗は「神秘主義のエロス的形態――聖ベルナール論」をはじめ、『意識と本質』のカバラー論、さらに生前刊行された最後の著作『超越のことば』に収められた「中世ユダヤ哲学史における啓示と理性」に見ることができる。

『神秘哲学』で井筒俊彦は、哲人たちの歴程を「神秘道」と呼んだ。この言葉を「神秘主義」と明確に区別し、鍵言語として最初に用いた近代日本の思想家は柳宗悦ではなかったか。「即如」と題された最初期の作品で柳は、「主義」という概念が流布させている弊害に言及する。柳にとって「即如」とは超越的絶対者の異名である。「芸術にとって主義は堕落であった。宗教にとっても流派は凝固であった。形式は生命を拘束する」(『宗教とその真理』)、私たちは「総ての手段を絶し介在を破って直ちに即如に触れねばならぬ」と柳は書いている。また、「神秘道への弁明」での論述はさらに明確である。神秘主義という表現は、もともと、これを「嘲る者が与えた侮蔑の意に萌した言葉」に違いないと柳は断じる。「生まれながらの本性に活きる時、人は自ら神秘家である」、すなわち、私たちは人間を人間から引き離し、神からの乖離を強いるすべての束縛から「離脱」しなくてはならない、その道行きを自分は「神秘道」と称するというのである。

井筒俊彦の蔵書を一覧にした目録が整備されている。そこには、井筒が若き日に読んだと思われる「即如」と「神秘道の弁明」を含む『宗教とその真理』、『神に就いて』、『宗教の理解』が確認できる。先に引いた三冊は共に、柳宗悦が、民芸を発見する以前、世が彼を、白樺派の文人あるいは宗教哲学者として認めていた頃の著作である。

国をまたいで居を構え、移動した井筒は、折々に蔵書を整理した。岩下壮一、吉満義彦、与謝野晶子、村上信彦といった彼が愛読していたと伝えられる著作でも、蔵書目録に記載がないものは少なくない。そうした中で、柳宗悦の著作は特別だったのだろう。先の三冊は、いずれも、大正末期に刊行された古い本である。

井筒俊彦の全著作を通じて、柳宗悦の名前は一度しか出てこない。しかし、柳宗悦初期の作品から井筒が受けた影響は看過すべからざるものだったと私は思う。ことに『神秘哲学』を流れる、哲学と求道が不可分であるとの主張をはじめ、思想的視座、対象、術語に至るまで、二人は驚くほど近似している。ここでいう「近似」とは、表層的な「類似」を意味するのではなく、類比する存在間に生起する共鳴である。この「類比」もトマス・アクィナスの「存在の類比」と別な出来事ではない。

『南無阿弥陀仏』や一遍論、あるいは浄土教の聖者である妙好人論に見られるように、柳宗悦は、仏教の卓越した解読者でもあった。鈴木大拙は、自身の蔵書と研究成果の集積である松ヶ岡文庫を、柳に託そうとしていたほどである。しかし、彼の宗教理解が仏教に限定されていたのではない。井筒がそうだったように、柳は、老荘思想、すなわち道教、儒教にも独自の見解を持つ思想家だった。

柳は、儒教の古典である『中庸』に触れ、これは道徳の書であるより、宗教の書だと書いている。私たちは同じ視座を、井筒の英文主著 *Sufism and Taoism*（一九六六・六七年）に見ることができる。柳も、スーフィズム、彼の言葉では「回教の神秘道」について、さらにはペルシアの神秘詩人ルーミーやジャーミーまで論じている。また、論考「種々たる宗教的否定」は、柳宗悦のキリスト教への実存的関心を直接的に伝えている。アウグスティヌスに始まり、ヨハネス・エリウゲナ、トマス・アクィナス、中世ドイツの神秘家マイスター・エックハルトとその弟子ゾイゼとタウラーを経て、カルメル会の改革を行った十字架のヨハネにまで言及している。

一九七八年、『神秘哲学』が復刊されたとき、井筒は新たに序文を書き、先に引いた広告文にあったように「ヘブライの部」として刊行されるはずだった第二部以降の構想を回顧している。「ギリシアの神秘主義はそれ自体では完結せず、キリスト教に入って本当の展開を示し、スペインのカルメル会的愛の神秘主義、特に十字架のヨハネにおいて発展の絶頂に達する」までを書こうとしていたが、しかし、今から見れば当時の自分は「きわめて偏頗な想念に憑かれていた」と思わざるを得ない、と言った。ここでの問題は、それが「偏頗な想念」であるか否かにはない。それよりもシャマニズムに積極的意義を認めていた人物が、自らを語り、「憑かれていた」と表現する当時の彼の精神に関心がある。

先の一文には、十字架のヨハネの名前しか挙げられていないが、トマス・アクィナス、エックハルトはすでに『神秘哲学』で幾度か触れられており、エリウゲナについてはさらに論及が多い。柳宗悦もエリウゲナを愛した。柳がこの思想家を論じたのは、『神秘哲学』が刊行される三十年も前のことだった。

哲学とは、普遍的な真理を「論理的立論」として理解することではない。考察すべきは「個人的テムペラント」（『宗教とその真理』）すなわち個人の気質であると柳は言う。「テムペラント」は、若き柳宗悦を理解する鍵となる表現である。通常、気質と訳されるこの一語に、柳は自らの手では容易に変えることのできない、定められた精神性という意味を込めている。それは性格ではない。むしろ、霊性に接近する言葉である。人間は、超越者を求めることを止めたいと思っても、それを止めることはできない。アリストテレスが説くように、それは一種の「本能」なのである。だから、論理がテンペラントを描き出すのではない、テンペラントが論理を要求する。また、「焔の色に従って総ての世界が彩られるように、テムペラントは世界に自己の色彩を投げる」。論理が光となって四方を照らすのではない、テンペラントこそ焔であると柳は考えるのだ。こうした柳の言葉は、まるでテンペラントの群像でもある『神秘哲学』を論じた一文のようですらある。

二人は境涯においても近似している。柳宗悦は優れた宗教哲学者、民芸の思想家であると共に、井筒が『神秘哲学』で論じる意味での実践的哲人、すなわち一個の神秘家でもあった。「神を想うのと神が想うのとは同一である。われわれはただ神の御心のままに神を見る」、また、「神は人に飢え人は神に飢える。あふれ出る霊の叫びは神が神を呼ぶ叫びである」（『宗教とその真理』）と柳は書いている。彼にとって、神秘体験とは、人間が神を見ることではない、神が神を見ることに他ならない。柳が一貫して強調するのは、神秘体験における真実の主体である。

『神秘哲学』の付録の第一章の題名にもある「自然神秘主義の主体」が、井筒のギリシア哲学論における最初の主題だった。井筒が、柳宗悦に発見したもっとも真摯な事実もまた、神秘的経験の主体論ではなかったか。真に神秘を経験するとは、人間知性の特異な経験ではなく、むしろ「忽然として顕現する絶対的超越者の自覚なのである」と井筒も言い、その主体は、人間であるよりも、むしろ絶対的超越者であることを明言する。その視座は、井筒がイスラームを論じるとき、一層鮮明に現れる。井筒が引用した柳の文章は以下の通り。出典は記されていないが「茶道を想う」の冒頭にある一節である。省略もそのままに、引いてみる。

「彼等は見たのである。何事よりも先ず見たのである。見得たのである。凡ての不思議は此の泉から涌き出る。誰だとて物を見てはいる。だが凡ての者は同じようには見ない。それ故同じ物を見ていない。……誰も物を見るとは云う。だが真に物を見得る者がどれだけあろうか」

続けて井筒は、この「柳宗悦氏の魅力ある言葉を読むたびに私はアラビア人の眼を憶わずには居られない」と続けている。この一文は、著作集未収録の作品「マホメット」（一九四四年）にある。

第二章　イスラームとの邂逅

セムの子——小辻節三との邂逅

「生家銀座天金は、銀座四丁目の角を数寄屋橋の方にまがって、角から二軒目にあった」と池田彌三郎が『銀座十二章』所収「天金物語」の最初に書いている。池田は天婦羅屋の老舗「天金」の息子で、この店は井筒俊彦の父親も贔屓にしていた。父親の厳命で、ひとたび慶應義塾大学経済学部に入学した井筒が、その日々に耐えがたく、文学部に転部したことは先に触れた。反対する父親に、自分だけではなく「天金」も文学部へ移るのだと説得すると、それなら仕方ないと妙に納得をしたというから父親同士も交流があったのかもしれない。

学生時代、池田彌三郎は天金のPR誌という名目で、文芸同人誌『ひと』を刊行していた。家業の宣伝とは口実に過ぎない。本人を含め、周囲の青年たちが作品を寄せた。「井筒俊彦君との交際」というエッセイで池田が、『ひと』に寄稿した井筒の散文詩「ぴろそぴあはいこおん——philosophia haikôn」を紹介している。

海は暗くなっていた。しとしとと時雨の降る日海岸の砂に天井を向いて寝ていたら、まっ白い土人がそろそろとはい寄って来てこんな事を言った。私は東へも西へも平気で飛ぶ鳥になって蝶々の夢が見たいです。昔あなたの国にローシとか言う人がいて、その弟子にバショーとか云う人がいましたっけ？　万物は流転して一理ありですか。あなたの国では分らない人が多ぜい居るそうですね。私達は生れるときから知ってます。うかうかするとイカルスになると云うことじゃありませんか。海でもだめ、空でもだめ、ああ！　地平線が恋しい。僕は答えた、ああ僕も地平線が見える。だけど、僕は海が恋しいんだ。おおタラッタ。タラッタ。ふと見たら白い土人は何処かへ居なくなって、大きなALBATROSがグルグル空を旋回していた。そしてマラルメの笑いを笑っていた。——（虚実論）——

語学の才能は豊かだが、井筒は文学を解さない、と嫉妬混じりに恨みごとを口にしていた同級生たちも、この詩を読み、鮮烈な驚きを覚え、見解を改めざるを得なかったと池田は書いている。同じ頃、井筒は、T・S・エリオット「荒地」の全訳も池田に渡している。原稿は散逸してしまったので、その筆致を知ることはできないが、井筒俊彦が詩を愛した証拠にはなるだろう。「西脇順三郎先生の全訳に先立つ二十年も前の話である」と池田は書いている。

先に引いた井筒の詩に、西脇順三郎の影響を確認するだけでは不十分だろう。老子、胡蝶の夢を見る荘子、その継承者である芭蕉、古代ギリシアの存在論、霊魂論、そしてマラルメへとつながる精神的系譜は『意識と本質』の世界を予感させる。しかし、さらに注目すべきは、この詩の中に、将来が映し出されていることよりも、彼が若き日の詩的直観に最後まで忠実に、自らの思想を構築した事実である。

司馬遼太郎や安岡章太郎との対談で、井筒俊彦は、大抵の言語は数ヶ月で読めるようになり、英独仏語にいたっては「抵抗」がなく「外国語」ですらないと、冗談としても驚愕的な才能を感じさせる発言を残している。だが、井筒は中学生のある出来事までは、英語の勉強が大嫌いな「劣等生」だった。そんな青年が、あるとき語学に開眼する。当時を振り返ったエッセイが、「語学開眼」である。

特異な出来事があったのではない。日本語にはないが、英語は単数と複数を使い分ける。この青年の場合、そんな素朴な事実だけでも、言語感覚を開花させるには十分だった。異なる言語を用いる者は、異なる世界を経験しているに違いない、と青年は思った。「世界中の言語を一つ残らずものにしてやろう、などというとんでもない想念が心のなかを駈《か》けめぐった」。その経験は、後年彼が言うように禅における見性、あるいは浄土門の見仏体験にも似た「内的飛躍」だった。「その一瞬の経験を契機として、私は学問の世界に踏み込んだ。学問という得体の知れないものの魅力が、予感的に私を捉《とら》えた」とも井筒は書いている。

また、言語習得とは、すなわち新しい世界を獲得することという裸形の直観は、のちに彼が強く影響を受けるドイツの言語学者レオ・ヴァイスゲルバーの「言語共同体の法則」あるいは「言語の人類法則」と原理的に一致する。もちろん、井筒がそれを知るのはずっと後のことである。

古典は書かれた言語で読んだそうですね、と問う司馬に「そうです。それは、やりました」と応える井筒は、読みたい本があれば、書かれた言語を学んだ。正確な数を知ることはできない。しかし、それが三十を越えていたことは推察される。高橋巖が書いた井筒への追悼文「井筒俊彦先生を悼む」(『三田文学』一九九三年春季号所収)によれば、大学の教え子らの間では、井筒が習得した言語は二百にも及んでいたという逸話すらある。

プラトン、アリストテレスを知り、ギリシア語を学んだ彼は、ロシア語を習得し、ドストエフスキーと出会う。次に彼が学んだのはヘブライ語だった。ギリシア、ロシアといった東方の精神に出会ったのち、次に彼がヘブライ語を学び、旧約聖書を通じてユダヤの霊性と深く交差していることは看過すべきではない。むしろ、それらが彼のイスラームとの邂逅を準備したのだと、私は思う。

関根正雄が、井筒の著作集の月報に寄せたエッセイ「井筒俊彦氏のこと」によれば、彼は一九三七年、プロテスタントの牧師小辻節三が主宰していた聖書原典研究所（のちに希伯来《ヘブライ》文化研究所と名称を改める）で井筒を知る。「研究所」といっても複数の研究員が所属する組織ではなく、小辻の私塾だった。関根に井筒を紹介したのは小辻である。聖書原典研究所で「聖書」と呼ぶのは新約聖書ではなく、旧約聖書である。ユダヤ教では旧約という表現を認めない。それはキリスト教の側から見た言葉に過ぎない。ユダヤの民にとって「創世記」、「出エジプト記」を含むモーセ五書に始まる聖書は昔から、今も変わらず唯一の「聖典」であり、それは「旧く」なるという性質のものではない。ここでも小辻の表現に従って、「聖書」と書いた場合は、いわゆる旧約聖書、それもヘブライ語で書かれた原典を指す。

自分の知る限り、日本人でユダヤ教に改宗した最初の人間ではないかと、小辻は自伝に書いている。できるなら、初めからユダヤ教徒になることを願ったが、当時の日本では、それは不可能だった。彼がキリスト教の洗礼を受けたのは、少しでもユダヤの「神」に近づきたいと願ったからに他ならない。彼にとって、キリスト教は、旧約聖書の意味を認める新しい宗教に過ぎなかった。

一八九九年二月三日の節分に誕生したことから「節三」と名づけられた。小辻は京都の下鴨神社の宮司だった家系に生まれた。過去形なのは、明治時代、小辻の祖父の代になると神職は世襲ではなくなったからである。下鴨神社は、歴史をさかのぼれば紀元前に至るという。京都の守護神を祀る、世界遺産にも登録されている日本有数の神社である。

神道の伝統は彼にとってユダヤ教への入信に障害にならないばかりか、それを準備した。神道を出発点に自分は真実の意味での安息の宗教を探し求めてきた、その帰結がユダヤ教だったのであると、彼は自伝のはじめに書いている。

小辻節三の『ヒブル語原典入門』が刊行されたのは、一九三六年十二月、おそらく井筒は、この本で研究所を知ったと思われる。私の手元にある本にも、生徒募集のチラシが入っていた。「ヒブル語原典」とはすなわち、ヘブライ語で書かれた「聖書」である。井筒が研究所の門を叩いたのも、もちろん「聖書」の言語としてのヘブライ語を学ぶためだった。ヘブライ語を学び始めると井筒は驚異的な上達を見せる。遠藤周作との対談（「文学と思想の深層」）で井筒は、当時について以下のような発言を残している。

この方〔小辻節三〕が、また実に熱烈な〔プロテスタントの〕信者でしてね、旧約のテクストをヘブライ語で朗読しながら、感激に声は慄え、目には涙が光る、といったふうで、これもまた私にとっては大変な経験でした。

「聖書」を読んで涙するのは、記されているユダヤ人の迫害を今の出来事として看取しているからである。時は流れる。しかし、それは決して終わらない、と自伝で小辻が述べる宗教的時間の「現実」なのである。

「ユダヤ人は民族であるか、それとも宗団であるか」と『ユダヤ民族の姿』（一九四三年）の最初に小辻は書く。この主題は、歴史的な問題ではあるが、彼にとってはむしろ、自分もまた「ユダヤ人」たり得るのかという一身を賭すべき、実存的な問いだった。「ユダヤ人」が民族の異名であれば彼に道はない。しかし、それが信仰による「宗団」であるならば、彼にも道は開かれている。小辻の結論は一九五九年、彼が正式にユダヤ教に入信したことが示している。

旧約聖書を愛し、それを読むときに涙することを禁じえないような人物が、日本キリスト教会の枠内に収まるはずがなかった。彼の自伝には、青山学院、東京神学会と行く先々で、ほとんど異端者の扱いを受ける日々が綴られている。聖書原典研究所設立の後も妨害は続いた。そんな彼は、自分の理解者を日本に求めなかったのだろう、*Abraham Kotsuji* の名前で自伝 *From Tokyo to Jerusalem* を書いている。こうした遍歴が影響しているのだと思われる、日本プロテスタント史に彼の名前を見つけるのは難しい。ベン・アミー・シロニーと河合一充の共著『日本とユダヤ　その友好の歴史』をはじめ、彼とユダヤ教関係を論じた文章がいくつかあるのみである。

一九四〇年、ナチス・ドイツによるユダヤ人の迫害はすでに始まっていた。侵攻の波はポーランドの隣国リトアニアにも及び、当地のユダヤ人たちにとって、ヨーロッパに留まることは近未来の逮捕を意味した。

ある日、リトアニア日本領事館の前に、ビザを求めるユダヤ人が群れを成していた。彼らに残された道はソ連、日本を通過し、ナチス・ドイツの覇権の及ばないところへ赴くことだった。ビザは目的地での受け入れが定まっている者のみに発行される。もちろん、多くのユダヤ人にそれが保証されているはずはなかった。こうした難民同様のユダヤ人たちに二千余枚ビザを発行し、六千名の脱出を助けたのが杉原千畝である。彼の決断を日本政府が快く支援したのではない。外務省は反対していた。今では彼のことを知る人も少なくない。しかし、その存在が広く日本で知られるようになったのは、戦後数十年を過ぎてからである。

ビザを片手に日本に辿り着いたユダヤ人たちが、何の支障なくそれぞれの目的地へと旅立ったわけではない。法の隙間を潜り抜け、到着したユダヤ人たちの入国を、日本は容易に許さなかった。このとき、入国管理局に再三にわたってユダヤ人の受け入れを申し出、外務大臣松岡洋右にまで談判し、ついにそれを実現したのが小辻節三だった。それだけではない、彼は大きな資金を個人的に借り入れ、日本滞在中のユダヤ人の生活を支えた。

松岡、小辻はかつて満洲で上司と部下の関係だった。一九三九年十月から翌年の七月まで小辻は南満洲鉄道のユダヤ問題の顧問を務めている。このとき彼を満洲に招いたのが松岡だった。最初、小辻は頑強に松岡の申し出を拒んだ。しかし、ユダヤ人の迫害が東洋まで接近し、松岡洋右が反ユダヤ政策に抵抗する姿勢を鮮明にしたことが、小辻に決断をさせた。ユダヤ人たちが日本に来航し、入国を拒まれていることを知ったのは、役目を終え、満洲から帰って鎌倉に新居を構えてちょうど二週間目のことだったと小辻は書いている。彼の生涯を見ると、まるで何者かに試されているかのように、試練が彼を待ち構えている。ユダヤ人たちがそれぞれの土地へ旅立っていった頃、日本は開戦する。ここでも彼は、反ユダヤ勢力と戦わなくてはならなかった。ユダヤ人たちは小辻の営為を忘れなかった。イスラエルには今も小辻節三の名前を冠した通りがある。

小辻にとって、ヘブライ語を教えるとは、文法や綴りを伝授することではない。すなわち「聖書」を読むことだった。それは民族と宗教の根源的力動性が、今もなお生きていることを実感することである。

井筒に、自らの「聖書」体験を語っている論考がある。「神秘主義のエロス的形態——聖ベルナール論」がそれだ。表題から見ると十二世紀のキリスト教の「教父」論だが、内実はヘレニズムとヘブライズムにおける神論、ことにキリスト教の淵源であるヘブライの神秘哲学を論じた一編となっている。

カトリック教会が使うラテン語に訳された旧約聖書ではすでに「中性化され、毒気を抜かれた訳文では分からないのだが」、「聖書」を原典で読むとき最初の頁から「言うに言われぬ強烈な人間的臭気が、いきなり、まともに吹き付けて来て、思わず慄然と立ちすくんでしまうことがある」、と井筒は書いている。「聖書」を読むとき、彼は「生ける神」が生々しいまでに人間界に介入する光景を見る。その「神」は、近代人が打ち立てた倫理の規範を打ち破り、苛烈な姿をもって、民族とその歴史を横切るのである。

井筒が小辻から学んだのは、語学的知識であるよりも聖典を「読む」ことである。それは歴史との共時的対話であり、超越者からの呼びかけに応えることに他ならない。また井筒の異能も、原典で「聖書」を読む語学力よりも、そこに身がたじろぐほどの霊気を看取するところにある。

『神秘哲学』の続編がユダヤ教の霊的英雄である士師と預言者、そしてパウロまでを論じる「ヘブライの部」となるはずだったことを思い出したい。「一見しては抽象的死物にも等しいギリシア哲学の神の背後に、実は脈々たる信仰の神が伏在していることを私は前著（『神秘哲学』第一部ギリシア、昭和二十四年刊）に於て示そうと試みたのであった」という発言からも窺える通り、「神秘主義のエロス的形態」は『神秘哲学』の続篇的著述であることを意識して書かれている。引き継がれているのは「脈々たる信仰の神」すなわち人格神の問題である。

> ギリシア形而上学の存在的頂点をなす「神」は屡々人の誤解するごとく、哲学的思惟の論理的要請として存在論体系の尖端に措定された抽象的死物にあらず、また単に盲目的機械的なる自然力を人間化して造り出した想像の産物にもあらず、人間霊魂の秘奥に働きかけてこれと脈々たる人格的関係に入るところの生命の神であった。（『神秘哲学』）

人は、神を人間的にしか表象できない。それが人間の限界である。しかし「神そのものは人間的なのではなくて、人格的」なのだと井筒は言う。「人格」を『神秘哲学』にある「叡知《ヌース》」に置き換えてみると分かりやすいかもしれない。神そのものは人間的ではなく「叡知」的なのである。だから「『人間的』ということと、『人格的』ということとは、近いようであるが実は両者の間には絶対不可踰の懸絶がある。従って、ただ表徴としてのみ意味があるところの人間的形態を、象徴としてでなしに、謂わばじかに神に適用するなら、それは神への恐るべき冒瀆でなくて何であろうか」(「神秘主義のエロス的形態」)とも彼は書いている。

神が、超越界から人間が生きる現象界に現れるとき、人間の魂に姿を似せて現れる。その状態が「人格」であって、それは神の限界を表しているのではなく、神が人間に合わせているに過ぎない。人格の原語は「ペルソナ(persona)」である。ペルソナは仮面をも意味するように、私たちが認識している世界は「絶対的叡知者」の「仮面」的世界でしかない。だがペルソナの介入なくして人間は生きることはできない、あるいは実在し得ないと言うべきかもしれない。ペルソナの向こうにある超越界は、人間の認識力を超えるからである。

ペルソナは、民族あるいは時代、文化にも宿る。だから「ギリシアの神とヘブライの神の区別」が生じる。人間も例外ではない。「神」から「人格」を分有されることによって、人間になる。しかし、人格論は井筒にとって、ギリシアとヘブライという表象的差異を突破する主題でもあったのである。差異は一なる神、神の一性を反証していると彼は考えた。

全宇宙に瀰漫する悠久の生命の創造的主体、尽天尽地一切万有の主たる神自体に、一体どうしてギリシアとヘブライとの区別があろう。論議好きな神学者等は茲でもまた、自分達の些々たる人間的智恵の区別を神そのものの中にまで持ち込んで来た。あたかも彼等の学問にとって重大な価値を有する差違区分が、神自らにとっても当然重大な意義を有つかのように。併し乍ら、ギリシアの神とヘブライの神の区別は神そのものの区別ではなくして実は人間の区別なのであった。神の側に差違があるのではなく、神に対する人間の態度に根本的な差違があるのだ。
（「神秘主義のエロス的形態——聖ベルナール論」）

究極的一者に、ギリシアの神とヘブライの神の違いはあり得ない、それは神自身の「差違」ではなく、それを論じる神学者たちの違いではないのかと彼はいうのである。しかし私たちがそれを直観的に認知していたとしても、それに哲学という論理の肉体を付与し、あまねく万人の認識の助けとするためには、乗り越えなくてはならない問題がある。言葉もその一つである。「聖書」に記されているように、言葉の誕生は文化の違いに直結している。

小辻の英文著作 *The Origin and Evolution of Semitic Alphabets*（『セム語アルファベットの起源と発展』）が刊行されたのは一九三七年、井筒が「研究所」に通っていた頃である。そこで彼は、ユダヤを含むセム語族が世界にもたらしたもっとも大きな貢献は、「聖書」、アルファベット、そしてコーランであると書いた。言葉は人間の分断化の始まりでもあったが、それを回復する道でもあった。

あらゆる民族、文化において、言語と霊性、すなわち超越界を欽慕する態度は不可分に存在する。むしろ、言葉は人間が超越者と遭遇した根源的畏怖を始原とする。言葉は、『神秘哲学』の表現を借りれば「霊的実在」を「覚存」する表現に他ならない。こうした言葉と霊性における融即の認識は井筒俊彦の原経験だったと言ってよい。井筒の前に決定的な役割を果たした言語は作品を表現する記号としてではなく、しばしば人間の形をして現れ、境涯を深く横切った。その遍歴を見ることは、後年の彼がいう「コトバ」の源泉に触れることになる。「コトバ」、それは言語的記号を超越し、万物の始原を意味する。

後年、イスラームの世界との機縁を訊かれた晩年の井筒は、自分でもよく分からないと答えているが、小辻節三との邂逅はそれを準備した出来事の一つだったろう。「猶太民族の興亡」で小辻は、セムの淵源は諸説あるが、自分は「アラビア」を起源とする、とも発言している。同様の言葉を井筒は、講義中に聞いたのかもしれない。ある日、井筒は、関根正雄にアラビア語の勉強を始めようと言った。現代のそれではない。二人は古典アラビア語の勉強会を始めたのである。

小辻は『ユダヤ民族の姿』で、アブラハム、モーセ、あるいはイサク、ヤコブという名も「単なる個人に非ずして、さる氏族乃至は部族の総称的名祖ではなかったか」と書いている。歴史的実在としてのアブラハム、あるいはモーセとは別にその精神を継承する無数の、そして無名の人々がいた。ユダヤの歴史とはそうした歴史に名前を残さない人々によって形成され、今も生きていると小辻は認識する。

「西南アジヤから興って今もなおアジヤ的宗教を固執するユダヤ人を論ずるに、西洋的批判を以てするが如きは時代錯誤も又甚だしい」（『ユダヤ民族の姿』）と小辻は、ユダヤ論を展開する際に、日本人がいまだに欧米の著作を、無批判に直訳するに留まっていることを深く嘆く。ユダヤ人もまた、アジアの民である。同じアジアの人間として、自分はその歴史と真実を語りたいと言うのである。

小辻の「アジヤ」的精神は井筒に継承されている。彼はそれを「東洋」と呼んだのである。小辻のアジアも、井筒の「東洋」と同じく、地理的世界のみを指す言葉ではない。「創世記」に始まり、今もなお持続する「永遠」の創造が行われる境域に他ならない。

井筒にとってヘブライへの関心は、晩年に至っても薄れることはなかった。それはむしろ、仏教と共に、晩年の井筒をもっとも強く惹きつけた主題だったのである。ユダヤ中世哲学史はもちろん、井筒のデリダ論は、デリダにおけるユダヤ性をめぐって展開する。『意識と本質』で展開した「神的ヘブライ語」論もその一つである。

「究極的根源音『アーレフ』に端を発して展開し現成する神のコトバは、いま説明したように二十二個の『文字』からなるヘブライ語である。ヘブライ語ではあるが、それはあくまで神的ヘブライ語であって、人間的ヘブライ語とは根本的に違う」（『意識と本質』）と井筒は書いている。『意識と本質』での根本命題は「深層意識的言語哲学」、「コトバ」の神秘哲学である。ユダヤ神秘主義であるカバラーにおける文字神秘主義を含め、ヘブライ語はそこで中核的に論じられることになる。このとき彼は、小辻を想い出していたのではないか。「神的ヘブライ語」との遭遇、井筒と小辻の間に生起した出会いを端的に表現するとそう言えるのかもしれない。

二人のタタール人

井筒俊彦のアラビア語の師は二人いる。共にトルコ語を母国語とする韃靼《タタール》人だった。一人はアブド・ラシード・イブラーヒーム、もう一人はムーサー・ジャールッラーハ、今日辞書などでは二人をそれぞれムーサー・ビギエフ、アブデュルレシト・イブラヒムと記すことが多い。以下はそれに従ってイブラヒム、ムーサーと表記する。

最晩年に行われた司馬遼太郎との対談「二十世紀末の闇と光」で井筒俊彦は二人について語った。この対談が行われなければ、私たちは今も二人のタタール人と井筒の関係を見過していたかもしれない。このときの発言以前にも井筒によるムーサーの思い出を書いた「行脚漂泊の師　ムーサー」と題されたエッセイもあったが、注目する人はほとんどいなかった。また、イブラヒムの自伝『ジャポンヤ』の翻訳は発刊されていたし、井筒俊彦の妻豊子は小説「バフルンヌール物語」で、山内昌之は『スルタンガリエフの夢』で二人に触れ、前嶋信次は、自伝的なエッセイ『アラビアへの途』でイブラヒムに言及していたが、彼らの関係に対して大きな関心を呼ぶことはなかった。

しかし、一方ではイブラヒムについて語られない時期があった事実は、近代日本イスラーム学あるいは、宗教としてのイスラームが看過されていたことを意味している。この人物に触れずに日本におけるイスラームの変遷を論じることはできない。今日では、小松久男、坂本勉、松長昭らの研究が進み、井筒俊彦との関係だけでなく、イスラーム文化を生きた十九世紀末の特異な精神として、彼らに注目が集まりつつある。井筒俊彦を始まりとしてではなく、その登場をある時代の終わりとして近代日本のイスラームを論じることができれば、日本近代精神史の新しい一ページを開くことになるだろう。

すでに日中戦争は始まり、慶應義塾大学の助手になったばかりの頃と井筒が言っていることから、彼がイブラヒムに出会ったのは、一九三七年以降である。老イブラヒムは再三にわたって面会を求めた井筒に会うには会ったが、当初、アラビア語の教授という申し出を頑強に拒んだ。

イブラヒムはムハンマド伝の英訳本を手に「この本は、アメリカから来たばっかりだ」とアラビア語で話し掛け「わかるかね」と青年に尋ねた。このとき、井筒はどんな顔をしたのだろう。憧れの古典アラビア語を生で聞き「うれしくて大変だった」と後年の彼は言った。感激が伝わったのか、老人は一つだけ条件を付け、懇願を承諾する。アラビア語だけを勉強するなど意味がない、イスラームを一緒に勉強するというのである。

週に一度というイブラヒムの提案に、井筒は毎日のように通った。二年後、イブラヒムは「おまえは、生まれつきイスラーム教徒だ。生まれたときからイスラーム教徒なんだから、おれの息子だ」と言ったほど、井筒はイスラームの世界に没入する。

イブラヒムはアラビア語の教師ではない。日本滞在の目的も、イスラーム文化の啓蒙ではなかった。イブラヒムが初めて来日したのは一九〇八年。このときは数ヶ月の滞在に留まったが、一九三三年に再来日する。この人物を一言で表現するのは難しい。歴史の目撃者であり、天に不正を告発する者としてイブラヒムはまず、近代イスラームを代表するジャーナリストだったが、また、イマームを務める宗教的指導者でもあった。イマームは聖典を暗記した者が務める役職。公の礼拝を司る「導師」と呼ぶべき人間だと、大川周明が『回教概論』に書いている。

当時、イブラヒム本人は百歳を超えていると自称していた。そこまではいかなくても九十五歳は超えていたと思う、と井筒は司馬との対談で話していたが、事実は当時八十歳だったことが今日では分かっている。イブラヒムは嘘をついたのではない。青年をからかっただけだろう。イブラヒムが初めて会った井筒に、英訳の預言者伝を渡したという話も偶然ではなく、彼はわざわざそれを取り寄せ、準備が整ったとき、面会を承諾したのかもしれないと思えてくる。イブラヒムは英訳の預言伝など読む必要はない。イマームを務めた彼の頭には、コーランだけでなく、重要な宗教典礼はすべて、暗唱できるまでに記憶されていたからである。

イスラームは中東の宗教であるというのは偏見である。それはキリスト教をヨーロッパの宗教であるというのに似て、あまりに現実から乖離していて意味を成さない。それは規模においてもキリスト教に劣らない文字通りの世界宗教である。イブラヒムもある時期、ロシアを活動の拠点にしていた。ロシアは東方のイスラーム諸国を併合しつつ強大化する道程で、イスラームを迫害した歴史を持つ。イブラヒムの前半生は実践的発言者として、同胞を危機から救うことに捧げられた。ロシアだけではない。ヨーロッパ各国も植民地のムスリム（イスラーム教徒）を蹂躙していた。

イブラヒムの訪日の目的は、帝国主義の支配から脱出し、日本軍部や頭山満らと連携を試みながら、イスラーム帝国の建設を推進することだった。日露戦争における日本の勝利は、イブラヒムの眼に、迫害者を打破した奇跡的な出来事に映っただろう。四四年、彼は日本で没する。墓地は多磨霊園の外国人墓地にある。

井筒豊子の小説「バフルンヌール物語」にも、諺を好み流暢な日本語を操る、人好きのするイブラヒムが闊達に描かれている。ある日、イブラヒムはすごい学者が来たと、井筒をモスクへと連れて行った。東京、代々木上原にある東京ジャーミイとして知られる礼拝所とイスラーム学院を兼ねた施設である。「寺院に近づくにしたがって、東洋的哀感をおびた特有の節廻しでコーランを朗読する声が聞えて来た」。イブラヒムは言った。「ムーサーの朗誦だよ」。

「ムーサー先生」と井筒俊彦が呼ぶこの人物こそ、文字通りの天才だった。聖典を丸ごと覚えるイブラヒムの記憶力も十分驚異的だが、ムーサーの記憶力は次元が違っていた。聖典とその周辺の書物はいうに及ばない。「神学、哲学、法学、詩学、韻律学、文法学はもちろん、ほとんど主なテクストは、全部頭に暗記してある」。原典を記憶していただけではない。注解書も複数覚えていて、かつ自分の意見がある人物だった。

初めて井筒が訪ねたとき、言伝通り、玄関ではなく庭に回って声をかけると、「よく来た、よく来た」と言いながらムーサーは押入れから出てきた。一軒はもちろん、一部屋さえ借りる資金がなく、大家もやむなく押入れの上段を貸したのだった。

ある日、井筒が体調を崩すとムーサーがアラビア菓子を持って見舞いに来た。ムーサーは書斎にあった多くの蔵書を見て、出かけるとき、この本はどうするのかと聞く。行李に入れて移動すると井筒が答えると、それではまるでカタツムリではないかと笑った。

徒手空拳、どこでも学問ができなくては真の学者ではないとムーサーは言った。晩年の井筒はあるインタヴューで当時を振り返って、イスラームのウラマーの教授法に接した最初の経験だったと発言している。ウラマーとは大学者のこと。ある日、井筒はアラビア語の原典をムーサーのところへ持参する。数日するとムーサーはそれらをすっかり記憶していた。

ムーサーもイブラヒムと同じく、ロシアに生れたタタール人である。小松久男は『イブラヒム、日本への旅』で、イブラヒムとムーサーの出会いに触れている。イブラヒムが主筆を務めた機関誌『ウルフェト』が創刊されると、ロシア内におけるムスリム団結の機運が高まった。一九〇六年、サンクト・ペテルブルグで「ロシア・ムスリム連盟」の結成が宣言される。その綱領を執筆したのがムーサーだった。この人物もまた学者であるとともに革命家、そして宗教者でもあった。ムーサーも、ペテルブルグの大モスクではイマームの職を務めた。その後、メッカに暮らすこと三年、ロシアで出版社を開くが、革命後のロシア政府の迫害に遭い、国外への移住を余儀なくされる。トルキスタン、中国を経て、彼は日本に来て二年間滞在し、その多くの日々を井筒は共に過ごした。「行脚漂泊の師」と井筒が書いているように、その後、ムーサーはイラン、エジプト、インド、イラクなどのイスラーム圏を放浪し、一九四九年、七十四歳でカイロに没した。

「バフルンヌール物語」に出てくる青木辰夫のモデルは井筒俊彦である。ムーサーが日本を後にして、しばらく経った頃、外務省の役人が青木にムーサーの言葉を伝えた。「日本には自分の弟子がただ一人いる、青木辰夫を知っているか？」ムーサーからの伝言を聞き、青木は「快速で帆走っていたような青年時代を」思い起こしながら眼を潤ませ、耳には再び、ムーサーのアラビア語を聞く。「植えられた場所で朽木になるような生涯はつまらないよ、タツオ」。

世界は絶対者の栄光に満ちている。神の創造の多様性をこの眼に目撃し、それを崇め、保持し、伝えてゆくこと、その世界観はイスラームに通底する不文律でもある。イブラヒム、ムーサーが生涯を旅に終えたのはそのためだった。永遠が存在するなら、人間はいつでも、その根源的生命に直接触れることができる。イブラヒム、ムーサーはそれを体現していたのである。

こうして井筒俊彦は、イスラームと邂逅した。

大川周明と日本イスラームの原点

日本イスラーム学の暁の頃、イスラームとその文化を研究する二つの団体があった。満鉄東亜経済調査局付属研究所と回教圏研究所である。

一九三八年、前者の研究所が開設されると、所長に就任したのが大川周明である。実質的には大川周明の私塾の趣もあったことから「大川塾」とも呼ばれた。間接的であれ、この思想家を国が支えることになった。彼らは雑誌『新亜細亜』を有していた。

一方、大久保幸次が率いた回教圏研究所も月刊誌『回教圏』を発行していた。当時、回教圏研究所にいた竹内好によれば、あからさまに反目し合うわけではないにせよ、二つの団体は必ずしも意見を同じくしていたわけではない。井筒は一九四〇年には『回教圏』、『新亜細亜』にそれぞれ寄稿している。大塚健洋の『大川周明』によれば、井筒は大川塾でアラビア語を教えていた。

大川周明は、金に糸目をつけず、イスラームの重要な文献を蒐集する。オランダから買った大叢書『イスラミカ』、『アラビカ』を井筒は「整理」の名目で自由に使うことを許された。井筒がムーサーに持参したのも、このうちの一冊だった。この叢書群がなければ井筒の処女作『アラビア思想史』は書かれなかったかもしれない。

しかし『アラビア思想史』が、大戦前夜の一九四一年に出版されたのは、大久保幸次監修の興亜全書の一巻としてだった。井筒は二つの団体と共に浅からぬ関係を持ち、それぞれから厚遇された。

計画は知らされていなかったが、拳銃と資金を調達したことで五・一五事件に連座したとされ、獄につながれていた大川周明が仮出所したのは一九三七年十月、イブラヒムと井筒俊彦が出会った年である。大川の『回教概論』が出版されたのは一九四二年。しかし、五年前、獄から放たれる直前の日記には、すでに半ば完成していたとある。当時、大川周明のイスラーム観はすでに熟していたと言ってよい。

最近日本でも、第二次世界大戦との関係や東京裁判での奇行だけでなく、一人の思想家として、にわかに大川周明を再評価する動きが活発になっている。日本でも、という留保を付けたのは、インドでの彼の評価は、元来全く別だったからである。最晩年の大川は病床にあり、列することはできなかったが、戦後、首相として来日したネルーは、敬意をもって、インド独立の支援者だった大川を宴席に招いた。

卑怯に堕ちるなら自分は暴力を取る、とガンディーは宣言したが、大川は、ガンディーの非暴力に蔵された革命的精神を深く、正確に看取していた。大川周明はガンディーがそうであるという意味において革命家だった。そこでは、政治的革命と宗教的革命が同時に生起する。

竹内好は早くから大川に関心を寄せ、大川周明論を準備していたが、完成することはなかった。しかし、その骨子を告げる「大川周明のアジア研究」という講演記録が残っている。そこでの「大川は宗教者にはなれない性格だが、宗教学者としては一流ではないか」と言う竹内の言葉は、『中論』の著者　龍　樹《ナーガールジュナ》　の研究から出発した人物の核心を言い当てている。

龍樹研究を卒業論文として大学の哲学科を出た時、予が心密かに期したりしは、一生を印度《インド》哲学の色読に捧げることであった。僧佉によって知識を練り、瑜伽によってこれを体達するの道

を説くウパニシャドこそ、汲みて尽きざるわが魂の渇きを癒す聖泉であった。(大川周明『復興亜細亜の諸問題』序)

教義の研究に埋没するのではなく、宗教を、教義から救出することが宗教学者の使命だとしたら、確かに大川は宗教学者だった。その資質は仏教研究者よりもむしろ、イスラーム研究者として発揮されることになる。

『回教概論』で旧さを感じさせるのは、言葉遣いだけで、文体は強靱で、視点は今も新しい。出版からすでに六十年以上が経過しているが、『回教概論』は、今日においても題名に違わない内容を蔵している。大川はムハンマドの悲願が征服ではなく、教導であり、ムハンマドは本質的な意味での非戦論者だったことを再三にわたって論じている。「不幸にして回教は、キリスト教攘夷的精神のために、常にその面を黒く塗られて来た」と彼は書いている。

ここに大川周明のキリスト教への紋切り型の敵意を見てはならない。彼は私たちが今も毎日のように眼にする、不寛容なイスラームという見識が単なる偏見に過ぎないことを端的に指摘しているだけである。

イスラームとは、ムハンマドへの啓示と共に誕生した純血アラブの宗教ではなく、宗教の坩堝《るつぼ》に誕生した多様性に満ちた霊的衝動に他ならないという認識において、井筒俊彦と大川周明は一致している。イスラームの寛容の精神を示す一例として、大川周明はウマイヤ朝で東方キリスト教徒のダマスコスのヨアンネスが長く宰相の位置にあり、その父親セルギオスも、蔵相の地位にあった事実を記し、『アラビア思想史』で井筒は、この新しい世界宗教が、さまざまな伝統を有機的に包含し、変貌した歴史を強調する。イスラームは、セムの血脈においてはユダヤを継承し、キリスト教を補完し、思想においては、古代ギリシアを蘇らせた。それは、ムハンマドの啓示を認めることと矛盾しない。井筒の記述は古代インド思想、ゾロアスター教との関係にも及ぶ。

イスラーム世界では、ウマイヤ朝に続くアッバース朝になると宗教政策はより寛容になる。それは理性の自由を認める時節でもあり、イスラーム哲学誕生の時でもあった。ファーラービーはこの時代精神を体現している。ファーラービーはイスラーム哲学「第二の師」の異名を持つ。第一の師はアリストテレスである。この人物をもってイスラーム哲学の礎が定まったと言ってよい。ファーラービーは、自らの信じる真理がアリストテレスを否定したとしても動じないばかりか、それがコーランであっても態度を変えなかった。ムスリムにとってコーランは書籍ではない。それは生ける神の現象界的実在に他ならない。真理を愛することにおいて一切の妥協を許さなかったこの哲学者を、井筒俊彦は『アラビア思想史』で一章を割いて論じた。

そんな人物だから弟子に異教徒がいても不思議はないのかもしれない。ファーラービーには多くのムスリムの弟子に混ざって、ヤフヤー・イブン・アディーというキリスト教ヤコブ派の弟子がいた。山本芳久の「ヤフヤー・イブン・アディー『性格の陶冶』における倫理的生活の構造と射程」によると、ヤフヤーもまた、真理探究という大問題の前に、宗教の異同を問題にする人物ではなかった。

二つの宗教が、それぞれ神学を発達させても、融和は生まれにくい。神学という衣装を着たまま対話を繰り広げ、その彼方に何かを発見することは難しい。しかし、哲学的論究は、神学という衣を脱ぎ捨てるところから始まる。のちにヤフヤーは、キリスト者のまま、学者としてイスラーム世界に受け入れられて行くのである。

シリアにいたヤコブ派、あるいはネストリウス派のキリスト教徒がいなければイスラーム哲学は今日のそれよりもずっと貧しくなっていたかもしれない。ヤフヤーの「アリストテレスの訳業、特に論理学における貢献は真に注目に値する」（『イスラーム思想史』）と井筒は書いている。

イスラームの哲人は、人類最高の叡知としてアリストテレスを読み、注釈書を書き、その血肉とした。ムスリムとしてその先鞭をつけたのはファーラービーだが、アリストテレスの著作を最初にアラビア語に翻訳したのは、イスラーム哲学者たちではない。イスラームの王に雇われたシリアのキリスト者たちだった。

イスラーム哲学は、その始まりからすでに融和的であり、その哲学が高次の意味における統合を志向していることは看過すべきではない。文化と歴史を分断し、突然現れた変異的霊性のように思われがちなイスラームは、その内実においては、異時代異文化の遺産を統合しつつ成長した宗教的衝動の現れだったと言ってよい。

井筒俊彦はもちろん、大川周明にとってのイスラームは、キリスト教と文化的淵源を近くする

「アブラハムの宗教」の完成態である。その力動性はキリスト教、仏教、儒教あるいはマルクス主義、ギリシア哲学、インド哲学、エマソン、ヤーコプ・ベーメを経てイスラームへと歩んできた大川周明の宗教的遍歴と類比的に重なり合う。

イスラームは、井筒と大川の、いわば待ち合わせ場所に過ぎない。二人の眼目はその彼方、「東洋」にある。大川をイスラームに縛りつけてはならない。井筒もしかりである。彼らはいつも「宗教」の彼方を見つめている。

『安楽の門』には、東京裁判での奇行のあと病院に運ばれた大川が、しばしば「マホメットと会見し、そのために古蘭《コーラン》に対する興味が強くよみがえった」との記述もあるが、およそ三ヶ月間続いた長い白日夢で、一日として「吾母と会わざるはなかった」とも書いている。また、なぜ安楽に暮してこられたのかという問いには、「母を念じて暮らしてきたからだ」と即座に応える。「宗教は取りも直さず安楽の門である。そして私の場合は、母を念ずることが私の宗教であり、私のための安楽の門であった」とまで言う。『安楽の門』は彼の宗教的自叙伝でもあるが、自ら霊性の出発と結実が、母親とのつながりにあることを鮮明に告白した書でもある。世界の宗教、哲学的世界を闊歩し、時代に強く痕跡を残したこの思想家の魂が、いつも母親とつながっていた点は、思想論としてあまり関心を呼ばないのかもしれない。イスラーム思想家大川周明を論じる人も、同じ深刻さをもってそれを論じてはいない。大川を思うとき、キリスト教最大の教父の一人アウグスティヌスを思い出す。全身を傾けていくつもの霊性と対峙し、侵略と混乱の時代にあって、現実世界と深く交わり、その母親に信仰の基盤を持つところでも、大川とアウグスティヌスは重なり合う。

イスラームを間に大川と井筒の関係を論じるなら、母性論をやり過ごすことはできない。裁きと審判の神を父性とするなら、コーランの冒頭にある、「慈悲ふかく慈愛あまねきアッラー」は母性的である。もちろん、二柱の神があるのではない。あるのは二つのペルソナである。

井筒はのちに『コーランを読む』(一九八三年)において、この主題を展開している。コーランの「神」には自己顕現において大きく二つの系統がある。愛、慈悲、優美などを表す「ジャマール」、そして威光、畏怖、峻厳、支配の力を表現する「ジャラール」である。井筒、大川は共に、イスラームの「ジャマール的」側面から眼を離さない。寛容の宗教としてのイスラームを二人が強調したことはすでに見た。

一神教であるイスラームは、非寛容的で父性的、「ジャラール」的であるというのは偏見に過ぎないが、偏見は拒絶を基盤にして大きくなる分、根深いとも言える。「『コーラン』的世界像においては、ジャラールよりも、ジャマールのほうが第一次的なはたらきをなしている」(『コーランを読む』)と井筒は言う。もし、神の愛が先にないなら、私たちは存在することができない。超越者の偉大さを知るだけでは不十分で、そのあまねき慈愛を全身をもって経験するところに信仰が始まる、それがコーランを貫く世界観なのである。

井筒俊彦は戦線には行っていない。『アラビア思想史』を皮切りに、彼は戦時中、イスラームの研究と言語学の研鑽に没頭していた。

一九四三年、日本諸学研究会主催の哲学研究会が「大東亜の文化建設と哲学的諸学」の題下に行われた。井筒がそこで行った講演「回教に於ける啓示と理性」は戦時下の彼の態度をよく伝えている。当時日本はすでに東南アジアに連なるイスラーム圏を占領下に置いていた。講演のはじめに彼は、イスラームの真摯な研究なくして、真実の意味で統治はない。それを省いた無理解な行為は現地の人々の嘲笑を買うことになると言った。しかし、彼が主催者の面目を立てるのはそれまでだった。一読すれば明らかだが、講演する井筒の眼目は、統治の手段としてのイスラームの把握という点には全くない。講演を始めるとすぐ、垂線を描くように、イスラームに起こった啓示と理性、すなわち神学と哲学の相剋を論じ始めた。

井筒俊彦にとって、大川周明は最初から、時代精神の代弁者でもなければ右翼の巨人でもなかった。「興味をもったのは、彼〔大川周明〕がイスラームに対して本当に主体的な興味をもった人だったから」だと井筒は言った。彼が意味するのは、人間が超越的実在に向かう態度が「主体的」ということだ。それは、救済を求めた絶対者との対峙に他ならない。また、「主体」の経験が、個を超えて世界の救済を志向していないとすれば、ここで二人を改めて論じるには及ばない。大東亜共栄圏のイデオローグという位置に大川周明を据えている間は、彼の根本問題を知ることはできない。大川が追究したものがアジアの解放ではなく、アジア人民の救済でなければ、この人物を今日、思い出す必要もないのである。井筒俊彦にとって哲学とは、人類の救済と直接的に関与する人間の根源的な営みだった。井筒との対談で突然、司馬遼太郎が言った。大川周明は「日本的右翼というよりも、十九世紀のドイツ・ローマン派の日本的なあらわれの人だったのかもしれませんね」。そうです、と何のためらいもなく井筒は答えている。あまりに率直な同意が印象深かったらしく、司馬は『大川周明』の著者松本健一への書簡でも、このことに触れている（松本健一『大川周明』）。司馬が先の戦争の透徹した批判者だったことを考えると、その大川評は注目に値する。

大川周明のイスラーム研究は、戦後東京裁判での「奇行」のあと、松沢病院に入り、精神鑑定を経て、被告の責を免じられてから、一層の深まりを見せた。松沢病院の副院長で大川周明を担当した村松医師は、批評家村松剛の父親である。大川周明の日記にも「村松博士に『宗教入門』原稿を見せる」（昭和二十一年十二月二十三日）との記述がある。ある日、村松医師は息子剛に、大川周明の原稿を見せ、意見を求めた。ときに感情的な昂りが見られるが、論理は通っていると息子は答え、父親は、自分も同意見だと言った後、「病気はやはりなおったのだな」とつぶやくように声をもらした。村松剛はそうした思い出を綴りながら、「アジア解放主義者は、その役割をおわった。それとともに大川周明は、宗教の研究を志していた若いころに、もう一度もどったように思われる」と書いている。

殉教と対話――ハッラージュとマシニョン

『アラビア思想史』の序文には、梶浦正之の詩集『鳶色の月』に収録された「古い言葉」の一節が引かれている。改訂され、『イスラーム思想史』として刊行されたときには削られている。

過ぎ去った言葉は死んではいない。
古い言葉は書物の中に眠っている。
わたし達の敬虔な時代の祈禱は
古い言葉を蘇えらせよう。
わたし達の静かな時代の瞳は
古い言葉を洞察し讃美しよう。

今では、論じる人がいないばかりか、忘却の国に追いやられた梶浦正之という神秘詩人を井筒俊彦はどう読んでいたのだろう。「わたし達の敬虔な時代の祈禱は／古い言葉を蘇えらせよう」、それはそのまま井筒の「祈禱」だったのではないだろうか。

イスラームのもっとも「古い言葉」はコーランである。すべてはコーランから始まったと『アラビア思想史』の最初に井筒俊彦が書くように、イスラーム神学はもちろん、イスラーム哲学の発展、混乱、変貌、全ての種子はこの一書に蔵されていた。

コーランの顕現に始まり、ムスリムとはイスラームが一大霊性運動となって世界を揺るがすまでに、百年の月日はかからなかった。ムスリムとはイスラーム教徒のことだから、預言者ムハンマドが登場するまでのアラブの民をそう呼ぶことはできない。イスラーム生誕以前を無道時代《ジャーヒリーヤ》という。

無道時代を生きるセムの子、アラブの民は感性的人間ではなく、徹底的に感覚的人間だった。井筒はここに、イスラームが、イデア論を説くプラトンよりも、イデアすらも現象界に引き寄せたアリストテレスを重んじた必然性を見ている。

古代のアラビア人は著しく感覚的であり、従って物質主義者であり、個物的であった。最も非物質的である筈の霊魂まで、彼等はどうしても肉体から切り離して考えることはできなかった。〔中略〕全然形なく、眼に見えぬ魂の存在の如きは彼等の信ずる所ではなかった。(『アラビア思想史』)

イスラームは古代アラブ人の感覚的原始性を堅固にし、深化、発展させた。見ずして信じる者は幸い、という新約聖書の言葉も、ムスリムには意味をなさない。フランソワ・モーリヤックはパスカルに触れ、回心をもっとも偉大な奇跡だと述べたが、古代アラブの民には、そうした言葉は欺きでしかなかっただろう。彼らは即物的な奇跡を求めた。

嘗てイエスがユダヤの地に教えを弘め始めた頃、彼の周囲に集った群集は多くはイエスの行う数々の不思議を見て心服したのだった。彼等俗衆はイエスに対し執拗に「徴《しるし》」を求めて止まなかった。しかし乍ら、遂にイエスをして、「邪曲にして不義なる代は徴《しるし》を求む」と慨嘆せしめた、この執拗な「徴」を求める心こそ、セム人種の本質的な精神なのであった。徴とは奇蹟である。つまり神の力の眼に見える現れである。(『アラビア思想史』)

不治の病を癒すことだけが奇跡なのではない。人間が単独ではなし得ない、人間の限界を超えた出来事と定義するなら、まず世界が存在していること自体が、奇跡ということになる。彼らは即物的に「徴」を求めた分だけ、物に神の働きを見つけることにも秀でていた。人間には、太陽を創ることはできず、月を照らすこともできない。海の深さを知る者はおらず、誰も人の心の奥を知らない。預言者ムハンマドは、その鋭敏な感覚に訴えるように、アラブの民に言った。世界を見ろ、神の存在を疑うことができるだろうか。

彼らは確かに「徴」を求めたが、ひとたびそれが世界に遍在していることを知ると、自らの能力を「見える現れ」のために用い始めた。それは神の働きをいっそう顕在化することに他ならない。

イスラーム中世哲学の巨人イブン・シーナーの代表的著作が『治癒の書』と『救済の書』であるようにイスラームにおいて医学は、学問である前にまず救世の法だった。イスラームで形而上学と共に、科学が大きく進歩したのはそのためである。医学、生理学、薬学において中世イスラーム・ユナニ医学は、実証性において当時のヨーロッパの水準をはるかに超えていた。それだけではない。彼らは、農耕と密接に結びついていた天文学、法学をはじめとした、実学の徒だった。イスラームにおいては、根源的に科学と宗教は対立しない。両者はともに「神」に包含される。井筒はイスラームの哲人たちが、静寂に留まる思索者ではなく、市井に生きた実践者だったことに、幾度となく言及する。

一方で、世界が存在していることが奇跡なら、それを真実に認識することは求道になる。それを本分とする生き方をしたのがスーフィー（Ṣūfī）と呼ばれるイスラームの神秘家たちだった。スーフィーは羊毛の粗衣をまとった者を意味する。それは無一物の行者のこと。「らくだの毛衣を着、腰に革の帯を絞め」と「マルコによる福音書」にある洗礼者ヨハネを思い出してもよい。スーフィズム（sufism）は九世紀頃、始まったとされている。スーフィズムはもちろん英語の表記で、アラビア語では「タサッウフ（taṣawwuf）」という。苦行道あるいは聖者の道、あるいは個的な魂の救済を願った、仏教の表現を借りれば小乗的な修行道だった。スーフィズムはバスターミー、ジュナイドを経て、ハッラージュに至って、その壁を突破し、存在世界を祝福する宗教的高みに到達する。

ハッラージュは、イスラームの歴史上でも、時代を画する神秘家だが、井筒俊彦にとっても、格別の愛着があった。一つはイブン・アラビーに始まるイスラーム神秘哲学を準備した先人であることへの思想的関心。そして、この人物を歴史から掘り起こした二十世紀フランスを代表するイスラーム哲学の研究者ルイ・マシニョンからの影響。そして、自らの神秘体験の果ての発言によって処刑され、殉教にも似た最期を遂げたこの人物の境涯に対する畏敬である。

ハッラージュは八五七年頃、イランの南西部ファールスのバイダーに生まれ、九二二年にバグダードで没した。その一生は修道と旅、巡礼と説教に費やされた。その日々を「神」経験が貫く。神秘家とは自らの生涯を超越者に捧げることを意図した者だが、ハッラージュの場合は、神を体験するというよりも、彼が「神」となった。

あるとき、ハッラージュは言った。「アナルハック」——我こそ真実である。すなわち、自分こそは「神」である、と言ったのだ。

彼の言葉を、そのまま受け止めるなら「神」はハッラージュに受肉したことになる。まるで、ナザレのイエスが「神」として顕れたように、である。イスラームでは、「神」の受肉を認めることは、単なる異端に留まらず、瀆神となる。「神」は超越的絶対者一者であり、人間と同じ局所的存在者ではないからである。

神を冒瀆した、と断ぜられた神秘家の行く先にあるのは、死である。九二二年、ハッラージュは九年以上の獄中の生活を経て、処刑された。

『イスラーム神秘主義聖者列伝』（藤井守男訳）によると、ハッラージュが獄につながれたとき、捕まえた方は、彼が発言を撤回さえすれば解放するつもりだった。弟子は師に撤回を懇願した。するとハッラージュは「そう言った者である神に詫びろとでも言うのか」と口を開いたのである。自分の言葉なら、取り消すこともできる。しかし「神」であると宣言しているのは自分ではない、「神」自身なのだ。人間がどうして絶対者の言葉を封じることができようかというのである。

かつてはハッラージュの師だったジュナイドやバスターミーも、「私」を通じて神が顕現するとは言ったが、ハッラージュのように何の留保もなく、自身が「神」だとは言わなかった。

自分が絶対的一者でないことは、ハッラージュも分かっている。彼はむしろ、「神」は遍在するといったのである。神が絶対的遍在者であるなら、ハッラージュもまた「神」の一部となる。それはすべての存在者に言えるのであって、すべてが不完全ながら「神」を表現しているとも言える。人はそれを汎神論（pantheism）だと言うかもしれない。しかし、ハッラージュの確信は違う。

汎神論はすべてを神とする多神的思想だが、ハッラージュはそう意味したのではない。一なる「神」が万物に遍く、わかちがたく存在する。汎《すべ》て、「神」があらざるものはないと言ったのである。「アナルハック」と声を挙げたのは、ハッラージュの内心奥深くにいる「神」である。真実の意味で、絶対者が人間を超越するのであれば、人間がそれを仰ぎ見るべき外在的超越があるだけでなく、内奥深くにおいて、すなわち内在的にも超越しなくてはならない。ハッラージュが命を懸けてまでも宣言したのは、「神」の無条件的絶対超越性と、「神」と人間がわかちがたく、さらには世界が「神」と本源的に不可分的に実在している実相に他ならない。

今日ではハッラージュの神論は汎神論から区別し、R・A・ニコルソンなどによって汎在神論(panentheism)と呼ばれ、思想的に定位されているが、当時そう考える人はほとんどいなかった。汎在神論はイスラーム神秘哲学における「存在」論の基盤を形成する。

井筒俊彦は、ハッラージュの霊性にシリアのキリスト教からの影響があるかもしれないと指摘する。そもそもスーフィーの語源がキリスト教の行者に由来するという説がある。ハッラージュの父親は異教であるゾロアスター教の信徒だった。ハッラージュの魂にはもともと異教の霊性が流れていたのである。この人物の境涯は、本性的に狭義の宗教を超えたところに位置していた。彼の霊的遺産を哲学にまで高めたイブン・アラビーの思想は、イスラームの枠を越え、ダンテにまでその影響が流れ込むのである。

旧約聖書「申命記」にはハッラージュの最期を預言しているような、こんな一節がある。「木にかけられた死体は、神に呪われたものだからである」(申命記二十一章二十三節)。不吉な言葉のようにも見えるが、紀元三〇年頃、エルサレムの神の名を語ったとして、木にかけられた者はのちに、救世主イエス・キリストと呼ばれた。

ハッラージュについては、ここに書く些細なことであっても、ルイ・マシニョンの『ハッラージュの受難——神秘家と殉教者』に依拠する。井筒俊彦のみならず、イスラーム世界の人々も認める通り、マシニョンがいなければ、ハッラージュが現代に蘇ることはなかった。ここでpassionという言葉をマシニョンが選ぶのはもちろん、その後ろに大文字のPassionすなわちキリストの「受難」

があるためである。敬虔なカトリックであり、晩年にはメルキト派の司祭になる、彼のハッラージュへの深いオマージュを感じ取ることができるだろう。

一八八三年マシニョンは、フランス、ヴァル＝ド＝マルヌに生まれた。彼の父親は、作家ユイスマンスの友人だった。十七歳のマシニョンは父親の勧めでこの小説家に会う。マシニョンはのちに、この作家同様、劇的な回心を経験する。

彼がハッラージュと出会うのは、一九〇七年、二十四歳のときである、十二世紀のペルシア詩人アッタールの著作『イスラーム神秘主義聖者列伝』でハッラージュの存在を知る。回心の劇はその翌年に起る。ハッラージュ論の完成版が刊行されたのは没後で一九七五年、それは文字通りのライフワークとなった。

サイードの『オリエンタリズム』では東洋《オリエント》に秀逸な理解を持ち得たヨーロッパ人として、ハミルトン・ギブと共にマシニョンが大きく論じられている。井筒俊彦と交流があったジャック・デリダもマシニョン晩年の活動に注目していた。デリダと井筒は、マシニョンについて話したことがあったかもしれない。

デリダはアルジェリア人である。マシニョンはアルジェリア戦争に深くかかわった。フランス国民としてというよりも、「アルジェ」の友として。マシニョンはコレージュ・ド・フランスの教授であり当代一流のイスラーム学者だったが、ガンディーを崇敬する活動家でもあった。デリダが関心を示したのも、マシニョンが創設した「バダリヤ（Badalīya）」というイスラームとキリスト教の架橋たるべき運動体だった。デリダは宗教混合主義《シンクレティズム》とは全く違う次元――デリダはそれを祈りの次元だととらえている――で、宗教的融和の可能性を体現した人物としてマシニョンに注目していた。井筒俊彦のマシニョンへの共感はさらに直接的である。その影響は「たんなる学問を遥かに越えた不思議な世界に」彼をいざなった。

ハッラージュを論じる時のマッスィニョン。あれはもう我々が常識的に考える「学問」などというものではない。全人間的「変融」体験の極において「アナ・ル・ハック」（我こそは神）と、己れの死を賭して叫んだ、あるいは叫ばざるをえなかった西暦十世紀のスーフィーと、二十世紀の真只中でそれをじかに受けとめる、マッスィニョンという魁奇な一精神との実存的邂逅の生きた記録、でそれはある。それが尽きせぬ興味を惹き起し、たんなる学問を遥かに越えた不思議な世界に我々を誘う。（R・A・ニコルソン『イスラーム神秘主義におけるペルソナの理念』への序詞）

神秘哲学全般における学識の深さと視野の広さ、特にイスラーム・シーア派のグノーシスに関する論究の独自性において、同時代に比ぶ者がいない、と井筒が高い評価の言葉を残しているのは、アンリ・コルバンである。文字通りの同時代人で、井筒が認めている数少ない思想家の一人だった。

しかし、コルバンも「その師に比べれば一段落ちると言わざるをえない、特に東洋思想にたいする読みの実存的深さにおいて」と井筒は書く。コルバンの「師」というのがマシニョンである。その博識と学究の成果もさることながら、マシニョンを思うとき、「その情熱の烈しさが読む人の胸を打つ」と井筒は続けている。

ハッラージュは確かに異端者だった。そう判断され、処刑されたのである。しかし異端者はときに革命をひっ下げて登場し、真実の正統の顕現を準備する。彼らが破壊者ではなく、偽善と迷妄の対抗者である歴史的証明を、私たちは幾度も目撃してきた。異端者の烙印を押された人物は歴史から消される。それを記憶するのは裁いた側の文書である、そこから真実の破片を発見しなくてはならないとマシニョンは書いている。

自説を述べることではなく、時代に強いられた沈黙を突き破り、それを蘇らせることに栄光を覚える精神がある。彼にとってそれはむしろ「神聖なる義務」となる。

歴史に葬られた人間の境涯を蘇らせようとマシニョンが人生を懸けたのは、単なる学問的関心からではない。マシニョンの論述に鮮明なのは、自分がハッラージュを発見したのではなく、彼が自分を選んだのであるという堅い信念である。マシニョンにとって、ハッラージュは過去の人物ではない。異界に現存する、いわば生ける死者に他ならない。二人の対話は哲学の「共時的構造化」と井筒が言うときの「共時的」次元で生起する。

実存的共感以外にも二人には共通する点がある。言語をめぐる異能とエラノス会議である。マシニョンも井筒俊彦に劣らない言語的天才だった。マシニョンは、十を超える言語を話し、その倍以上の言語の読解を自由にしたという。

若き日に何かに導かれるように晩年のマシニョンに出会い、交流を深め、ついに『ハッラージュの受難』の英訳を託されたハーバート・メイソンが、マシニョンの追想録を書いている。マシニョンにおいて、言語の習得は、研究の手段を獲得することに留まらず、魂の眼が開かれてゆくことを意味した。しかし、真に驚愕するべきは、卓越した語学力以上に、歴史の灰塵の中から、文献を発見、判読、読解し、さらに秘められた意味を発見することだった、とメイソンは言う。まるでマシニョンが文献を呼び込むかのように見えたというのである。同質の発言を、井筒に直接教えを受けた人物から聞いたことがある。

エラノス会議は一九三三年、東西に引き裂かれた霊性の分断を超克することを意図して、ユングとルドルフ・オットーに牽引されつつ始まった。マシニョンがエラノスに初めて参加したのは一九三七年だから、初期の参加者だと言ってよい。このときの彼の主題はイスラームにおけるグノーシスだった。最後のエラノス参加は一九五五年、そのときまで彼はエラノスの中心的なメンバーであり続けた。最後の講義で彼が論じたのはムハンマドの娘であり、シーア派の始祖アリーの妻、そして二児の母であるファーティマ論だった。イスラームで女性は隠れた存在だった。その働きが必須であるにもかかわらず歴史の陰に潜んでいた。その最たる存在がファーティマであるとマシニョンは言う。キリスト教のマリアを想起させるこの人物に、差異ではなく融和を実現する宗教的母性の顕現を見たのである。井筒がエラノスに参加したのは一九六七年である。それからしばらくすると井筒はコルバンと共に、エラノスを牽引する人物になる。

先にマシニョンは晩年、司祭になったと書いた。本来なら既婚者だったマシニョンは、独身が義務付けられているカトリック司祭にはなれない。彼は旧教でも、ローマ・カトリックではなく、メルキト派の司祭になったのだった。メルキト派(正確にはMelkite Greek Catholic)のことは日本ではほとんど知られていない。菅瀬晶子の『イスラエルのアラブ人キリスト教徒』によれば、その歴史は古くイエスの時代に遡るという。アラブの霊性が育んだ独自のキリスト教で、今もアラブ社会に脈々と生きている。

マシニョンは司祭になるためにメルキト派へと移ったのではない。それを促したのは時の教皇ピウス十二世である。第二ヴァティカン公会議以前、イスラームとキリスト教世界の間に架橋を見つけるのは容易ではなかった。カトリックが、自宗以外を邪教と呼んでいた時代のことである。マシニョンは、自らアラブとキリスト教の統合的霊性であるメルキト派のキリスト者として生きることで、二つの巨大宗教の仲裁者を志した。教皇ヨハネス二十三世によって公会議が召集されたのは一九六二年十月十一日。マシニョンがそれを確認するかのように亡くなったのは同月の末のことだった。公会議後、カトリックはイスラームとの対話を始める。その劇的な変化は、マシニョンなくしては起こらなかったと言われている。

Sufism and Taoism の冒頭、井筒は、アンリ・コルバンの「歴史の彼方での対話」(un dialogue dans la meta histoire）という言葉を引きつつ、自分はこの論考を、学問的興味からだけでなく、時代的要請に従って書くのであると言った。学問的追究だけではない。宗教問題としてのキリスト教とイスラームの対話、イスラーム社会における平和活動を通じ、マシニョンの生涯は、「歴史の彼方での対話」に費やされたのである。「歴史の彼方」という視座は、コルバンの学問的態度を鮮明に伝える言葉だが、その姿勢は、コルバンがマシニョンの弟子であることも告げている。

術語としての「対話」は、後期の井筒俊彦における鍵言語である。宗教的対話が、教義的あるいは儀式・儀礼の一致を確認することに終始していては、とうてい目的を達することはできない。「宗教的」対話は、あくまでも「宗教的」次元で実践されなくてはならない。社会的次元でいくら「対話」を重ねても、根源的理解の深化は期待できないと井筒は指摘する。「宗教的」次元は、社会的次元を包含しつつ、超越する。現実社会と不可分の関係にありながら、必ずしもそれに従属しない。たとえば、ハッラージュの死は、社会的には処刑だが、宗教的次元では殉教である。すなわち殉教者ハッラージュの生涯を論究するとは、「宗教的」次元の実在を明示することに他ならない。井筒にとってマシニョンとは、学問を通じ、実践的活動を通じ、「宗教的」次元を闡明した人物だったのである。

第三章　ロシア、夜の霊性

文学者の使命

ロシアを語るのは、単なる知的興味からではない。十九世紀ロシアの文学者によって投じられた問いは、次世紀、異国に生きる者にも「魂の生死に関わる大問題」であり続けているのである、と井筒は『ロシア的人間』の後記（中公文庫、一九八八年）に書いている。

学生時代以来、十九世紀ロシア文学は私の情熱だった。ロシア文学との出遇いは私を異常な精神的体験とヴィジョンの世界の中に曳きこんだ。〔中略〕あの頃は、本当にロシア文学に夢中になっていた。そしてそれが、たしかに私の魂を根底から震撼させ、人生にたいする私の見方を変えさせ、実存の深層にひそむ未知の次元を開示して見せた。この意味で、十九世紀のロシア文学の諸作品は、どんな専門的哲学書にもできないような形で、私に生きた哲学を、というより哲学を生きるとはどんなことであるかを教えた。

文学を読むとは情報を得ることではない。読者は作者と共に歩き、迷い、ついに作者すら知らない根本問題に遭遇し、ついにはその道を独り進むことである。このとき、作者はダンテに随伴したウェルギリウスのように導者となる。しかし、ものを見、天界の長に何かを託されるのはダンテなのである。作者が経験した「ヴィジョン」を読者もまた目撃し、そこに参与すること、『ロシア的人間』の魅力と今日的意義もそこにある。井筒が論じたのは、現象としての「ロシア」ではない。時代を貫く「永遠のロシア」である。

「後記」で触れられているように、『ロシア的人間』には前身があった。慶應義塾大学通信教育課程の教科書『露西亜文学』である。教材の配布が開始されたのは一九五一年である。テクストという性格上、分量に制約があった『露西亜文学』は七章で終わっているが、『ロシア的人間』は倍の十四章まで書き進められている。『ロシア的人間』の初版刊行は二年後、一九五三年である。

しかし、井筒俊彦がロシア文学を論じた文章はそれだけではない。拾遺集『読むと書く』に収録されている「トルストイに於ける意識の矛盾性について」、さらに「ロシアの内面的生活——十九世紀文学の精神史的展望」がある。

後者は未公刊なだけでなく、井筒本人をはじめ、これまでに言及されたことはないと思われる。書かれたのは一九四八年、『露西亜文学』刊行の三年前である。掲載されたのは、思索社から刊行されていた文芸誌『個性』である。同号の目次には太宰治の名前もある。この作品が、井筒にとって最初のロシア文学論だった。

詩人プーシキンの実相は霊性の革命者、レールモントフは、地上に堕ちた天使的詩人、チュッチェフは存在者ではなく「存在」を歌う詩人、ドストエフスキーは作家である前に万人の救済を願う神秘家、チェーホフは宗教から離別した預言者。このとき、すでに『ロシア的人間』の視座は固まっていたと言ってよい。また、原稿用紙七十枚程度の作品だが、ロシアの霊性を語り、プーシキンからチェーホフまでを包括的に論じるという構造においても、この作品は『露西亜文学』よりも『ロシア的人間』に近い。

「露西亜人は宗教を拒否する態度そのものに於て既に宗教的である」(「ロシアの内面的生活」)のように井筒が描き出すロシア人は、必ずしも社会的組織体としての宗教を必要としない。『ロシア的人間』では「コミュニズムは宗教を否定するところの一つの新しい宗教である」と書いている。また「十九世紀末のロシアにおけるマルクス主義受容の形態を考えるとき、私はマルクスがユダヤ人であり、その父がもと熱心なユダヤ教徒であったことを憶わずにはいられない。マルクスの革命的世界観はその本質的構造において著しくユダヤ的、黙示録的であって、その異常な雰囲気の中からこそレーニン主義は生れた」と述べている。井筒にとってマルクス主義は、ユダヤ終末思想と無縁でないばかりか、近代という時代に現れたそのもっとも苛烈な霊性であり、ロシアにおける共産主義は政治思想であるよりも、メシア思想の具現に他ならなかった。

もちろん、マルクスがロシア人ではないことを、井筒は分かった上で書いている。彼にとっての「東洋」がそうであるように、「ロシア」は、北方の大国という地理的領域を意味するだけではない。それはもう一つの世界、ベルジャーエフがいう「霊の国」を意味する。彼の眼にはドイツに生まれたマルクスもまた、その「霊の国」の市民に映った。そうでなければむしろ、レーニンとその時代のロシア人によるマルクス主義の受容を理解することはできないというのである。

マルクスに流れるユダヤ的系譜、マルクス主義を貫く終末論的精神性、すなわちプロレタリアこそ来たるべき時代の救世主であると説くプロレタリア・メシアニズム、ここで井筒は、ベルジャーエフの名前を出さないが、その影響は明らかである。しかし、それはベルジャーエフだけの着想ではない。

マルクス主義における「宗教性」という問題はメレシコフスキーも指摘していたし、ロシア人でなくてもバートランド・ラッセルなどはアウグスティヌスの神の国とレーニンの共産主義国家に精神性／霊性の元型的一致を見ている。

ベルジャーエフの『ドストイェフスキイの世界観』（宮崎信彦訳）にある一節である。「社会主義はユダヤ的土壌に発生している。それはヘブライ人の旧き至福千年説《ミレナリズム》、奇蹟的な地上の王国、地上の福祉に対するイスラエルの希望の世俗化した形態である。カール・マルクスがユダヤ人であったことは偶然ではない。彼はヘブライ人が拒否したイエスの反対者、未来におけるメシアの出現に対する希望を懐いていた。しかし彼にとって、神の選民、メシア的民族というものは、プロレタリアートである。彼はこの階級に選民の特性を賦与したのである」。先に引いた一節で井筒は、あくまで「私はマルクスがユダヤ人であり、」その父が熱心なユダヤ教徒だったことを憶わずにはいられないと言った。彼は、ベルジャーエフが書いているように、と言うこともできたはずだ。

もちろん、『ロシア的人間』には二十世紀を代表するロシア人思想家であるベルジャーエフの名前は何度も出てくる。読者には彼がベルジャーエフに親しんでいることは伝わってくる。『ロシア的人間』が刊行された当時、ベルジャーエフは日本でもすでに読まれ始めていた。宮崎訳ではないが『ドストエフスキイの世界観』をはじめ訳書も複数あり、宮崎信彦やシュルツのベルジャーエフ論も刊行されていた。井筒はベルジャーエフからの影響を隠したわけではない。ここでの問題は「私は」と書くほどに、彼が何を強く思ったかである。

「ロシア文学との出遇いは私を異常な精神的体験とヴィジョンの世界の中に曳きこんだ」という先の言葉を思い出す。マルクスに宿った革命の理念が、レーニンに至って現実化する過程は、一種の宗教改革にも似た霊性の激変だった。彼はおそらくそれをベルジャーエフの本を読み進めるうちに、一個の「ヴィジョン」として見たのではなかったか。マルクスの精神性を鑑みるとき、その父親から眼を離さないのは、井筒が、自身に流れる父親から受け継いだものを強く感じていたからだろう。

『神秘哲学』におけるリルケあるいはサルトルがそうであるように、井筒の場合、ある人物、あるいは書物に根底的な影響を受けている場合は、かえってそれが文中に名称としては現れないことが少なくない。それは意識上よりも、いわば意識下で生起するからだ。

マルクス主義の「宗教性」といった主題は、『ロシア的人間』におけるベルジャーエフの影響を考えるとき、看過することはできないが、第一義的な問題ではない。その核心は人格論、真実の意味での人格の交わりである「ソボールノスチ」の精神である。先に触れた「ロシアの内面的生活」の執筆時期が『神秘哲学』に先んじていることを考えると、それは、彼の思想的原点に接近したところで起こった出来事だったのかもしれない。

人格《ペルソナ》については前章でも触れた。ベルジャーエフは、人格とは「霊」の異名だとする。さらに「神は霊である」、また「神は霊にして自由である。〔中略〕神はペルソナである」(『霊の国　カイザルの国』)と彼は遺稿に記している。超越的絶対者は霊的実在であり、自らの自由意志において人格的に顕現する。また、『人間の運命』においては、宇宙を含むあらゆる存在者が、人格の内に存するのであって、その逆ではない、人格は概念ではなく、究極的実在の呼び名である、とも言う。

十九世紀、プーシキンの登場でいきなりロシアに「世界文学」が誕生したと井筒は書いている。誰もがロシア文学史をプーシキンから語り始める。それだけなら格別新しい見解でもない。しかし、井筒は、発言の主体を人間プーシキンに限定しない。啓示を受けた預言者から宗教が始まるように、十九世紀のロシアではこの詩人の出現と共に文学が始まった。ロシア文学の黎明はプーシキンの営為によってもたらされただけでなく、ロシア的霊性というべき文化的普遍者が、この詩人の口を借りて、自らを語り出したというのである。

井筒がとらえる「ロシア的人間」の眼にはいつも、肉体を包み込む「霊」が見えている。その眼は、現実を包含する「実在」を認識する。彼らはどこかで、この世界が真実の実在を十分に現していないことを看取している。現象界への根底的な疑義と天上界への飽くなき憧れ。「ロシア的人間」は現象と実在の狭間で激しく揺れ動く。鈴木大拙が日本的霊性というように、ロシアにはロシア的霊性がある。井筒はそれを「永遠のロシア」と呼ぶ。それはピョートル大帝によって体現され、プーシキン、レールモントフ、チュッチェフ、ドストエフスキー、レーニンといった各界の天才に象徴的に顕現する歴史的存在でもあるが、時間の壁を超える「共時的」存在でもある。

三百年にわたる韃靼人の占領から解放され、眠っていたロシア精神の覚醒を経験したロシア人が、真実の意味で「ロシア的人間」へと変貌してゆく道程を、井筒俊彦は力動的な筆致で描き出す。それは同時に十九世紀ロシアという局所に、普遍への扉を見つける試みに他ならない。そうでなければ「今日、共産主義的ロシアを政治的意味で『吾が祖国』と熱狂的に叫ぶ人々があるように、それとは全く違った次元で、ロシアに魂の故郷を感じ、それを熱烈に愛している人々があるのだ」(『ロシア的人間』序)の言葉も真実味を失う。『神秘哲学』における主語的実在が「叡知」であったように、『ロシア的人間』における主体は「霊」であり「人格《ペルソナ》」である。この著作で井筒が描き出したのは、十九世紀ロシアの文学者を通じて現れる「人格」の現象界への顕現である。

「ソボールノスチ」の理念に、ベルジャーエフの中核的命題があると、いち早く指摘していたのは、先に挙げた二著をはじめとしたベルジャーエフの優れた翻訳者でもあった野口啓祐である。彼は精神性/霊性による一致あるいは、その共同体を意味する「ソボールノスチ」に、訳語を当てなかった。当てることをためらっていたのかもしれない。その代わりに、ベルジャーエフの著作から以下の一節を翻訳している。

天国は生きとし生けるもののうち、ただ一人でさえ永劫の責め苦にあうものがなくなったとき、はじめてわたくしにとって可能となる。ひとは、他人から離れて自分だけ救われるものではない。救いは、あらゆるものが、ともに、一人残らず苦しみから解放されるときに、はじめて実現されるものなのである。(『終末論的形而上学』)

ここには、明らかに、ベルジャーエフが、ドストエフスキーやソロヴィヨフといった先行者から継承した、万民救済を悲願とする伝統的精神が脈々と流れている、と野口は書いている。おそらく井筒も『終末論的形而上学』を——原典で——読んでいるのではないか。次の一文を読むとそう思えてならない。「ロシア文学は、特に非宗教的・反宗教的な作家の場合ですら、なおかつ著しく終末論的だ。これをベルジャーイェフは『ロシアの黙示録』という。自分が世界を救わなければならぬ、悩める同胞のために救済の道を示してやらなければならぬ、そう考えて仕事をしているところにロシア文学者の異常な予言者的熱情がある」。似ているのは、文意だけではない。共鳴しているのは、彼らの悲願である。

「ソボールノスチ」の思想は、井筒のドストエフスキー論にも生きている。井筒はそれをドストエフスキーにおける「モスコウ主義」として論じている。聞き慣れない言葉かもしれない。モスコウ主義とは選民思想ではない。当時のモスクワはロシアの辺境である。それは、一種の使徒思想とも呼ぶべきものだった。新約聖書に登場する使徒、彼らはキリストに選ばれ、世界に散り、そして殉教にその生を終えた。ロシア人は世界の公僕として選ばれ、独自の使命を有する、「ロシアは『最高の真理』を捧持する地上唯一の民族であって、やがてロシアが中心となって世界は救済されるだろうという」思想である。井筒俊彦が描き出すドストエフスキーは、どこまでも人類の救済を希求する一個の魂である。

人類全体の宗教的救済ということを窮極の念願とするドストイェフスキーにとっては、神秘家であれ癲癇患者であれ、「永遠の今」の直観を許されたごく少数の特殊な人達だけが救われても、そういう体験を得られない他の数千万の大衆がそのまま後に取り残されるなら、何にもならないのだ。忘我奪魂の体験がどれほど貴重なものであっても、もしそれだけに留まるなら、それは無力である。(『ロシア的人間』)

自らは救われているが、衆生のために苦界に残るという仏教の菩薩道を思わせるこの発言は、ドストエフスキーの悲願を如実に表している。しかし、それはドストエフスキーにおいて苛烈に表現されたが、『ロシア的人間』で論じられた文学者たちの、いわば精神の通奏低音ともなっているのである。

旧約の時代、預言者となったのは、エゼキエルのような祭司を務めた人物ばかりではない。井筒もしばしば触れるアモスは農夫だった。キリスト教には、シエナのカタリナのような在野にあって、時の教皇を動かしたような聖人もいる。ムハンマドが啓示を受けたとき、彼は優れた商人だった。十八世紀ドイツとその周辺で、同様の宿命を背負ったのは音楽家たちである。井筒が詩人チュッチェフやドストエフスキーを論じるとき、バッハに触れるのはそのためだ。十九世紀のロシアで、その役割は文学者に託された。「人間の霊魂か肉体か、或はまた霊肉の相触れ相衝《あいう》つところか、何処か知らないがとにかく何処かにひそみかくれている筈の最高の調和を探し出すことが」、十九世紀ロシア文学の「究極の目的」(『露西亜文学』)だったと井筒は書いている。彼らの生涯が求道者の遍歴を思わせるのはそのためなのである。

チェーホフは医師、チュッチェフは外交官、レールモントフは近衛騎兵だった。ドストエフスキーは政治活動で死刑台まで行った。その後も出版を実業とする実践的生活者でもあった。

一方、ゴーゴリはプーシキン亡き後、ロシア人の救済は自らの肩にかかっていると真剣に思い、エルサレムへの巡礼をした。ベリンスキーは「神」を呪詛する言葉を吐いたが、道を求めることはやめなかった。トルストイはキリスト教的博愛の伝道者ではない、むしろ、宗教の誕生以前にさかのぼり、存在の始原性を追求し、真実の聖性を見つけようとした異教の人なのだと井筒は考える。文学という場において彼らは、時代精神と強烈な連結を持ちながら、生活者としてはそれぞれの場面で世俗に深く沈むことを選んだのである。

「哲学者である以前に神秘家であった」という『神秘哲学』の言葉は、「哲学者」を「文学者」とすれば、そのまま『ロシア的人間』にも当てはまる。彼がいう神秘家とは、静謐に佇む厭世家ではない。深く世界に突き刺さるように関与し、万民の救済を試み、垂直線のような境涯を生きる行為者である。彼らは「神秘主義者」のように、世界の謎を解き明かすことに関心を示さない。彼らにとって謎とは解析の対象ではなく、生き抜く現実に他ならない。

ツァーリズムと正教会の奇妙な融和が生んだ、圧政と蹂躙に苦しむロシア人民にとって、文学は芸術であるより、いかに生きるべきかを告げる宣託だった。文学と宗教を同一視するのではない。しかし、教会にとって、第一義の関心が信徒たちの救済ではなく、教会の覇権に変わったとき、天の言葉を預けられるのが、宗教者でなくなったとしても訝る必要はない。こうした背景で、チェルヌイシェフスキーのような社会思想家による小説『何をなすべきか』が誕生したのである。小林秀雄は、この人物の一生を「聖者」の生涯だったと書いている。

このときチェルヌイシェフスキーが小説という形式を選んだのは、論文では検閲の対象となることをまぬがれないという状況からだけではなかった。『何をなすべきか』は書斎の机で書かれたのではない。真実の自由を訴えたために官憲に逮捕され、シベリアに送られる直前、牢獄でこの小説は書かれたのである。現状が続けば、無数の人間が正統な理由なく牢獄に送り込まれてくる。最後の言葉になるかもしれないと考えたとき、彼はインテリゲンチャにではなく、人民《ナロード》に向かって書き始めた。結果、無数の人々に読まれただけでなく、レーニンをも読者に得た。この長編小説は革命を準備したのである。

最晩年ドストエフスキーは、有名な「プーシキン講演」でこの詩人を預言者として語った。事実、プーシキンは一介の求道者のように迫害された。プーシキンの生涯を見るとき、詩作とともに艱難辛苦が人間の形をして現れ、つぎからつぎへと彼を締め付けるのに驚く。その決闘による死も、「殉教」に等しい最期だった。プーシキンを預言者だとしたドストエフスキーも、講演が終わると、同じ呼称で人々に迎えられたのである。

見霊者と神秘詩人――ドストエフスキーとチュッチェフ

ドストエフスキーを論じる者は、彼を表現する端的な言葉を探そうとする。ある者は預言者、聖者だと言う。ストラーホフのように生前は親交を深めたが、没後には百八十度態度を変え、自己愛に固まった妄想家だと言った者もいる。ベルジャーエフは、人間の心を見通す者（psychologist）ではない、pneumatologist だと書いている。pneuma（プネウマ）はギリシア語で、息、風を表す。物理的なそれを表すとともに、「神」の息、「神」の風を表すようになり、キリスト教の発生とともに、三位一体の一位を成す聖霊の異名となった。ベルジャーエフの pneumatologist という表現に小林秀雄は部分的賛意を表しつつも、懸命に別な表現を模索していたが、その言葉を見出せずにいた。

一切の躊躇なく、井筒俊彦は、ドストエフスキーを「見霊者」と呼んだ。あたかもこの特性を看過して、この作家の何を語ろうかといわんばかりに、である。また、この一語は、彼がこの作家に発見した特異な何ものかを暗示させる。『神秘哲学』でのように、神秘家という言葉だけでは捉えきれない重大な何かを、彼はこの作家に看取していたのである。

「僕には、この『単なる realist』の作品が、こんな風に言っている様に思われる、何故哲学と心理学とが、刀の両刃《もろは》となって諸君の胸を貫いてはいけないのか、と」（小林秀雄「『罪と罰』について

Ⅱ」)。「単なるrealist」とはドストエフスキーである。小林は「リアリスト」たるこの作家を再定義しようとして逡巡していたのだった。

小林が意味する「哲学」とは、プラトン、プロティノスを通じ、ベルクソンに流入した形而上学、すなわち井筒における「神秘哲学」である。「心理学」とは心理療法の技術を説く学問を指すのではない。小林秀雄は絶筆となった作品で、フロイトの『夢判断』の扉にあるウェルギリウスの一節を引用している。「天上の神々を動かし得ざりせば、冥界を動かさん」。冥界とつながること、それが小林にとっての「心理学」だった。

イギリス人の書いたドストエフスキー論中「一番面白かったもので」、「最も特色のあるもの」と小林が評したのはJ・M・マリの『ドストエフスキー』である。この特異な作家論は、井筒の関心も喚起した。「ロシア文学」の講義と同時期に行われた講義「言語学概論」で、井筒は異界を眺めるマリの視座に言及している。

「私の経験が、ドストエフスキーの作品を読んで魅了された人々のすべてに共通するかどうか知らないが」と断りつつ、マリは告白にも似た言葉を紡ぎ始める。

彼〔ドストエフスキー〕がこの世に呪い出した――この言葉を熟慮の末に用いるのだが――霊どもに思いをはせるとき、ときおり感覚を絶した恐怖に襲われるのだ。怖るべき一瞬のあいだ、私は永遠の眼で事物を眺めるかと見えて、日も星も冷えゆくのを見、荒涼として氷結した宇宙を音もなく横ぎって呼びあう声のこだまを聞く。〔中略〕そして私は、思うだにぞっとする――いつかこれらの霊どもが人間の姿をとって人々のあいだをさまようのではないかと恐れるのだ。（山室静訳）

ラスコーリニコフ、ソーニャも、イヴァン・カラマーゾフも、ムイシュキンも異界に実存する「人間」だとマリは考えている。ここでドストエフスキーは一個の巫覡となる。批評とは、事実を羅列することではなく、論じる対象を今に蘇らせ、自らも対象が生きた時空に参入する営みに他ならない。この覚悟において、小林秀雄はマリに、稀有な盟友を発見している。

霊界を生きた作家とドストエフスキーを認識する点で、小林秀雄と井筒俊彦は深く交差する。そうでなければ井筒は「見霊者」と呼ばなかっただろうし、見者ランボーを愛した小林が、この作家を呼ぶ言葉に躊躇したりはしなかっただろう。

ドストエフスキー論を中断してからずいぶん経ったある講演で、小林はその理由を、キリスト教が分からなかったからだと言った。しかし、小林が意味する「キリスト教」とは、カトリックでもプロテスタントでもない。ドストエフスキーはロシア正教の霊性を体現していたのだという人がいる。確かにドストエフスキーは正教会にある期待を寄せていたことは事実であるが、それが真実の教会から乖離していることを糾弾したのも彼だった。カトリシズムは、悪魔に唆されたキリスト教だと彼は信じていた。

『作家の日記』に寄せたドストエフスキーの文章を読んでみる。彼が無尽の信頼を寄せるのは「キリスト」であって、キリスト教ではない。キリストを信じる、だから、キリスト教的であってはならない、それが彼の信仰ではなかったか。ドストエフスキーの「教会」もまた、マリが指摘するように小説の登場人物たちが暮らす別世界にある。

「もし誰かが、基督は真理の外にあるということを私に証明して見せたら、そしてもし本当に真理が基督を締出してしまうなら、私は真理よりむしろ基督と共に留るだろう」といったドストエフスキーの言葉を井筒俊彦は引いている。ドストエフスキーはキリストを忘れた日などなかった、というのだろう。ドストエフスキー論を中断した直後、小林秀雄は『ゴッホの手紙』に向かった。この画家も、キリスト教を離れ、「キリスト」だけを凝視した人物だった。

見霊者は、幻視者ではない。彼が見たのは幻影ではない。彼には確かに「現実」だった。「ここでひとつ諸君に秘密を教えてあげようか。これは、もしかすると、最初から最後まで、ぜんぜん夢なんかではないかもしれないのだ！　なぜなら、夢には決して出てくるはずのない、恐ろしいほどの真実がそこで生じたからである」（『おかしな人間の夢』太田正一訳）。人はそれを幻だと嘲っても、自分には目の前にあるコップを触るような、それ以上の現実感がある。ドストエフスキーの偉大さは、何ものかを「見た」点にあるのではない。そのヴィジョンの指し示す世界を、実現しようと生涯を捧げたところにある。

『ロシア的人間』における特徴的な一章は、と訊かれたなら躊躇なく「第九章　チュチェフ」を挙げる。十編の作家論中、もっとも優れているだけでなく、井筒俊彦における「存在」論の秀作として看過することができない。それは実在界を生きることを定められたこの詩人の悲劇と栄光を鮮やかに論じた筆致もさることながら、彼がこの詩人を分水嶺として作家論の中心的存在に布置し、十九世紀ロシア文学が形而上的世界へと流入してゆくさまを鮮明に描き出しているからである。十九世紀のロシア文学論を展開するとき、この詩人を通過するなど、井筒は考えもしなかっただろう。分量に限りがあった『露西亜文学』でも彼は、この詩人を論じている。

チュッチェフの名前は、ドストエフスキーのように私たちに親しくはない。井筒俊彦も、ロシアはこの「天才の名に値する」詩人を長く忘れていたとも書いている。プーシキンと同時代人だった彼が、初めて詩集を出したのは五十歳を過ぎてからだった。このとき三十七歳で逝ったプーシキンはもういない。きっかけはネクラーソフだった。ロシア最初の革命詩人が、ロシア最初の神秘詩人を発見した。唯物論と唯心論の思想的乖離が問題にならない次元がある。そこでの出会いが私たちに真実を伝えることは少なくない。芸術の歴史には、時折、こうしたドグマで測ることのできない出来事がある。二人の邂逅については、メレシコフスキーが一編を費やして論じている。

日常的事物の世界だけが唯一無二の「現実」であるような人々には、気狂いじみた病的な幻想とも思われようが、不思議なヴィジョンに憑かれたこれらの詩人・透視者からすれば、かえって世人のいわゆる「現実」こそ幻影でありはかない仮象の世界なのだ。この現象界が、時として得も言われぬ美観を呈することもあろう。しかし要するにそれは美しく彩られた垂幕であり、真の現実を掩蔽する被覆にすぎない。譬えて見れば、実在界のあまりにも恐ろしい本当の姿が脆弱な人の目に直接露呈しないように、誰かが上からそっと投げかけた煙幕とでも言えるであろうか。(『ロシア的人間』)

チュッチェフ論の一節である。以下のドストエフスキーの言葉との間に一致があるのは偶然ではない。「人々が例外的で馬鹿げていると称するものが、私にとっては最も深い現実なのだ」、あるいは「私はより高い意味における現実主義者だ。ということは、私は人間の魂のあらゆる深みを描出するということである」。一致しているのは表現であるより実存的経験の相である。チュッチェフが先んじ、ドストエフスキーがそれを継承した。ドストエフスキーはプーシキンを敬愛したが、その魂の趨勢においてはチュッチェフに近いと井筒は考えている。

井筒は日本人としてこの詩人を本格的に論じたごく最初の人物だった。しかし、彼以降、形而上詩人としてのチュッチェフを取り上げた論考は決して多くなかった。日本人による本格的な研究は二〇〇七年に出版された坂庭淳史の『フィヨードル・チュッチェフ研究』を待たなくてはならなかったのである。坂庭はこの論考で、チュッチェフにおけるシェリングの影響に触れ、人格的実在としての世界の根源性である「世界霊魂」や、数度の対面を含んだドストエフスキーとチュッチェフの関係を論じていて、示唆的である。

「チュチェフにとっては、宇宙の根柢、存在の最深層を直観的に把握し、その認識を可視的形象によって象徴的に表現することこそ詩の第一義的な目的」だったと井筒は書いている。しかし、一方で「言葉にあらわされた憶いはすべて虚偽」であると、チュッチェフは自らの詩作を否定するような言葉を残している。語り得ないものを語り、救い得ないものを救おうとする。この矛盾的営為をチュッチェフは宇宙的深部に向かって行ったが、それを継承したドストエフスキーは、より「現実」的に「人間の魂の深部」で試みた。

井筒俊彦が論じるチュッチェフは、透徹した「夜」の詩人である。詩人は夜を生きたと、井筒が書くとき、夜の闇が意味するのは、光の欠如ではない。むしろ、光の究極的収斂である。人間の眼には無光の状態に映ったとしても、光がないのではない。光がなければ闇は存在しない。

光が世界を照らし出す瞬間に立ち会うこと。超越的絶対者である「存在」が、「存在者」にまさに接するその場に現存すること。それが照明体験（illuminatio）である。幾人もの預言者、聖者、神秘家たちを見舞ったその経験は、必ずしも、眩いばかりの光明に包まれたものであるとは限らない。「恐るべき認識の一瞬間！　この悲劇的な、宿命的な瞬間に、詩人は人間の眼が本来見ることを許されていない禁断の場所、宇宙の根源的暗黒をじかに目撃する。一切の存在の最も深い地層にひそむ、絶対に非合理な根柢、『神』とは正反対の『或るもの』を彼は目のあたり見て立ちすくむ」。

そこにあるのは恐怖というよりは畏怖であり、一方で歓喜であるよりは「堪えがたい蠱惑」なのである。
神秘体験の実相を語る井筒はしばしば、「蠱惑」という表現を用いる。あらゆる予想と想念の及ばないところへ、見知らぬ者が自らを奪い去るかのように導いてゆく。どうにも抵抗することのできない招きがあるというのだろう。宗教者たちの「召命」体験に似ているのかもしれない。

この詩人の眼光は、氷河を溶かす春の太陽のようなものだ。彼が眸を凝らしてじっと眺めていると、今まで硬い美しい結晶面をなしていた実在世界の表面が、みるみるうちに溶け出して、やがて、あちこちにぱっくり口を開けた恐ろしい亀裂から、暗い深淵が露出してくる。絶対に外には見せぬ宇宙の深部の秘密を、禁断を犯してそっと垣間見る、その不気味な一瞬の堪えがたい蠱惑！　恐怖に充ちた暗黒の擾乱の奥底を、身の毛もよだつ思いをもって、詩人は憑かれたように覗き込む。（『ロシア的人間』）

こうした出来事を詩人が望むのではない。それは「恐怖の瞬間」でもある。「自分の意志とは無関係に、このきらびやかな垂幕が、突然思いもかけず、見ている前でするすると巻き上げられてしまう」。確かにチュッチェフの肖像に違いない。しかし、それは井筒自身の自画像でもあったのである。

前生を歌う詩人

井筒は、ドストエフスキーに対しては敬意以上のある畏怖をもって対峙したが、レールモントフには一個の同郷人を見ていたのではないだろうか。それは好悪の対象である以前の、何とも近しい存在を意味する。

『ロシア的人間』の「第六章　レールモントフ」には、レールモントフの生涯を通じて片時も傍らを離れることがなかった主題が静かに、しかし、しっかりと織り込まれている。それは「天上の記憶」と天使の実在、すなわち天界および天使論である。

時代の叛逆者という点ではプーシキンの後継者であり、聖性の探索者としてはトルストイ、ドストエフスキーの登場を準備したレールモントフは、十七歳のとき、すでに詩を書き始めていた。当時書いた「天使」は彼の代表作の一つでもあり、本人がもっとも愛した一編としても知られている。その一節を引く、訳者は井筒俊彦である。

　天使は、いま生れようとする魂をいだいて、
悲しみと涙の国へ運んで行くところだった。

歌の言葉こそ忘れたが、幼い魂は
その調べをまざまざと憶えていた。

「悲しみと涙の国」とは、この現世、現象界である。「歌の言葉こそ忘れたが、幼い魂は」、地上に生まれた後も、異界で聴いた「その調べをまざまざと憶えていた」。その言葉は比喩ではない。この詩人の場合、率直なまでの告白なのである。

また、「私は三歳のとき、ある歌を聞いて感動のあまり泣いてしまったことを今でもよく憶えている」、井筒が引くレールモントフのノートにあった一節である。「ある歌」は、この世界に帰属するものでない。彼はそれを、幼くして生き別れた母と共に過した故郷を歌った詩だとは思っていない。彼にとってそれは、異界の調べである。詩人の告白は、字義通りそのままに受け入れなくてはならない。しかし、成人してからの詩では、世の中を疎みつつ、憤怒の情を激烈な言葉で吐き続けた彼は、文字通り、時代から邪魔者にされた。

プーシキンが、妻をめぐる決闘で命を落としたことは、よく知られている。しかし、実態は公的な口封じに等しい、公然と行われた暗殺に他ならなかった。彼が死ぬと、世の中はその詩を忘れたように沈黙した。あれほど慰められ、励まされ、癒された詩を、意図的に忘却した。プーシキンの詩は、単に人民の心を動かしたのではない。魂を目覚めさせ、その霊性を決定した。このときレールモントフが沈黙していたなら、プーシキンの存在は権力に否定され、寓話になっていたかもしれない。大詩人の死が、レールモントフの登場の時節を告げたのである。

詩人は決闘に斃れたのではない、殺されたのである、と歌ったレールモントフの詩「詩人の死に」は、印刷されることはなかったが、どの印刷機よりも早く書写され、ロシアを席巻した。一人の近衛騎兵が書いた一編の手書きの詩が、どれほどの影響を持ったかは、レールモントフが軍隊に召集され、戦地だったカフカースへと送られたことでも分かるだろう。レールモントフは最期も先行者を追った。彼もまた、「決闘」に果てた。地元の司祭は葬儀を拒み、借家の持ち主は厄祓いをし、皇帝ニコライ一世は「犬には犬らしい死だ！」と言ったという。

救済を歌い上げる前に、人間の暗部と現実の不条理を歌い上げる詩人、それがレールモントフである。しかし、レールモントフが「何を」歌ったかには井筒の関心は傾かない。彼は詩人が「何処《どこ》」から来たのかを論じる。「遠い遠い遥かな国、悠邈《ゆうばく》たる地平線の彼方の何処かに確かに在るに違いない清澄な光の国、そうした魂の永遠のふるさとに憧れ、それへの焦燥に身もだえしながら地上をあてもなく彷徨うさすらいの人」（『露西亜文学』）。これが井筒俊彦の見たレールモントフの実相である。「悠邈たる地平線の彼方」からやって来た、との言葉は、井筒が自らの思想的原点だと述べた『神秘哲学』の一文に私たちを引き戻す。

悠邈《ゆうばく》たる過去幾千年の時の彼方より、四周の雑音を高らかに圧しつつ或る巨大なものの声がこの胸に通い来る。殷々として耳を聾せんばかりに響き寄せるこの不思議な音声は、多くの人々の胸の琴線にいささかも触るることなく、ただ徒らにその傍らを流れ去ってしまうらしい。人は冷然としてこれを聞きながし、その音に全く無感覚なるもののごとくにも思われる。併し乍らこの怖るべき音声を己が胸中の絃ひと筋に受けて、これに相応え相和しつつ、心臓も破れんばかり鳴響する魂もあるのだ。(『神秘哲学』)

これは哲学者井筒俊彦の原風景である。彼の哲学はこの一節に始まり、いつもここに帰ってくる。「悠邈たる」時空の彼方の記憶をもっていたのはレールモントフだけではないだろう。「怖るべき音声を己が胸中の絃ひと筋に受けて、これに相応え相和しつつ、心臓も破れんばかり鳴響する魂」を持つ井筒にその記憶がなかったとは思えない。

『露西亜文学』は通信教育の教材という、いわば学内の発行物だったから、履修生を除くと読む人は自ずと限られた。この作品に言及した文章が少ないのは仕方がない。その中で、井筒俊彦の逝去の折に書かれた三浦和男のエッセイ「井筒俊彦先生」に『露西亜文学』に触れた興味深い記述がある。

三浦和男は学生時代、井筒が講じるロシア文学を聴講していた。彼はロシア人の特性と思考、言語の特性について多くを学んだが、一つだけ「先生が世界の文化的諸事象や人々の精神の営みといったものを、あまりにも観念的な、ほとんど神秘的ともいえる宗教体験の類型の差によって説明しようとする傾向」には「どうしてもついていけなかった」という。さらに『露西亜文学』を読み、三浦が率直に読後感を井筒に伝えると、「めずらしく顔を赤らめられ独特の声と調子で」、「あれは自分の脱ぎ棄てた過去で、自分でも恥しいと思って」いる、でも、あれがだめなら、「君がもっといいのを書けばいい」と言ったというのである。

確かに書き終えたことはすでに「脱ぎ棄てた過去」だが、作者が覚える恥じらいと作品の価値は関係がない。井筒は、この作品の主題を十分に書き切れなかったことを遺憾に思ったかもしれないが、「恥しい」とばかり思っていなかったことは、『ロシア的人間』を書き上げたことからも明らかだろう。

スターリンが死んだのは『ロシア的人間』が発刊された一九五三年である。後年、安岡章太郎との対談でも、当時は「左翼的な、社会的な思想が盛んになって」ロシア文学の講義は終わったというように、『露西亜文学』の頃に、ロシア霊性史とでもいうべき講義を行った井筒の意図は、容易に理解されなかったのかもしれない。

三浦和男の初期の仕事に、マルクスの『経済学＝哲学手稿』の翻訳がある。絶筆はヘーゲルの『精神の現象学序論』の翻訳だった。それぞれの訳書に、その日本語を高く評価する讃辞を読んだことがある。作者の論理的思考の秀逸さは、井筒を論じた小品からも十分に伝わってくる。思想的立場から、三浦和男の言葉に井筒俊彦への反意を見るなら偏見の誹りを受けるだろう。三浦はロシアに新プラトン主義の神秘思想が流れ込んでいることは認めている。彼は同じエッセイで、井筒の意味論を高く評価していて、その記述も正確だ。井筒の他の文章を細かく読んでいることも窺わせる。

当時のロシアに現存した政治的問題をよそに、問題を神秘哲学に還元するのには無理があると三浦は指摘するのである。彼が当時、異論を持ったのもレールモントフ論だったようだ。『露西亜文学』のレールモントフ論で井筒は、詩人クローデルのランボー体験に触れている。だが、この部分は『ロシア的人間』では削られている。

詩人ポール・クローデルはかつて、徹底した唯物論者だった。そんな彼に、物も「神」がいなければあり得ないことを教えたのはランボーの詩だった。クローデルにとって、それは、文字通りの意味での啓示的出来事だった。以後、彼は透徹した信仰者になる。また、ランボーとの邂逅は異次元で準備されていた、ランボーは精神的同時代人だともクローデルはいう。クローデルは「時代的関係でなしに、時間的秩序としての世代とは無関係に、精神的次元に於いて成立する精神的な世代《ジェナレイション》というものが厳然として存在する不思議さ」(『露西亜文学』)から離れることができない。

「世代」という表現が、読者を再び時間的次元に引きずり込むかもしれない。垂直に伸びる、長方形の立体を考えていただきたい。水平に一定の幅で区分し、十等分する。立体の高さ全体を百年とし、平面を世界だとする。等分されたところは十年となり、それは文字通りの「世代」となる。これを「横の世代」と呼ぶ。

それに対し、立体をそのままに、次は縦に、天面から下方に向い、垂直に十等分する。その縦軸には百年の間に生きた、何ごとかによってつながる人間が収まるとする。これを「縦の世代」と呼ぼう。

井筒がクローデルとランボーを論じつつ言及するのは、この「縦の世代」である。百年にこだわる必要はない。たとえば古代ギリシアまで遡り、縦軸を三千年に延ばすこともできる。井筒俊彦は後年自身の仕事を「東洋哲学の共時的構造化」と表現したが、それは「縦の世代」の哲学的構造化と置き換えてもよいだろう。そこにはソクラテス、プラトン、孔子、老子、古代インドの哲人、ユダヤの神秘家、イスラームの哲学者、中国宋代の儒家たち、禅者、芭蕉、本居宣長、マラルメ、リルケ、サルトルが「同世代人」として生きている。

物理的時間に「日々」があるように、永遠の軸にも「時」がある。古典ギリシア語では、「時間《クロノス》」と「時《カイロス》」を使い分けた。前者はこの世界に外在し、「時」は内在する。日を時計で測るが、「時」は魂で測られるとアウグスティヌスが論じるのも同じ意味だろう。

「そうだ、レールモントフは此の地上の何処にも居るべき所を有たず、広い世界の何処にも身寄りというものをもたない本当に独りぼっちの人」(『露西亜文学』)だと井筒俊彦は言った。ランボーに出会う前のクローデルも同じことを言ったかもしれない。

クローデルにとってランボーが「時」の人であるなら、レールモントフの「同世代人」はボードレールだといい、『パリの憂鬱』冒頭の詩「異国の人」にも同じ異界を懐かしむ者の声を聞くと井筒は書いている。以下に引くのは『ロシア的人間』となって刊行されたときは削られてしまった、井筒俊彦訳のボードレールの詩である。

君は誰が一番好きなの？　謎のような人よ、ねえ。君のお父さん？　君のお母さん？　君の妹、それとも君の弟？

――僕には父もなければ母もない、兄弟も姉妹もないのさ。

――君の友達は？

――そんな言葉の意味は今日の日まで僕は知らなかった。

――君の祖国？

――祖国なんて地球の何処に在るのかさえ知りやしないんだ。

――――――――――

――――――――――

――おやおや、それじゃあ一体君は何が好きなのさ？　奇妙な異国人よ。

――私は雲を愛する……逝く雲を……彼方に、ずっと彼方に逝くあの素晴しい雲を！

レールモントフにも同じ響きを携えた「雲」という詩がある。二人の詩人が雲に託して語るのは別世界への扉である。レールモントフが「天使」を歌ったように、ボードレールの「万物照応（交感、Correspondences)」、「信天翁《あほうどり》」にも、現世を厭い、「前生」を懐かしむ声が溢れている。

「地上の嘲罵のただ中に　追放《おいや》られると／巨人の翼は　歩くのを　邪魔するだけだ」（「信天翁」鈴木信太郎訳）と歌うボードレールには天使の両翼が見えたのだろうか。天界では不可欠だったその翼も、現実界では役に立たないばかりか、邪魔になるだけだと悲しむのである。井筒が見るレールモントフは、「意地悪い運命の悪戯か、それも何かの間違いで、この世に迷い込んできた異国人。地上のどこにも故郷をもたぬ漂泊の旅人」（『ロシア的人間』）である。先に引いたボードレールの詩にあった「異国人」も同質の表現だろう。

井筒は、二人の詩人が共に「前生」の記憶を有している点に注目している。しかし、それ以上に、「記憶」を持ったまま生まれてきた者が、何かにつき動かされるように異界の現実を語る、その宿命から眼を離さない。プーシキンは、十一歳のときすでに、フランス語で詩を書き始めた。詩人ランボーの場合、誕生だけでなく、終焉も十代の出来事だった。レールモントフも、詩と呼ぶべき作品を書き始めたのは十代の中頃だったことは先に触れた。

彼らが詩を書かずにいられなかったのは、「故郷」を思わずにいられなかったからである。ことにレールモントフはそうだ。彼にとって詩とは、「前生」で感覚したことを呼び覚ます祈りだった。前世は輪廻と結びつき、この世を軸に生まれ変わりを表す言葉だろう。しかし、「前生」は生まれ出る以前の領域である。『神秘哲学』における叡知界、リルケはその異界を実在界と呼び、プラトンはイデア界、スウェーデンボリは天界といった。

まぎれもない一個の例外者として、永遠の美のイマージュを抱いてこの世に生れてきた。絵画的才能とともにすぐれた音楽的才能をもっていた彼〔レールモントフ〕は、この永遠の美の幻を、自分がこの世に生れてくる前に、前生で聴いたことのある優婉な歌の調べとして表象した。

(『ロシア的人間』)

しかし、この詩人の言葉は、ときに、願うことが、とうていこの世では見出し得ないと嘆く呪詛の言葉にもなった。十九世紀ロシアの為政者はその叫びだけを聞き、レールモントフを死へと追い詰めることになる。

「レールモントフの印象は人間のそれではなくて魔性のそれだ」と井筒は言い、「疑いもなく、レールモントフは一個の憑かれた人だった。悪霊に憑かれた人というよりも、むしろ自分が一個の魔性そのもの」だとも続けた。「魔性」とは、確かに「魔霊的《デモーニッシュ》」な気配を感じさせるが、それは「悪魔的《ザターニッシュ》」ではない。世間はこの根源的な違いを理解しようとしなかった。聖なるものはときに人間を著しく威圧し、存在基盤を揺るがす轟音と共に現れる。

レールモントフに「魔王」という作品がある。主人公は悪を求める実在ではない。「魔王」は告白する。「わしは天と和解したいのだ、わしは愛したい。わしは祈りたい。わしは善を信じたいのだ」(井筒俊彦訳)。

岩波文庫から一條正美訳のレールモントフの『ムツイリ・悪魔』が出たとき、ロシア文学者除村吉太郎が序文を寄せている。除村もまた、レールモントフ同様、見果てぬ「国」を信じていた。しかし、彼の場合、それは到来を待つものではなく、自らも参与し、実現すべき現実だったのである。

永遠のイデア

除村吉太郎は、一九四七年に行われたある講演で、「私がいまから十年ばかり前ソヴェートに行っていたころは、ドストエフスキーを読むことはあまり専門家が読者にすすめていなかったのです」（『ロシヤ文学について』）とドストエフスキーについて語り始めた。

ドストエフスキーほど毀誉褒貶の差が著しい文学者はいない。その神秘観あるいは宗教観において一個の異才を発見し、預言者、彼岸の通訳者としてのこの作家を評価する者もいるが、除村はそのような意見に与しない。なぜなら、「民主主義革命の道を進んで行く人間の血となり肉」とはなり得ないからである。むしろ、そうした観念的ドストエフスキー論は「正しい進展の道に沿って進んで行く」人間の妨げになる、それは否定されなくてはならない。

恣意的引用で原著者の意図を歪めているとは思わない。全編を読む者は、さらに痛烈な言葉を発見するだろう。いかにも左翼的な、善悪を二分する、あまりに単純なドストエフスキー論を、今日顧みる者は少ないだろう。しかし、この人物が井筒俊彦をロシア文学へと導いたのである。

除村の井筒に対する影響は『ロシア的人間』に登場するメレシコフスキー、ベルジャーエフ、ソロヴィヨフといったドストエフスキーの後継者ともいうべき人物にも決して劣らない。以下の言葉を見れば、除村が紋切り型の左翼文学者というレッテルに収まらない人物であることが察せられるだろう。

先日見た映画「樋口一葉」の結末で彼女の日記が朗読された、——「我れは人の世に病苦と失望とを慰さめんために産れ来つる詩の神の子なり……我が血をもりし此のふくろの破れざる限り、われは此の美をのこすべく、しかして此の世ほろびざる限り、わが詩は人の命となりぬべきなり」。現代という意識的時代の作家及び批評家からは、この一葉の良心性の何倍の良心性と社会的責任感が要求さるべきだと考える。(『芸術とリアリズム』)

「我れは人の世に病苦と失望とを慰さめんために産れ来つる詩の神の子なり」との一節は、先に見たレールモントフの叫びを思わせる。除村はそうした言葉を見逃さない。彼は樋口一葉に聖女の面影を見ている。

除村吉太郎を知る人も少なくなっているに違いない。著作権継承者不明で探索の知らせが出ていた。このロシア文学者は、マルクス・レーニンの説く民主主義革命を信じていた。芸術は、その道程において欠くことのできない役割を有するという確信を、生涯離さなかった。それゆえに彼が信じた思想の衰退と共に、その著訳書は流れ去るように消え、彼を論じる人の数も減った。

東京外国語学校（現東京外国語大学）を卒業後、日銀調査局の後、在日ロシア大使館に勤務し、母校の助教授、早稲田大学講師となる。一九三五年から二年間ソ連に留学した。当時、除村にどんな後ろ盾があったのかは分からない。在日とはいえ、ロシア大使館に勤務していたことも積極的に働きかけたのかもしれない。そうだったとしても、乗り越えなくてはならない壁は一つや二つではなかったことは容易に推察される。留学といっても、当時のソ連は、今日の大学教師がロシア文学を学びに行くという状況とは全く違って、覚悟を要する出来事だったことは想像に難くない。除村が帰国した一九三八年、女優岡田嘉子と杉本良吉がソ連に亡命した。情報公開が進み、杉本はソ連に渡ると逮捕、スパイの嫌疑を懸けられて処刑されたことが分かっている。

「左翼的な人で、軍部なんかにはずいぶんにらまれていたらしい」と井筒が言うように、一九四〇年には政治信条を理由に、除村は東京外国語学校を追われている。一九四五年には治安維持法違反で拘束された。戦後、一九四六年に共産党員となり、一九四七年には参議院の選挙にも出たことがある。一九五四年、ロシア語学校、日ソ学院（現東京ロシア語学院）が開校すると初代校長に就任した。

慶應義塾大学へ入るとまもなく井筒は、ロシア語を学ぶ目的で東京外国語学校の夜間部にも併せて通うようになる。授業はどれも「砂を噛むようで、ロシア語とはこんなにつまらない言葉なのかと思うばかりだった」。その中で唯一の例外が、除村吉太郎だった。

井筒が除村から学んだのは、ロシア語であり、ロシア文学ではないという意見は彼自身の証言によって退けられる。除村について井筒が言及したのは、人生の晩節といってよいときだった。安岡章太郎との対談で「ロシアの気分を自分の身に体している人に習うと、ロシア語というものが一遍にわかるんです。つまり、人間そのものがロシアに浸り込んでいるのです。あの人の中にはロシア語の精神が生きていた。実にすばらしかった」と発言している。「正師を求めて」というエッセイにある言葉は、さらにいっそう熱情を帯びている。出会いから五十年ほどの月日が経過しているにもかかわらず、除村との出会いを語る井筒の言葉は鮮烈である。もちろん「彼」とは除村吉太郎である。

彼の存在そのものに、後年私が「ロシアの混沌」として把握することになるロシア魂の底知れぬ深みといったものがどことなく揺曳していて、それが私をひどく感動させた。彼もまた自分の学問を実存的に生きる人だったのだ。(「正師を求めて」)

政治的、宗教的混乱の中に育まれたニヒリズムと無神論、神なきところに絶対と救済を希求する魂、夜の神秘主義、「狂おしいばかりの」キリストへの愛に培われた無比の信仰。どの思想、どの宗教にも収まらない、それが井筒にとっての「ロシアの混沌」、すなわち、ロシアの霊性である。井筒俊彦は左翼文学者である除村吉太郎から、ロシア精神の奥底を垣間見ることを学んだ。

「実存的に生きる人だった」との表現は、井筒俊彦の場合、最上級の讃辞だと思ってよい。同様の言葉をもって彼が論じた人物では、ハッラージュの研究家ルイ・マシニョン、宗教学者ミルチャ・エリアーデが思い出される。前者は彼の学問への態度を決定し、後者に彼は求道的思索者の先達を見た。イスラーム神秘主義、宗教学と世界を異にしても、二人は二十世紀のある時期を牽引した一流の学者たちである。日本人では、哲学者西谷啓治をそう呼んだことがある。

実存的であることは、単に優れていることを意味しない。正しいこととは全く違う。それは、自らの使命において、全身を賭すことに他ならない。しかし、身を賭す前に、人は、全身全霊とはいかなる状態であるかを知らなければならない。真に知らないものを賭すことはできないからである。学究の人は学問を通じてそれを知り、画家は描き、文学者は書くことで習熟する。宗教者は祈り、病にある者は、そこにおいてただ生きることが役割である。労働者は働く。それを徹底し得た人間を、井筒は実存的と呼ぶのである。

しかし、『ロシア的人間』に除村吉太郎の影響を発見するのは簡単なことではない。

ソロヴィヨフ、ベルジャーエフ、メレシコフスキーといった、ドストエフスキーの道を継承した思想家に、井筒俊彦が共感を抱いたことは『ロシア的人間』に明らかである。「美とは光と闇の闘争であり、矛盾する両岸の一致である」というドストエフスキーの根本命題はチュッチェフから継承したものだといい、それは、ドストエフスキーを通じてソロヴィヨフに流れ込むと井筒俊彦は書いている。

だが、除村吉太郎は、こうした人物こそドストエフスキーを屈折させ、ロシア文学を好ましからざる方向へ変質させたと糾弾する。三人の生きる態度が真摯なものであったとしても、存在の根源を神秘に帰する思想は、ドストエフスキーの真実と遺産を歪曲し、ロシアに悪しき伝統を築いてしまったと批判する。

二人は、容易に一致しない。除村が『ロシア的人間』を読んだかどうかは分からないが、彼が亡くなったのは一九七五年だから読んだ可能性は十分にある。しかし、読んだとしても彼は、留保なしにそれを認めるということはなかっただろう。

ソロヴィヨフが『カラマーゾフの兄弟』のイワンそして、アリョーシャのモデルであり、ドストエフスキーがソロヴィヨフと共に訪れたオプチナ修道院で会ったアンブロシウスの言葉は、ゾシマ長老を通じて私たちに伝えられている。除村もしばしばドストエフスキーを論じ、ソロヴィヨフにもしばしば触れた。ただし、それを全くの「誤謬」だと言及しつつ、である。

「理想的な世界は神の世界であり、現実的な世界は地上の世界である、この両世界の間の仲介者の役割をつとめるのが人間である。人間の仲介によってこの地上の神の国が出来る」、その実現のためにはまず「神によらなければならない」、またその実現は「教会（東西の教会の合同による）を中心とする『神政政治』によってのみもたらされうる」（『ロシヤ文学について』）と除村はソロヴィヨフの哲学を要約している。

概説だから省略は否めないが、偏りのある批判者の論述だとは思わない。誤解はないばかりか、ソロヴィヨフの思想を的確に伝えている。真実の平和は、人間が神人としての霊性を取り戻し、長年の間、混乱と争いの母体となっていた教会の分裂を終焉させ、神の業——ソロヴィヨフはその永遠のイデアを「ソフィア」と呼んだ——を招き入れなくてはならないというのである。しかし、除村はこうした言葉も皆、神秘主義者の空想に過ぎない、現実は徒らな妄想に流される余裕のないほどに困窮していると訴える。

高村理知夫が訳したソロヴィヨフの『自然に於ける美・芸術の一般的意義』という著作がある。出版されたのは一九二八年、日本で本格的にソロヴィヨフが紹介された最初期に当たる。そこに付された訳者の解説「ソロヴィヨフの美学に就いて」は、今日から見ても正確だとソロヴィヨフ研究の第一人者御子柴道夫は書いている。

訳者の筆致は、ソロヴィヨフへの共感と熱情を下支えに、感情の横溢を抑えつつ書かれていることを私たちに伝えている。理性と忍耐を自らに強いなければ、筆を通じて紡ぎ出される言葉は、自分のそれかソロヴィヨフのそれか分からなくなるほど、訳者は原著者に接近している。この本に収められた講演「自然に於ける美」の冒頭、ソロヴィヨフは「美は世界を救う」というドストエフスキーの言葉を引く。同じ論考にはチュッチェフの詩がいくつも引用されていて、論考自体がまるで、詩の注解のようでもある。

「高村理知夫」は、除村吉太郎のもう一つの名前である。これ以後、その名前が使われることはなかった。彼は後年、出版社からソロヴィヨフの訳書の再版を請われたとき、自分はすでに当時の思想を生きていないと求めを断ったという。しかし、除村が、チュッチェフ、ドストエフスキー、ソロヴィヨフという霊性の遍歴を、もっとも鋭敏に感じた日本人であった事実は消えない。おそらく井筒はこの訳書を読んでいる。そればかりかこの本が彼がチュッチェフを知った最初だったのかもしれないとも思えるほど、井筒のチュッチェフ論はこの著作と呼応している。

文学的出発の時節、除村はソロヴィヨフの思想に自らを導く光条を見たが、あるときを境に、彼はこの思想家と訣別する。真実を「知る」ことは彼の人生の眼目ではなくなった。彼はそれを知ることよりも、真理が実現されることを願うようになる。除村をソロヴィヨフ的形而上学の世界から現象界へと引き戻したのはベリンスキーである。

ロシアの思想家は、宗教家であれ社会主義者であれ、「それさえあれば一切の問題があますところなく解決され、人生が直ちに正義の場所となるような生きた真理」（『ロシア的人間』）を求め、それを宣言した者を信頼する。ベリンスキーは「根本的にロシア的な思想傾向の、最初にしてかつ最も典型的な現れ」だった。シェリング、フィヒテ、ヘーゲル、フォイエルバハ、そして社会主義へと彼が「転々として遍歴していったのも」単なる思想的転向の繰り返しではなく、「全体的真理の探究の道程にほかならなかった」と井筒は言う。この言葉はベリンスキーだけでなく、除村吉太郎を表現するものとしてもふさわしい。

岩波文庫に除村吉太郎訳で、二巻のベリンスキー『ロシヤ文学評論集』がある。そこに付された解説は伝承を継ぐ、語り部の語調を備えている。除村には、十九世紀のロシア文学を決定したといってよい、この批評家を生き永らえさせることを、自らの使命としていた観がある。除村に著訳書は少なくないが、自著と共に多くの訳書が時に流されたとしても、この小伝と詳細な解説を付したこの二冊が残ればよい、そう考えていたのではないかと思わせるほど文脈からは熱情が溢れている。ベリンスキーを論じる除村は時空を超え、十九世紀ロシアに生きているかのようだ。彼のベリンスキー論は、ソ連共産党の瓦解と国家としてのソ連の崩壊やロシア共産主義が経た大きな変化とは無関係に今も読者に鮮烈な問いを投げかけている。十分、今日の「読み」に耐えるのは、彼が単なる歴史的時間を超えたところで、それを書いているからである。ベリンスキーへの主体的関心の深さにおいて、おそらく日本はいまだ、除村吉太郎を凌駕する人物を輩出していない。

「ベリンスキー略伝」にこんな一節がある。「宇宙は全世界は、その無数の顕現における『唯一のイデーの呼吸』である。〔中略〕人間、国民、および人類の使命は自己のうちに唯一のイデーと人間的価値を顕現することである」、また「芸術は、その無限に多様な現象のなかにおける宇宙の偉大な唯一のイデーの表現である」、前者は除村の文章、後者は彼が引用しているベリンスキーの言葉そのままである。ここでベリンスキーと除村の差異が曖昧なのは、除村がベリンスキーの代弁者に徹する覚悟を強く持っているからである。さらに除村の言葉が、ほとんどソロヴィヨフの思想を語る言葉に等しいことに驚かされる。それればかりか、イスラームの神秘哲学者イブン・アラビーの存在一性論をも思わせるのである。

革命思想の礎を築いた者として歴史に刻まれたベリンスキーはもちろん、後年、イデア論と訣別する。しかし、救済の根拠という内なる「唯一のイデー」を見失うことはなかった。人は何度でも思想を脱ぎ捨てることはできる。しかし、悲願とも呼ぶべき真実の動機から離れることはできない。井筒俊彦がいうベリンスキーの「全体的真理の探究」もこのことと別な営みではない。

人は何を願うか、それを自由に決めているのではない。悲願が人間をつかむのである。悲願とは利己の願いではない。その人物に付与される人生における根源的意味、意味的実在といったほうが正確かもしれない。

ドストエフスキーの『貧しき人々』を読んだベリンスキーは、すぐに新人作家の才能を評価し、世に広く知らしめた。しかし、ベリンスキーは、次に出た『二重人格』を同じようには認めなかった。彼は、ドストエフスキーの現実界を深くえぐり出す才能には並ぶべき者なき「独立性」を認めたが、ドストエフスキーが神秘観を明らかにした作品を好まなかった。一八四八年に逝ったベリンスキーはもちろん、『罪と罰』以降の作品を知らない。

除村のドストエフスキー観はベリンスキーのそれを継承している。除村のドストエフスキー論はこの作家を論じているようで、実はベリンスキーが理想とした文学の実践的展開だった。以下に引く除村の見解は、ドストエフスキーの革命観よりも、彼自身の革命に対する態度を明示している。

ドストエフスキーは六十、七十年代のこういう革命的・民主主義的運動を目の前に見ていながら、人民の方向に行きませんでした。ただ自分の頭の中で苦しみを考えておりましたから、万事を個人主義的に解決しようとしていましたから、本当の出口を見出すことが出来ませんでした。四十年代には少なくとも半分は革命の側についていたのですが、六十年代から革命への信仰を失ってしまったということが出来るのであります。〔中略〕一方では革命を信ずることをやめて、一方では平等とか調和とかいう理想をもっている。それは矛盾であります。（『ロシヤ文学について』）

「革命を信ずることをやめて」という批判の言葉から分かるように、除村にとって革命とは「信ずる」対象であり、捧げるべきは自らの「信仰」だったのである。『ロシア的人間』でロシア共産主義の「宗教性」を論じ、井筒が除村を思い出さなかったとは考えにくい。共産主義のドグマが宗教的だったのではない。民衆が、個を超え、共同体、さらには世界における真実と正義と愛の実現を希求する、その本能的な思いが「宗教的」だったのである。井筒が言うように「ロシアでは『神』は必ずしも聖書の神と限らない」のだ。

第四章　ある同時代人と預言者伝

宗教哲学者　諸井慶徳

戦後日本のイスラーム学における天理教あるいは天理大学の果たした役割は、これまであまり論じられてこなかったように思う。注目するべきはまず、文献の蒐集、さらには人材の輩出である。

大川周明によって東亜経済調査研究所に蒐集されたイスラーム文献が敗戦後、アメリカ軍に接収され、行方が知れなくなったのとは対照的に、戦後、天理図書館には、イスラームに関する重要な文献が集められた。天理教二代目真柱中山正善に、それを強く促したのは諸井慶徳《よしのり》である。中山の信頼は厚く、諸井は、天理教神学者としてはもちろん、天理大学教授をはじめ、天理教学に関連する組織で、指導的立場を担っていた。

天理教学あるいは天理教神学は、諸井慶徳に始まる。彼は、天理教において、ユダヤ教、キリスト教、イスラームといったセム系世界宗教と同質の、神学および教義学の建設を試みた。伽藍の建設にも似た事業であるから、彼一人によって完遂されることはなかったが、中核的思想はすでに「天理教神学序章」と「天理教教義学試論」に明らかである。

諸井慶徳はトマス・アクィナスに触れつつ、言った。テオロギア、神学は確かにキリスト教において発展したが、その独占物ではない。神学とは「不必要なる閑人の口頭禅でもなければ、いたずらなる空論の応答でもない。身に迫った緊急当面の活事実として、人は信仰の中にありつつ、まさに、この歩みへと駆り立てられるのである」(「天理教神学序章」)。神学は神を理解するための知的作業ではない。魂がそれを希求する、全身を賭すべき信仰の営みに他ならないというのである。

神学は、啓示に始原を求め、絶対者を論じる。哲学は、絶対者の存在を前提にはしない、と概念上で、神学と哲学を区分することは可能である。しかし実在するのは、トマス・アクィナスの思想がそうであるように神学と哲学の混沌とした結合体である。イスラームの哲学者たちがいつもアッラーへの賛美から語り始めるのはそのためだ。

「ギリシア哲学は、宗教的には純乎たる唯一神教である。ただ事実上、それは宗教ではなくして哲学であるにすぎない。哲学ではあるが、宗教的に裏返せばそれは直ちに絶対的唯一神教なのである」(「神秘主義のエロス的形態——聖ベルナール論」)という井筒の言葉は確かに現実に即している。

プロティノスの血脈を継いだプロクロスは『プラトン神学(テオロギア・プラトニカ)』を書いた。キリスト教ではアウグスティヌス、トマス・アクィナス、イスラームのアヴィセンナ(イブン・シーナー)、アヴェロエス(イブン・ルシュド)、イブン・アラビー、ユダヤのガビロール、マイモニデス、仏教における龍樹《ナーガールジュナ》あるいは馬鳴《アシュヴァゴーシャ》といった人物の著作は、それぞれの宗教界でも古典として重んじられているが、読者を信仰者に限定せず、読み解く人に入信を強いたりはしない。井筒俊彦が実践したように、それらは皆、哲学の「読み」に耐える人類の遺産でもある。

聖典に至っても、同様のことが言える。信者ではない者がそれを読み、真実を垣間見ることができないのなら、それは聖典と呼ばれるに値しない。真に宗教と呼ばれるべき存在は、むしろ未入信者の救済のためにあるのではないか。パウロまでさかのぼらずとも、キリスト教も改宗者あるいは回心者によって支えられてきた。アウグスティヌスはマニ教から、フランチェスコは放蕩の坩堝《るつぼ》から、クローデルは唯物論から、ジャック・マリタンは近代合理主義から訣別して、キリスト教の門を叩いた。チベット仏教の聖者ミラレパは若き日に人を殺《あや》めた。

諸井慶徳の業績は、天理教学に限定されない。宗教学者としての彼は、世界宗教だけでなく、シャマニズムまでを視野に入れ、哲学においては、ギリシアはもちろん古代インド哲学から現代思想までも射程に入れつつ、主体的熱情をもって論じ得た第一級の宗教哲学者だった。彼がもっとも心血を注いだ研究は「信」という宗教的営為、あるいは宗教的経験の極北としての神秘主義である。

また、追悼録を読むと彼が教育者、伝道者、あるいは組織運営者としても透徹した実践家だったことも分かる。この事実を看過してはならない。彼は単に論を重ねることよりも、思想が具現化することを重んじた。たとえ、それが部分的な成就であったとしても、である。

今日、私たちが彼を忘れているのは、夭折といってよい死のためである。論文を次々に発表し、三十六歳で日本宗教学会の理事に選出されるなど、宗教学界で注目を集めていた諸井だったが、病に斃れ、四十六歳で冥界へと赴かねばならなかった。彼が東京大学から文学博士号を受けたのは、亡くなる前日のことだった。そのときすでに、論文提出から七年半の歳月が経過していた。

天理教出版部から出された著作を別にすれば、宗教学者としての彼は、著作を問うことなく、この世を後にしたことになる。博士論文『宗教神秘主義発生の研究——特にセム系超越神教を中心とする宗教学的考察』が天理大学出版部から刊行されたのは没後五年、さらに未完の主著ともいうべき『宗教的主体性の論理』が澤井義次などの後進による校閲を経て刊行されたのは死から三十年を経てだった。研究者ではなく、独自の思想を蔵した「宗教哲学者」諸井慶徳は、今も忘れられたままである。諸井慶徳は一九一五年三月三十日、井筒俊彦は前年の五月四日の生まれである。同時代を生きたといってよい。

諸井の名前すら知らなかった頃、古書店で偶然、諸井の『宗教神秘主義発生の研究』を目にした日のことを忘れることができない。菊版の千頁に迫る大部の書には、井筒俊彦が論じた、むしろ論じるはずだったテーマが整然と並んでいたからである。目次からいくつか抜き出してみる。

第一篇　宗教神秘主義に於ける基底的なるもの
第三篇　初期イスラームに於ける神秘主義の発生とその経緯
第一章　イスラームに於ける神秘主義の開花結実とその転回点としてのアル・ハラージュ
第二章　ハラージュ神秘主義に於ける特異なる体験及び思想
第三章　予言者ムハマッドに於ける神秘体験の問題
第四章　初期イスラームに於けるムハマッド原体験の超越化とその意義
第四篇　原始キリスト教に於ける神秘主義の発生とその消息
第一章　キリスト教に於ける神秘主義の先蹤としての使徒パウロに於ける特殊なる表白及びその要点
第二章　パウロの回心時に於ける神秘体験の記録に関する考証
第三章　パウロ回心に於ける神秘体験の意味的構造

深い交わりがあったかのように二人の仕事はそれぞれの独自性を明示しつつ、補い合っている。シャマニズム、神秘主義、ハッラージュ、ムハンマド、コーラン、パウロ、どれ一つとして井筒が重大な関心を示さなかったものはない。パウロも例外ではない。『神秘哲学』の続篇の「ヘブライの部」はパウロ論で終わる計画だった。

この著作で諸井はまず、シャマニズムと「宗教神秘主義」の異同を論じる。それはすなわち神秘主義における主体論である。神秘主義という経験――諸井にとって神秘主義は特定の思想を表す概念ではなく、実存的態度、生き方を示す言葉である――の本当の主体は誰かという問題である。

次に彼が進んだのは、ハッラージュだった。ルイ・マシニョンによって現代に蘇った中世イスラームの神秘家である。マシニョンの研究者としての態度が、井筒に決定的な影響を与えたことは先に見た。徹底して神秘道を生きたハッラージュは、いつの日からか、己の口を通じて語るのは自分ではない、神であると言い、ついには「我は真実／神なり」とまで言った。

ムハンマドも同じことを言った、その記録がコーランだと諸井は言う。彼は神言下降、すなわち、啓示に捉えられたハッラージュの霊性にムハンマドの復活を見た。

ハッラージュは、コーランの研究を通じてムハンマドの霊性を蘇らせたのではない。経験においてそれを実現した。それは実に「驚くべきことなのであった。然しここにハラージュの悲劇があった」と諸井は書いている。ハッラージュの時代、すでにムハンマドの生々しいばかりの啓示体験を魂に思い出せる者はいなかった。ハッラージュは瀆神者の烙印を押され、死刑台に果てることになる。

ハッラージュ、ムハンマドの啓示体験、コーランへと、諸井は時代を遡るように論じる。彼は、さらに時間を逆行し、前イスラームの時代、パウロの神秘主義へと進んだ。『宗教神秘主義発生の研究』には収められていないが、さらに古き声を求めて、のちに彼は、ユダヤ教の預言者論を書いた。

遡及的に論じるというのは、学術的な手法でもあったのだろうが、それ以前に諸井の実存的問題と直結しているのだろう。そこにはハッラージュから遠く隔てて、現代に生きる彼自身もまた、預言者出現のとき、その源流につながり得るのかという根本問題がある。

「キリストを運んだ男」と伝道者パウロを呼んだのは井上洋治である。ムハンマド、ハッラージュも、かたちは異なれども神を運び、伝道に生涯を捧げた。彼らは皆、思想家ではなかったが、彼らの後には「思想」が残った。そういう境涯を送った人物を使徒と呼ぶのだろう。天才は論じ、使徒は生きる。キルケゴールがいった天才と使徒の定義を思い出す。

預言者伝『マホメット』の主題に触れ、井筒は「セム的預言現象の中核をなす憑依的主体性と、それをトポスとしてそこに生起する特異なコトバ現象、神言下降（いわゆる「啓示」）の構造について」だと書いている。彼が論じるハッラージュもまた、ムハンマドの霊性を蘇らせたイスラームの聖者であり、イブン・アラビーを準備した神秘家だった。

井筒、諸井の後、ハッラージュに深く動かされただけなく、そこに新しく論究を加え得た人物を、日本は輩出できていない。二人は共に、「特異」という言葉で先行者の実相を表現しているが、彼らがムハンマドを論じる態度もまた「特異」である。彼らはムハンマドを開祖あるいは宗団の預言者としてではなく、高次の神秘家として認識する。

これまでも繰り返してきたことだが、井筒俊彦は「神秘家」の一語に独自の意味を付与し、用いてきた。瞑想と祈りに明け暮れる修行者、苦行に身をやつす行者、幻視者、脱魂に没溺する者を彼は「神秘家」とは呼ばない。

神秘家は、自己が無化されることを切望する。超越者が顕現する通路となることが、究極の目的だからである。神秘家は想念の膨張を嫌い、静謐の行者に留まろうとしない。真理を思うのではなく、現実化することを「神聖なる義務」と信じる人間だからである。神秘家とは生のあり方を示すのであって、職業や立場とは関係がない。さらにいえば、宗教、思想とも直接的関係を持たない。宗教者が神秘家であるとは限らないし、唯物論者であるということは、神秘家であることを否定しない。

井筒俊彦も影響を受けたギリシアやイスラームの哲人の多くが思想家であると共に、何らかの領域での実践者だったことは先に触れた。ダンテ、ベルナール、ゲーテ、フンボルト、あるいはクローデルなど井筒俊彦が関心を示した宗教者、芸術家あるいは大学者も、一方で皆優れた政治的人間だったことは、彼の神秘家の定義からすれば、驚くには当たらないばかりか必然である。

関心の一致、といってしまうにはあまりに接近した同時代人二人が、互いの研究をどう読んでいたかの記録はない。諸井が、日本人で最初のイスラーム思想論である『アラビア思想史』、『アラビア哲学』を知らなかったとも思えない。井筒のコーランの翻訳が出版されたのは一九五七年、アラビア語原典からの本格的な翻訳を諸井慶徳が顧みなかったことはないだろう。

しかし、井筒は諸井を知らなかった。澤井義次が井筒に直接確かめている。澤井は井筒が高く評価していたインド哲学の研究者であり、諸井と信仰を同じくするだけでなく、教学の研究においてもその学統を継いでいる。

知り合えば、反発がなかったとは断言できない。論文を読むだけでも相似と差異は共に明らかである。しかし、その存在を知れば、相互にとって無視することはできない存在だったことは疑いを容れない。

二人は共に数十の言語を自由にしたという点で傑出しているのだが、古典読解の研鑽を積みつつも、現代思想からも目を離さなかったという今日性《アクチュアリティ》においても接近する。彼らにとって哲学とは、過去の研究ではなく、今の混迷を打破する直接的かつ具体的な方法に他ならない。

諸井慶徳は、最期を迎える日が遠くなかった病床で、フランスに行く飯田照明にメルロ＝ポンティの新刊を買ってくるように頼んでいる。一九六〇年当時、日本でどれだけの人がメルロ＝ポンティを主体的に読んでいただろう。田島節夫や木田元の論文が出るのは諸井慶徳の没後である。メルロ＝ポンティの名は、『意識と本質』に幾度も出てくる。井筒俊彦はジャック・デリダの思想に興味を持ち、論考を書き、交流も持ったが、メルロ＝ポンティへの関心もデリダのそれに劣らない。

ある時、京都大学が諸井慶徳を招こうとしたと飯田照明が書いている。著書も博士号もない人物を京都大学が、あえて招き入れようとしたという事実も、学者諸井慶徳の位置と可能性を告げている。

かつて狩野亨吉が、当時秋田の高校教師だった内藤湖南を、京都大学に招聘しようとしたとき、耶蘇や釈迦でも学歴がなければ受け入れないといった京都大学である。同じく、井筒俊彦にも京都大学から同様の誘いがあった。一九六二年、言語学者泉井久之助が言語学の教師として招聘を試みたのである。彼らは共に申し出を断る。当人はそれぞれ京都行きを考えたが、双方の周囲がそれを許さなかった。二人は共にそれぞれの所属する機関を牽引することを望まれていたのである。

シャマニズムと神秘主義

修道者には、日常生活がそのまま求道であるように、高次の学者にとって思索は、そのまま道となる。諸井慶徳と井筒俊彦の間に見るべきは、関心の一致よりも、霊性の同異である。

魂はいつも自分であろうとして、霊は自らを創造した者を追い求める。人間は霊性を獲得することはできない。すでにあるからである。霊性とは存在者に備わる始原回帰の本能に他ならない。救いとは彼方からの光を助けに、眠る霊性の「本能」を開花させることではないのか。それは人の望みであるとともに、霊を授けた者の願いでもある。人は、深刻な病を通じて、その本能を知ることもある。肉体は苦しみを覚えるときも、霊は喜ぶことがあるのだろう。また、それがかえって、苦痛を、病を癒すことがある。

神秘主義は実在する、と諸井慶徳は主著の最初に言う。「我々は先づ、神秘主義なるものが事実として存在するものなることを認め、それが単なる架空のものでないことを承認する」。また、「神秘主義と目せられた事象を他の通常の心理現象に解消し、神秘主義なる特異な事象はないと断定する如き態度をとってはならない」(『宗教神秘主義発生の研究』)とも書いている。神秘主義あるいは神秘体験は変性意識の問題ではない、それは神秘体験を通じ、人間が何を体験し、何を思ったかは、第一義の問題ではない、人間の感覚の限界は神秘的事実の実在とは関係がないというのである。

この一節は、諸井慶徳の「宣言」だといってよい。むしろ問うべきは、人間を通じ、語る、本当の主体の意図であり、それを明示するのが学者の責務である。また、神秘主義が、神を体験することであるなら、彼はまず、「神」なる存在を是認するところから論究を始めるというのである。彼にとって宗教とは、人為的に作り上げられた教説にあるのではない。「信」によって裏打ちされた現在的な生の結晶とその伝統に他ならない。

強い断定から始める一方、諸井慶徳の研究は、秀逸な語学力を活かしつつ、あくまでも実証的に原典に忠実に積み上げられてゆく。「宗教神秘主義」を論じる者は、いかなるときも、歴史的事実から遊離してはならないとも彼は言う。

学問的実証は、彼にとって不動の鉄則だった。学者に求められるのは神秘主義的な解釈ではなく、眼光紙背に徹して歴史を見つめ、そこに「神秘」を発見することである。さらに言えば、歴史的な事実として残存する現象に、彼は神の意志を見ようとする。

この信条は、彼の学問を不自由にはしなかったばかりか、観念の遊びを排除した分、彼の実証に捧げる情熱と想像力は、より強固になったといってよい。今が永遠につながるとは神秘家のよく言うところだが、彼は、文献の一節、一語に永遠への通路を見つけようとする。

『神秘哲学』で井筒俊彦が最初に論じたのも、神秘主義における主体という命題だった。彼もまた、人間に現れる「神秘的」現象には副次的な意味しか認めない。行為の主体は、人間ではなく、超越的絶対者に他ならないからである。

人は受容する。能動的神秘体験という言葉は意味をなさない。真実の神秘体験は徹頭徹尾、受動態となる。神秘主義を論じ、人間が何を感得したかのみを論じる者は、主体である「神」の顕現を看過することになると諸井は考えている。

龍神は雨と共に顕現するが、自然の脅威に驚く人間を論じても、神の真意を明らかにすることはできない。神は村落に雨を降らせ、豊穣をもたらすためではなく、病める一人の女性を救うために顕れたのかもしれないのである。

「宗教神秘主義」という言葉は聞き慣れない。諸井独自の術語である。彼がこの一語を用いたのは、原始シャマニズムと世界宗教における神秘主義を峻別するためだった。シャマニズムを否定するのではない。しかし、同一視もしない。

シャマニズムにおける主体は、必ずしも絶対者であるとは限らない。それは一者ではなく、精霊たち、あるいは地霊などと呼ばれる者の働きであるかもしれない。ルドルフ・シュタイナーは時代を司る霊的なうねりを時代霊と表現したが、そうした実在が語ることもあっただろう。ギリシア神話に登場するディオニュソスをはじめとした神々も、こうした霊的存在に捧げられた呼称だったのかもしれない。小辻節三ならモーセという名前すらそうだと言っただろう。しかし、彼らもまた被造物である以上、諸井慶徳のいう「宗教神秘主義」の主体ではない。

ミルチャ・エリアーデはシャマンの定義に触れこう言った。その人物はまず「聖界の専門家」でなくてはならないが、それだけでなく、自らが属する「共同体の利益のために如何にしてエクスタシーを行使するかを知っている者」(『シャーマニズム』堀一郎訳)でなくてはならない。

シャマンが個的な体験を閉塞的あるいは独断的に繰り返し、恐怖と戦慄の対象となる状態を、エリアーデはシャマニズムの正統とは認めない。それは、いつも個を超克した霊性運動でなくてはならない。

諸井が神秘主義の上にあえて「宗教」の文字を重ね、「宗教神秘主義」とするのには特別の意図があったように思われる。彼が用いる「宗教」は、宗派を意味しないのはもちろん、宗教活動を指すのではない。彼が追究するのは宗教の原形と呼ぶべき実在である。

「願わくはこれを語りて平地人を戦慄せしめよ」という『遠野物語』の序文は、すでに宗教者や文学者の目にも見えなくなってしまった異次元の現実を語り得るのは民俗学者だけだという、柳田國男による時代への憂いと新しい学問誕生の宣言に他ならないが、『シャマニズム』を書いたエリアーデにも同様の思いがあった。それぞれの宗派は、自分の「神」を論じるに忙しいが、宗教とは、人間が超越者を愛し、崇め、それに従う道だとすれば、現代世界は「宗教」を遠く見失っている。歴史家、哲学者、民俗学者、心理学者、社会学者も宗教を論じることはできる。しかし、彼らは皆、自らの方法に宗教を押し込め、理解を試みるから、結果はいつも部分的に留まらざるを得ない。「宗教現象」において、真実の意味における「包括的な見解を提示するのは」、エリアーデの言葉で言えばヒエロファニーを真に論じ得るのは、「ひとり宗教学者のみ」なのである。

同じ言葉を、諸井慶徳が書いていたとしても驚かない。現代において、教義の汚れを取り除き、神秘主義の内奥を闡明できるのは、やはり「ひとり宗教学者のみ」だという強い思いがあったのではないのか。ここで彼が言う「宗教学者」とは、「宗教」を科学的検証の対象であるより先に、「切実なる魂の問題」として深く胸に刻む学究者の謂である。

深谷忠政によれば、諸井慶徳はガブリエル・マルセルが天理を訪れたときに面会し、これほど丹念に自著を読む者が極東にあるのかとマルセルを驚かせたというが、エリアーデが来日したときには会っていないのだろうか。井筒俊彦とエリアーデは、エラノスで二度会っている。二人が相通じるのに時間は必要なかった。出会ったときから二人は十年来の知己のようだった、と井筒は書いている。

一九五八年八月、第九回国際宗教学宗教史会議出席のため、エリアーデは日本を訪れた。この会議に諸井慶徳が参加していることは、当時の写真から確認できる。のちに日本における紹介者となる堀一郎が、シカゴでエリアーデと出会ったのが前年で、当時の日本ではもちろん、エリアーデの知名度は今日とは比べものにならない。面会が実現していれば、井筒俊彦との出会いに並ぶ印象をエリアーデに残しただろう。

シャマニズムは『神秘哲学』から『意識と本質』までを貫く井筒俊彦の中核的命題だった。彼の英文主著 *Sufism and Taoism* は「(スーフィズムと老荘思想における)哲学的鍵概念の比較研究」という副題を持っているが、それは「東洋的シャマニズムの研究」と題されてもよかったのである。

この著作の老荘思想論のはじめ、井筒は『史記』や儒家に伝わる記録を頼りに実証的に人間老子と人間荘子、すなわち李耳と荘周の歴史的実在を論じるのだが、あるところを境に、それまでの証明作業を自ら打ち消すように、『老子』、『荘子』として伝わる書物があれば、歴史的人間の存在は二義的な問題に過ぎないと言い始める。真実の主体は老子のいう「道」であり、人間はそれの通路に過ぎない。李耳と荘周に代替がないのはもちろんだが、語るのは人間ではなく、それを超える者である以上、人間の個性は第一の関心ではないということなのだろう。

この認識は、井筒俊彦の思想観を如実に伝えている。井筒は諸井のように、シャマニズムと神秘主義を峻別しない。高次の精霊は、超越者の片鱗を伝え得るという態度をとる。この点においては、諸井慶徳と井筒俊彦は一致しない。むしろ、井筒俊彦は誰とも重なり合わない。先に引いたように、古代ギリシアはシャマニズム的霊性でありながら、本来的に唯一神を志向するという見解はむしろ、井筒のギリシア体験の独自性を証している。

「神秘体験——人間が神を経験するのでなくて、寧ろ神が自らを体験する」(「神秘主義のエロス的形態」）と井筒は言う。神が神を見ることが神秘体験であるとすれば、人間はその間にあって人間の眼のままでありつつ、神の眼で、神を見ることを強いられる。本来、人間はそれに耐えることができない。ギリシア神話でも、ゼウスに本当の姿を見たいと願った人間セメレは命を落とした。

しかし、それは人間に与えられるべき恩寵の絶頂でもある。人は本来自らの力だけでは、その存在の「根柢」を知ることはできない。それができるのは超越者からの働きかけがあってのことなのである。人間と神との関係は不可逆的である。「根柢」（Urgrund）は諸井慶徳の思想における鍵概念となる。ドイツ語 Grund に、彼は原初を表す接頭辞 Ur（ウル）を布置して、始原性を強調する一語として用いる。

「顧みればこの根柢を知ることは人間にとって、本質的になされ得ることではなかった。そもそも絶対になし得ない事柄なのであった。〔中略〕造り主は造り物の根柢を知る。およそ根柢とはその成り立ちの始元を知るものによって教えられ、告げられてこそ初めて知らされるべきものであろう」、人はその真実を「ただ知らされることによってのみ知り得る」（「天理教教義学試論」）。この一文は学問的発言ではなく、天理教学者諸井慶徳の告白として読むべきとされるのかもしれない。しかし、彼にとって学問もまた、「信」を陶冶する道だった以上、学者、信仰者という風に、彼の実存的立場をあえて二分する必要はないだろう。

人はなぜ宗教を信ぜずにはいられないのか、その不可避的な「信」の主体性を究明することなく、どうして宗教の真実を垣間見ることができよう、今や、宗教が人文科学上の一概念に過ぎないとしても、「宗教者自らは必ずしもかかる用語に包含せられることに安んずるものではない。彼自らの切実なる魂の問題は、単なる客観的なる概念の下に平板化せられることは、あくなき主体の立場として耐えられぬからである」、宗教とは畢竟、「個性的主体の所在」に他ならないというのである。

ここに、信仰者のみが「宗教」を論じ得るという狭隘な精神を見てはならない。何らかの宗教に入信する者という考えが、すでに「宗教」を相対化あるいは標準化し、信仰という「個性的主体の所在」を看過している。

特定の宗教への所属は格別の問題ではない。しかし、超越的実在を希求したことのない者に「宗教」を論じることはできないのかと問えば、諸井はそうだと答えただろう。「されば人、宗教を論ぜんとする時、この主体的生命に即してその生ける全体を顧みることなくしては、いかにして真の本質把握に持ちきたし得よう。この実相に深き共感をもって接しつつ、真摯なる宗教の考察が企てられねばならない」(『宗教的主体性の論理』)と諸井は書いている。

『宗教的主体性の論理』は発刊に際し、著者の校閲を経ていない。いわゆる遺著である。『宗教神秘主義発生の研究』が学術的な主著であるとすれば、遺著は諸井慶徳が一個の思索者としても稀有な存在だったことを証している。諸井は日本には稀有な思想体系を構築する力と準備を整えていた一個の哲学者でもあった。

神秘主義あるいは井筒のいう「神的体験」への論究は必然的に、宗教の根源性を問うことになる。

そこには教義、戒律、儀式、経典あるいは教会、寺院といった信仰共同体を媒介させず、人間は神と邂逅し、一致できるかという命題が潜んでいる。人は「宗教」を経ずして超越者に直接的に触れ得るかという根本問題に接合している。

キリスト教スコラ哲学が袋小路に入ったとき、エックハルトが登場し、ドイツ神秘主義の道が開かれた。イスラームが教義と戒律の解釈で硬直化したとき、ハッラージュが現れ、ムハンマドの霊性を蘇らせた。マシニョンはこの二人に高度な霊性の一致を見た。エックハルトは死を前に異端者として裁かれ、ハッラージュは罪人として処刑された。二人が時代に疎んじられ、不本意な最期を迎えなくてはならなかったことは偶然ではない。彼らは共に時代の混迷を劈《つんざ》く言葉を吐き、光を招き入れたが、暗闇に慣れた者に、光はときに、恩寵であるより、脅威となる。光の形而上学をいったスフラワルディーも暗殺された。法然は最晩年に島流しに遭った。それはほとんど死罪に等しい。イエスは十字架上で死んだ。使徒たちの多くも殉教によって生涯を終えた。

諸井慶徳は一個の天理教の信仰者だが、井筒俊彦は特定の宗教を奉じることはなかった神秘家である。井筒がムスリムであるというのは俗説に過ぎない。彼は違う。しかし、打ち消し難い「神」体験がある。井筒にとって哲学とは、その経験を実証する道に他ならない。だからこそ彼は、古代ギリシア哲学に「宗教」、すなわち「信」の軌跡を発見し得たのである。

諸井と井筒にとって「神秘主義」とは、特定の思想信条を意味する言葉ではなく、文字通り、神秘を「主」なる「義」とする生の態度、一筋の道である。

神秘主義は信仰共同体を否定する営みではない。むしろ、真実の神秘主義こそが信仰共同体の母胎である。ベルクソンは晩年、カトリックにユダヤ教の完成体を認め、自らそれを信仰することを告白した。彼をキリスト教へ導いたのは『道徳と宗教の二源泉』で論じられた神秘家たちである。ユダヤ教徒ベルクソンにとって、キリスト教は新しい宗教なのではない。彼がカトリックに発見したのは、むしろ「原宗教」(Urreligion)へと回帰する道ではなかったか。

諸井慶徳は『宗教的主体性の論理』で、「原宗教」という主題を論じている。原宗教とは最古の宗教、原始宗教を意味しない。その「宗教」は時代に属するのではなく、「時」にある。「時」は計測可能な時間軸に帰属しない。J・M・マリは、ドストエフスキーが時間ではなく「時」を描いたといったが「原宗教」もまた「時」の実在に他ならない。エリアーデの「宗教的人間」が生きる次元も「時」にある。

神秘主義は、時空的制限を突破し、人間を原啓示の現場、すなわち原宗教の現在へと導く。宗教間における真実の対話が実現するとしたら、それは教義の折衝において起こるのではなく、神秘家たちの沈黙の裡に実現するだろう。

諸井慶徳が、イスラームに対して秀でた感覚をもって接することができたのは、彼が天理教徒だったことと無関係ではない。一神教であること、教祖あるいは預言者の位置と役割、聖地、啓示とその集成である聖典の誕生の経緯を見るだけでも、天理教は、キリスト教よりもはるかにイスラームに接近している。天理教は現在、カトリックと積極的な対話を展開しているが、イスラームと同じことを試みるなら、キリスト教との交流には見出し得ない新しい次元を発見するだろう。

「天理教教義学試論」の神論で展開される、神のペルソナについての考察は、世界宗教であるユダヤ教、キリスト教、イスラームといった宗旨という幕の向こうにある神、宗教の始原に遡る試みだといってよい。諸井慶徳は創主者、救済者といったペルソナだけでなく、顕現者、育護者、さらに発現者、名称者、太初者、包括者、鼓舞者といった表現も用い、論を展開する。

彼が論じているように、天理教は純然たる一神教である。諸井慶徳の論考は日本が多神教の文化に培われ、一神教とは相容れないとする論旨が稚拙な論議に過ぎないことを詳《つまび》らかにしている。彼が天理神学、教義学の体系構築をさらに進めることができたなら、日本、エルサレムそれぞれに開顕した「神」との間に、時空を超えた類比を示しただろう。

彼が眼を離さないのはアナロジー（類比）の関係である。アナロギアとは、もともと比例的現象を意味する。それは「類似」しているのではない。それだけならば、ことさらに論じる必要もないだろう。類比とは、異なる存在者間に、同質の働きが力動的に展開することを意味する。井筒俊彦が *Sufism and Taoism* で論究しているのも、二者が類似していることではない。それが共に東洋的霊性を類比的に顕現させていることに他ならない。

一神教の神は父性原理で、多神教が母性原理に基づくという論調も、何度も耳にし、目にしてきた。コーランの神は、中でも畏怖と戦慄を覚えさせる父性の神だと人はいう。しかし、全知全能者である唯一神に父性、厳しさと裁きの姿しか見出せないこと自体が完全者であることを否定している。それは神の真実よりむしろ、眺める人間の限界を如実に表すに過ぎない。

「天理教教義学試論」の一節、「親神は、このような悩み苦しみの多い一れつ人間をたすけてやりたいと思召《おぼしめ》され、親しく表に現れ出してたすけのお働きをお与えくださることになった」。神は親が子を愛すごとく愛す、この神観は諸井慶徳の神学を貫いている。天理教が超越者を「親神」というのはそのためだろう。

「怒りの神の反面にそれと外面的には全く矛盾する慈愛の神の明るい光りの面貌を信仰することはおよそユダヤ的人格神教の根本的な特徴である。〔中略〕コーランは恐ろしい審判の主の姿を描くとともに、喜ばしい音信『福音』でもあろうとする。事実、コーランの到るところに神の限りない慈愛と恩恵とが強調されている」。諸井慶徳ではなく、『マホメット』にある井筒俊彦の言葉である。

神がもし望めば、世界は一瞬にして消え失せる。今、世界があるのは神の慈愛ゆえである。コーランに顕現した神が、裁きの神である前に、慈悲と母性の神であるというのは、井筒俊彦が早いときからイスラームに発見した霊性である。パスカルの言葉ではないが、彼が発見したのは、それをすでに知っていたからだろう。慈悲と慈愛の神、それはすなわち井筒俊彦自身の霊性だったと考えてよい。

預言者伝

私たちがイスラームの預言者を原語に近づけて、ムハンマドと呼ぶようになったのは最近のことである。それまでは、フランス語の Mahomet の表記が元となったのだろうか、マホメットと呼んでいた。エリアーデの『シャマニズム』が発表された翌年の一九五二年、井筒俊彦の『マホメット』が刊行された。同じ年、諸井慶徳は論文「ムハマッドに於ける神秘体験の問題――原始イスラムのタッサウッフ萌芽として」を書いている。この論考を含む博士論文「宗教神秘主義発生の研究」を諸井慶徳が東京大学に提出したのは、翌一九五三年である。

以下に諸井慶徳の言葉を引用する場合は、初出ではなく、決定版である論文集から引く。論文集では「予言者ムハマッドに於ける神秘体験の問題」と題を改められた。

問題はコーランの五十三章にある。

大慈者、大悲者なるアッラーの名に於て、落ち行く星座によって誓う。汝等の伴侶は誤らなかったし、又迷わされなかった。又彼は恣な感情から発言するのでもない。実にそれは彼が啓示する啓示以外の何物でもない。強大な力あるものが彼に教えたのである。力もつもの（が彼に教えたのである。）そして彼は正に熟した。そして彼は至高の地平に於てあり、それから近づいて来た。そして身を低めた。かくて二弓の長さ乃至はそれよりも近くの距りであった。そこで彼の下僕に向って、彼が啓示したものを啓示した。その心は彼の見たことを偽らなかった。所で汝等は彼が見たことに就いて、彼と争論しようとするのか。

諸井慶徳は「この章句は極めて暗示深いものである。クルアーン全章を通して蓋しかくの如き微妙な体験的消息を伝えたものはない」と書いている。強い言葉である。論文という形式を考慮すれば、彼の内心にあるいっそうの強調を読み取らなくてはならない。この一文にコーラン解読の基盤となる鍵が隠されている、看過する者は重大な何かを見失うと言うのだろう。

井筒俊彦はコーランを二度翻訳している。以下に引くのは一九五八年、諸井慶徳が読んだろう初訳である。二度目の翻訳が出たとき、諸井慶徳はすでに冥界の人だった。同じ個所の井筒俊彦訳である。

慈悲ふかく慈愛あまねくアッラーの御名において……

沈み行く星にかけて……

お前らの仲間は迷っているのでもない、間違っているのでもない。いいかげんな思惑で喋っているのでもない。あれはみんな啓示されるお告《つ》げなのだぞ。そもそもあの男にはじめて（啓示というものを）教えたのは恐ろしい力の持主、智力衆にすぐれたお方。そのお姿がありありと遙かに高い地平の彼方に現われ、と見るまにするするすると下りて近づき、その近さはほぼ弓二つ、いやそれよりもっと近かったか。かくて僕《しもべ》にお告げの旨を告げたのだった。

しかと己《おの》れの目で見たものをなんで心が詐《いつわ》れるものか。彼がちゃんと見たものを、お前たちはああだこうだと文句《もんく》つけるつもりなのか。


〔井筒によるルビ・注解の一部は省いた。以下同様。〕

井筒俊彦の翻訳はやはり特異だと言わなくてならない。ここに語調の違いだけを感じるのは不十分だろう。優れた翻訳はいつも秀でた批評になる。双方の訳文はそれぞれの「読み」を如実に伝えている。翻訳の違いはすなわちイスラーム体験の異同である。この命題はのちにコーランを論じるときに論じたい。ここでの問題は別にある。

諸井慶徳が指摘するように「ムハマッドは果してアッラーを見た」のか、あるいは預言者が見たのは天使だったのか。井筒俊彦訳では、「お姿がありありと遙かに高い地平の彼方に現われ」たのは、大天使ガブリエルだということになっている。諸井慶徳はシュリーケやホロヴィッツの説を検証しつつ、ムハンマドが見たのは、彼らが言うようにアッラーでもなければ天使でもない。「それはアッラー性の主体としてのアッラーである」と読む。「アッラー性」という術語もまた、諸井慶徳独自のものである。アッラーは、アッラーとして現れることはない。人間はそれを感受することができないからである。預言者といえども例外ではない。神は不可視であり、不可知である。

ダマスコに向かうときパウロは光に遭遇し、なぜ迫害するのかとイエスの声を聞き、地面に叩きつけられる。手を引かれて街に入ったが、以後、三日間、彼の眼はものを見ることなく、飲食もできなかった。パウロが見た光は神そのものではない。無限定である神は光でもあるが、光が神であるわけではない。パウロは光を見て、イエスの声を聞くのである。パウロにとって神とキリストは同義である。同義であるところにキリスト教の秘儀がある。諸井慶徳の言葉を借りれば、この光も、キリストではないが「キリスト性」ということになるだろう。

井筒俊彦はコーラン五十三章に「アッラー性」を見ることはなかったのだろうか。彼は後年、連続講演『コーランを読む』でムハンマドのヴィジョン体験の典型として、この章を取り上げている。自分は、訳文で現れたのは大天使ガブリエルだとしているが、学問的には論議の余地があると留保を付けている。しかし、ガブリエルではないとなれば、アッラーを人間が見たことになり、神学的見解としても問題が残るという。そこで彼はそれ以上の言葉を残していない。続ければ、井筒は天使論を展開しただろう。「西洋哲学伝統の喚び声に応じて正面からその解決に向うことを得たのは聖トマス唯一人であった。茲に彼の『天使論』の深き歴史的意義が存するのである」(『神秘哲学』初版)。「その解決」とは神性の問題、すなわち諸井慶徳が指摘した「アッラー性」的実在である。

『神秘哲学』の当時から、「天使」の問題は井筒の念頭にあった。

天使とは何か。キリスト教だけでなく、イスラームにおいても天使が生々しい実在であることは先の引用からも明らかだが、私たち日本人には、如来の使いである菩薩を想起すると分かりやすいかもしれない。

天使は意志をもたない。天使は「神」の意志の伝達者である。井筒俊彦にとって、真実の天使はいつも「アッラー性」、「キリスト性」を表現している。むしろ、それを表現しないものを「天使」と呼ぶことはできないと井筒はいうだろう。天使論は後年、『意識と本質』において「コトバの天使学」あるいは「コトバの天使的側面」といった主題において再び浮上することになる。


一九七九年、イランから帰国した井筒俊彦の最初の著作は『イスラーム生誕』である。その第一部「ムハンマド伝」は、旧著『マホメット』の「奔放に形象化した」表現を改めて、再録されたものだった。著作集に収められているのも、加筆補正を施された新しいものである。しかし、一九八九年、井筒俊彦は『マホメット』を原型のまま復刊する。復刊の理由を彼は「多くの欠陥はあるにしても、およそ原本なるものには、原本だけに特有の味わいと面白さがある、と信じるようになったからである」と書いた。

イラン在住中にも『神秘哲学』(一九七八年)や『アラビア思想史』と『アラビア哲学』を統合し『イスラーム思想史』として刊行した際(一九七五年)も、若いとしても、そのときにしか書けないものを書くものだといい、復刊の意義に触れたが、『マホメット』においてのように、原型に忠実な復刊を試みたわけではない。思想史の概説と預言者の伝記という書物として性格を異にするとはいえ、起点への回帰という意味において『マホメット』復刊に込めた彼の意味も浅くない。

『マホメット』を読むと、小林秀雄のランボー論を思い出す。共に青春の「神」を描き出した作品だからではなく、その異界への参入を活写しているからである。また、小林秀雄と対比するのは、この預言者伝をはじめとした、この時期の井筒俊彦の業績が、学者の論文としてより、ボードレールのいう高次の詩としての「批評」の位相を秘めているからでもある。それは私の印象的見解に留まらない。年譜的事実を見ても、『マホメット』に前後して書かれた『露西亜文学』と『ロシア的人間』の周辺やクローデル論には、確かに批評家井筒俊彦の姿をかいま見ることが出来る。

『マホメット』の冒頭、井筒はゲーテの『ファウスト』冒頭の一節を引く。もちろん、井筒俊彦訳である。

またしても我に近づき来るか、蹌踉《そうろう》とよろめく姿どもよ、
そのかみ我が朧《おぼろ》なる眼《まなこ》に映りたる汝等《いましら》よ。
いで此度《こたび》こそ力をつくし汝等を取り抑えて見せん。
怪し、わが心いまなお、そのかみの夢に牽《ひ》かるるとは。
汝等われに迫り来る。よしさらば靄霧の只中より我が身を繞《めぐ》りて立昇り

思いのままに振舞えかし。
汝等の群を吹きめぐる呪の気息に
いま我が胸は若やぎて蕩揺《とうよう》さるる心地こそすれ。

『ファウスト』は想像の産物ではない、異界の現実であり、真実の生はそこにあるとゲーテは信じていた。そうでないなら、ゲーテは完成させた後『ファウスト』を入れた容器に七重の封印を施す必要などなかっただろう。井筒は『神秘哲学』でもゲーテに触れている。「気層に囲繞された地球は、私には譬えば一の巨大なる生きもの、永遠に吸気呼気しつつある生物と思われる」という『ゲーテとの対話』の一節を引き、ゲーテを「典型的宇宙我の体験者」と呼んだ。宇宙の前に一人立ち、時空の隔たり、宗教あるいは思想的ドグマから解放された精神は、その「生命体」と忽然としてつながるとき、異界へと導かれる。ムハンマドを思うとき自分は、いつも、ゲーテが記す別世界への扉の前に導かれる、そう井筒俊彦はいうのだろう。「精神的世界の英雄」と井筒はムハンマドを呼んだ。井筒にとっては「精神的世界」こそ「現実」だったのである。

『マホメット』は不思議な作品である。読むたび鮮明に残るのは、一介の商人が預言者へと変貌してゆく姿よりもむしろ、預言者の登場を待ち望む広大なアラブの風景なのである。それが作者の狙いだったのかもしれない。三十八歳の井筒俊彦が試みたのは客観的な預言者伝ではなく、むしろ英雄に随伴した御者が語る思い出だったといってよい。

彼は「預言者ムハンマド」を論じるのではなく、ムハンマドが預言者あるいは使徒となる軌跡を実証的に追求しようとする。この小伝の前に書かれたマホメット論においても彼は、これまでのムハンマド伝の多くは「伝記」ではなく「伝説」に過ぎない、自身の目的は非神話化だと明言してもいた。

しかし、その一方で彼は、「自分の心臓の血が直接流れ通わぬようなマホメット像は私には描けない」と書き、胸にたぎる熱情を隠さない。真実の意味で、歴史を明らかにする実証的精神は、熱情を栄養にするというのだろうか。「だからいっそ思いきって、胸中に群がり寄せて来る乱れ紛れた形象の誘いに身を委てみよう」と書き、こう続けた。

文化と文明を誇る大都会の塵埃《じんあい》と穢悪《わいお》に満ちた巷に在ることを忘れて、幻の導くままに数千里の海路の彼方、荒寥たるアラビアの沙漠に遥かな思いを馳せてみよう。底深き天空には炎々と燃えさかる灼熱の太陽、地上には焼けただれた岩石、そして見はるかす砂また砂の広曠《こうこう》たる平野。こんな不気味な、異様な世界に、預言者マホメットは生れたのだった。(『マホメット』)

『マホメット』に綴られたアラブの風光は、著者の想像ではない。筆致がそれを語っている。彼はそれを「見た」のだと言うだろう。彼が初出を復活させた理由は他にあるとは思い難い。以下に引くいくつかの文章にも、彼が見聞した記憶が刻まれている。文意だけでなく、彼がここで獲得した文体に注意して読んでいただきたい。
この評伝の半分はムハンマド登場以前のアラブ「無道時代《ジャーヒリーヤ》」のアラブ精神を論じることに割かれている。彼がそれを読み取るのは、その時代の詩においてである。この評伝はジャーヒリーヤ期の詩論あるいは詩集として読めるほど、頻度高く、詩が引用されている。「イスラーム以前のアラビア人が後世に遺した唯一のもの、これこそ真にアラビア文学と呼ばれて然るべき沙漠の歌」と井筒はいう。

ああこの瞬間を楽しまん、
やがては死の訪れ来る身にしあれば

詩人アムル・イブン・クルスームがそう歌う背景には、永遠を見失った民がいる。彼らは死後の生を認めない根っからの現実主義者だった。

彼らにとっては、この世ならぬ彼岸での永遠の生のごときものは問題にならなかった。この世における永遠のいのち、肉体のままで享受される永遠性でそれはあらねばならなかった。〔中略〕現実の冷い鉄壁に無残にもはね返されて人々は悟らざるを得なかった、存在は所詮根源的に儚いものであることを。そしてこの世が哀れにも頼り難く、人のいのちは束の間の旅路であるならば、せめて与えられた短い人生を強烈な快楽に消費しなければ損だということを。かくて人々は悖徳《はいとく》放縦のうちに瞬間的な陶酔を求めて没溺した。(『マホメット』)

現象界のみが実在である彼らに、同族の絆が自己の存在証明となるのは当然の帰結である。沙漠の民ベドウィンが自らを証するのは、属する部族、すなわち血の結束においてだった。部族の掟、伝統、慣行がすなわち個人の行動を決定した。一族の誰かが他の部族による非業の死を迎えた場合、残された者にとって、復讐は「神聖な――文字通りに神聖な――厳粛な義務」となった。

しかし、ムハンマドは「血のつながりの意義とか血統の優越性とかいうものを彼は傲岸不遜にも憫笑して一顧だに払わなかった」。彼が伝えたのはただ一つ、「人間の高貴さは生れや血統から来るものではなく、ただひとえに敬神の念の深さによって計られる」ということだけだった。

事実、神の前での無差別性という点においてイスラームは徹底している。なかには、かつて被差別者であったとしても、信仰の深さが認められれば、祭政一致の長、カリフにもなり得るとする立場をとる宗派もある。

人が、神に絶対的に依存するように、時間は悠久に帰属する。永遠は実在する。現世的栄光を約束する血統の優劣は、救済の実現においては、何ら特別な意味を成さない。人は神を信じ、敬うために生きている、とムハンマドは敬神の絶対性を説く。彼は既存の価値と慣習、さらに道徳をも否定した。

しかし、その一方で、享楽的現実主義者、超越と永遠を忘れた民、神よりも部族の掟に従う人々、彼らこそがムハンマドの登場を準備したとも井筒は書いている。

アラブの民はこのとき、「何とかして救われなければ精神的に破滅するよりほかなかった。事態は正に急を告げていた」。人が神を求めるのは、困窮あるいは希望、懇願、依存といった関係である前にアリストテレスが論じた超越者希求の本能的欲求、「オレクシス」の働きゆえだというのである。

井筒が無道時代の詩に探すのはオレクシスの残滓である。人間が存在的始原へと帰ろうとする衝動、その連鎖が響きとなって預言者を招いたと井筒は考えている。望んだものが、望んだかたちをして現れるとは限らない。神の働きは、いつも人間の想念を超える。救済を求めたベドウィンたちは、それを手にする前に、血の結束という自分たちがもっとも大切にしているものを差し出さなくてはならなかった。

当初、宗派を立ち上げる意図はムハンマドにはなかった。井筒が描くムハンマドは宗祖であるよりも霊の革命者であり警告者でもある。「神の使徒としてコーランを世人に伝えるべく遣わされたマホメットは『警告者』(nadhīr) だ。〔中略〕預言者としての彼の使命は警告することに尽きる」との井筒の言葉通り、イスラームが一つの宗教となったのは、警告が受け入れられなかった結果に過ぎない。

警告の集積がコーランである。コーランに結実するムハンマドの経験が、真実の神秘体験であるならば、語られた言葉は、人間ムハンマドのそれであってはならない。コーランが聖典である理由は預言者ムハンマドがそこに関与しているからではなく、むしろムハンマドが残像すら消えゆくほどに自己を無化し、「神」のコトバの通路となったところにある。

アブラハム、イエスの霊性を完全に受け継ぐのはユダヤ教徒、キリスト教徒ではなく、自らであるというのが預言者としてのムハンマドの自覚だった。

> ユダヤ教でもなくキリスト教でもない宗教、それらの堕落した歴史的宗教よりもっともっと本質的で、もっと純イスラエル的な宗教でそれはあらねばならなかった。歴史を超えた宗教、「永遠の宗教」(ad-dīn al-qaiyim)の本当に直接の体現でなければならなかった。〔中略〕イスラームは一つの新しい宗教なのではなく、むしろ本質的に旧い宗教なのである。(『マホメット』)

「永遠の宗教」、それはイスラームの「根柢」を流れる原初的性質でもあるのだろうが、井筒がイスラームに見たものを明示してもいる。宗派を超える神論は、宗教を超越した「神」体験を経た者によってのみ語られる。ここで井筒がいう「永遠の宗教」は、諸井慶徳の「原宗教」と同義である。

第五章　カトリシズム

聖人と詩人

『神秘哲学』執筆当時、ギリシアの神秘哲学は、プロティノスでは完成せず、むしろキリスト教神秘主義において開花し、完成すると井筒が考えていたことは、第一章で触れた。次の一文は、『神秘哲学』改訂版の発行時に書かれた序文の一節である。

あまりにもきびしい東洋的精神主義の瀰漫した家庭の雰囲気に反抗しようという気持ちもあったのか、東洋よりも西洋にはるかに魅力を感じ、とりわけ古代ギリシアの哲学や文学には感激し切っていた。それだけならまだしも、ギリシアの神秘主義はそれ自体では完結せず、キリスト教に入って本当の展開を示し、スペインのカルメル会的愛の神秘主義、特に十字架のヨハネにおいて発展の絶頂に達する、というような、きわめて偏頗な想念に憑かれていたのだった。

神秘哲学の正統が、十字架のヨハネに至る道にだけ、息づいているというのなら、「偏頗」な見解であるとの指摘を受けても仕方がない。イスラーム、仏教だけでなく、儒教、道教といった東洋思想にも、神秘哲学の系譜があることを明示したのは、他ならない、後年の井筒自身だったのである。しかし、宗教の原型としてシャマニズムに、積極的な意義を認めていた井筒俊彦が「憑かれていた」という表現で自身を語っていることは注目してよい。

「憑かれていた」以上、自身の思慮とは別に、制御し難い衝動ともいうべき想念が彼を包み込んでいただろうからである。巫覡がそうであるように、何者かに憑かれたとき、発話の主体は、憑かれた者ではなく、憑いた方である。

「神秘主義のエロス的形態——聖ベルナール論」は、『神秘哲学』の続編を意図して書かれている。「テオーリア」(観想)、すなわち哲学的瞑想、知の祈禱ともいうべき形而上的な営為をはじめ、鍵概念を継承しながら、井筒は論を展開している。また、本来十二世紀のキリスト教教会博士論であるこの論考を、ギリシアとヘブライそれぞれの神論に深く論究しつつ執筆しているのも、それを物語っている。さらに、彼が、『神秘哲学』を「前著」と呼ぶ、表面的な符合もそれを明らかにしていると言えるだろう。

「神秘主義のエロス的形態」の主題は、ベルナールという人物、あるいはその思想論にだけあったのではない。むしろ、井筒の神論、すなわち宗教と文化によって、多くの呼び名に割かれた神々に潜む一者、「神」の一性論である。彼にとって、ベルナールはその問題を烈しいかたちで提起した典型的な人物に他ならなかった。

プラトンに始まり、プロティノスに流入したギリシア的テオーリアは、いまだ「純形而上学的観想」に留まっていて、「神の人格性が意識されていない」。臨在はあっても、人格というペルソナがない。そこに、人間が「信仰し思索する」対象となる「神」を発見することは「基督教の神秘家にゆだねられ」ていた、と言うのである。井筒にとって「神秘家」とは、超越者の「顔」、すなわちペルソナの発見者である。それは時代、文化、環境、伝統、時機によってもその姿を変える。超越者の一なる実在と、複数ある宗教は、井筒においては矛盾しない。

十二世紀、キリスト教会は、幾重にもわたる危機に直面していた。宗門内で覇権を争い、二人の教皇が対立すること、すなわちシスマに、ベルナールは生涯一度ならず遭遇し、その調停に奔走しなくてはならなかった。彼が面会したのは教会内部の意思決定者だけではない。諸国の王とも向き合い、自らの信じるところを語った。勢力的には不安定な教会と国を統治する諸王との間には、可視、不可視な力による支配をめぐって、いつも緊張関係にあった。そこに、異教イスラームが台頭する。そして、形而上学的世界での混迷、神学的危機が霊的社会を揺るがせていた。こうした歴史の要望に応えるべく、ベルナールは現れた。

「十二世紀の危機神学」と井筒はベルナールの神学を呼んでいる。彼はここに二十世紀の危機神学者であるカール・バルトを想い起こしていたのかもしれない。井筒は『神秘哲学』で「世界は神の世界である。故にひとり神のみ世界を救うことができる。この世から神への連続性はなく、其処には絶対的裂罅があ る」というバルトの言葉を引いている。この言葉をそのままベルナールに適応することはできないが、彼もまた、神を忘れた人間に魂の倒壊的危機を見ていたことは疑いを容れない。

人生の中盤以降は、時代の中枢において、宗教的、政治的、そして霊的に生きなくてはならなかった実践的宗教者であるベルナールだが、歴史が彼を認めたのは、その神秘神学だった。私たちは、行動する彼に「時代的意義」を見る。しかしその「永遠の意義」は、「彼の神秘主義そのものの内的意義でなくて何であろうか」と井筒は書いている。

ベルナールが論じる「神」は一貫して愛の神であり、信仰の究極の状態はギリシア的「合一」から「結婚」という表現が現出するほどに人間に接近する。ベルナールに育まれたキリスト教的霊性は、十六世紀スペインのカルメル会の神秘主義に至って「優婉かぎりなき抒情の花をひらき、かつ同時に、十字架のヨハネのかの強靱な論理によって剰すところなくロゴス化され」、完全なる「超越的主体形成の論理」(「神秘主義のエロス的形態——聖ベルナール論」)が確立されるのであると井筒は言う。先に触れた『神秘哲学』改訂版の序文との符合は明らかである。

「最後の教父」とベルナールを呼ぶ人もいる。中世盛期、最高峰の神秘家にして、「愛」の歌である旧約聖書「雅歌」をめぐる説教に独自の神学を構築した神学者、ダンテを『神曲』の最後で天界へ導くのは、彼の永遠の恋人ベアトリーチェではない。ベルナールである。

ベルナールは静謐の瞑想者ではない。カトリックにおける修道制、すなわち求道の制度と基盤を確立した人物であり、時代の政治に関わることを厭わなかった実践家。教会内での存在が高まり、宗教の革新を訴えた彼の言葉はついに為政者をも動かすことになる。

ベルナールが指導的役割を果たした、聖地奪還運動は、ボスポロス海峡を渡って聖地エルサレムへと向かった。第二回十字軍である。「神秘主義のエロス的形態」という主題から逸脱すると思ったのだろうか、井筒のベルナール論は、十字軍との関係には触れていない。未完であるこの論考が完成していれば、必ず彼はそこに言及しただろう。

一一四六年三月三十一日、復活祭前の金曜日、受難節の日、ヴェズレーの修道院。フランス国王は修道院長の隣に座っていた。貴族、無数の兵士たちを前に、ベルナールは十字軍の意義を説く。聖堂から人は溢れ、民衆はベルナールの説教に魅惑された。その確信に満ちた口調と言葉の力強さから、人々は天がベルナールを通じて語ったとすら思った、と『ベルナール小伝』の作者ピエール・リシェは書いている。十字軍の兵士は二重の戦いを戦う。すなわち「血肉を備えたものに対する戦いと、天空の霊的な諸力に対する戦いとに従事する」(『ベルナール小伝』稲垣良典・秋山知子訳)

とベルナールは言った。説教が終わるとベルナールは十字軍の証しとして十字架を「配るというよりもむしろ撒いた」。用意していた十字架がなくなると彼は自らの衣服を引きちぎり、日が暮れるまで配り続けたという。

もちろん、こうした風景はキリスト教会の側から見た英雄の姿である。カトリックの人々にとってベルナールは、のちに「聖ベルナール」となる人物である。しかし、ムスリムには破壊者が浮かび上がって来たように思われたに違いない。人間として、ベルナールに最高位を与えたダンテにとって、ムハンマドは字義通りの天敵だった。預言者の小伝『マホメット』で、井筒は『神曲』の一節を引いている。

> ここにわれ、頤《おとがい》より放屁の穴まで断ち割られたる一人の男を見たりしが、中板や脇板を失いし樽の割目もかくまで無残ならざるべし。
> 両脚のあわいに腸《はらわた》はだらりと垂れさがり、臓物と、食い物を化して糞便となす浅ましき嚢《ふくろ》までむき出しなりき。

ムハンマドの登場は鮮烈だった。ヨーロッパだけでなく、異神を信じていたアラブの民にとっても驚天動地の出来事だった。キリスト教徒の目には悪魔にすら映っただろう。井筒が言う通り、ダンテの描写も今日から見れば、滑稽にさえ映る。しかし、ベルナールの生前には、イスラームに対して、先に引いた表現では飽き足らないほど、根深く執拗なまでの敵意が生々しくうごめいていたのである。

優美にして勇敢、信仰深く謙虚、愛情に溢れて情深い人間が聖人だとしたら、ベルナールにもその資格はあるが、その枠にとうてい彼は収まらない。ベルナールは温情の人というよりは激情の人、「炎々と燃えに燃えて天をも焦がさずんば止まぬ猛烈な、すさまじい、熱血漢」だった。彼は人がどんなに外面を取りつくろい、現れても「一見して直ちにその人の内心にうごめく隠れた妄執の浅間しさを曝露した」。それは彼に超自然的な力が宿っていたからではない。彼は、誰にもまして、内心にあって、容易に打ち消すことのできない自分自身の「罪障を痛感していた」からである。井筒が関心を示しているのは、讃仰の対象となった「聖ベルナール」ではない、傷つけば肉体からも、魂からも鮮血が吹き出すクレルヴォーのベルナールと呼ばれた一個の人間である。さらにいえば、そうした人間においてのみ、真の聖性が現出すると彼は考えている。

「精神的世界の英雄」とムハンマドを呼んだ井筒にとって、アラブの地は「精神的」故郷であり、ムスリムは同胞ではなかったか。ベルナールはその「英雄」を拒絶し、故郷に兵士を送り込み、無数の同胞を斃した。井筒がアラブとムスリムへの愛惜の念から、ベルナールに批判の言葉を連ねていたとしても不思議はなかった。

カトリック教会がイスラーム世界に仕掛けた侵略、人間性を欠いた異教徒への横暴、凄惨を極めた殺戮だと断じるが、八百年以上経過した今日から、十字軍の時代を裁断するのは易しい。しかし、誰が一方の「神」を前にその真偽を断じることができるだろう。歴史に対峙するとき、私たちに許されているのは、自分がその時代、その場所に、その宿命を背負って生まれたとしたなら、どう生きたのかという切実な問いだけである。

一九三九年、井筒が二十五歳のときに書いた「ガブリエリ『現代アラビア文学の主流』」という長文の書評がある。ガブリエリはイタリアのイスラーム学を代表する学者である。ただし、ここでの問題はガブリエリにあるのではなく、彼が言及している一冊の本『「神曲」とイスラーム終末論』にある。

一九一九年にスペインで発刊されたこの著作には題名にある通り、ある神学書を経由してイスラーム神秘哲学者イブン・アラビーの思想が『神曲』に流れ込んでいる、さらに、この詩編における天国、煉獄、地獄の構造すらイスラーム的だと書かれているのである。作者であるダンテは、自らの精神にイスラーム的霊性が深く横切っていることを知らない。その影響は間接的だったが、それゆえに不可避的だったと作者は書いている。著者はミゲル・アシン＝パラシオス、スペイン人のマドリード大学の教授であり、中世イスラーム思想の優れた研究者だったが、カトリック司祭でもあった。彼はこの著作で、歴史的差異の彼方——超歴史的次元——で、宗旨の差異を超えて神的世界の復元が生起する様を活写する。

『神曲』は古典ではあるが、聖典ではない。そこに異文化が流入するといっても一種の文化的問題に過ぎない、と冷静に論じることができる者ばかりではなかった。特にカトリック教会内において、トマス・アクィナスの『神学大全』がカトリシズムの基盤を決定しているように、『神曲』はその詩的表現として読まれ、論じられ、守られてきた。すなわち、カトリシズムの純血的信仰の詩的表現だったのである。そこにかつて殺戮を交える敵対を繰り広げてきた、イスラーム的霊性が流れ込んでいるという見解は、容易に受容されなかった。ダンテ研究家の意見を二分したのは当然だったが、思想・宗教界には、より大きな波紋を広げることになった。刊行からおよそ百年が経過しようとしているが、この本の評価はいまだに定まっていない。

ヨーロッパの学界では閑却されていると断りながら、二十五歳の井筒はアシン＝パラシオスの学説というよりも、この人物が投げかけた問いを積極的に評価している。その評価は、後にも変らない。彼が『神曲』に言及しているときには、すでに、こうした異教的精神にさらされ、それと不可避的に接触せざるを得なかったダンテが念頭にあることを忘れてはならない。ベルナール論、ムハンマド論を書く十年以上も前に彼は『「神曲」とイスラーム終末論』に出会っているのである。井筒にとってもダンテを論じるとは、単にキリスト教の伝統に論及することではなく、むしろ、諸々の宗教に分かれた一者を、復元する営みだった。そう考えると、ダンテが最高の畏敬をもって描き出したベルナールに触れながら、宗教の差異を超えた超越者の一性を論じるのも、彼にとっては自然なことだったのだろう。先にも引いた一節をもう一度見てみたい。

一切万有の主たる神自体に、一体どうしてギリシアとヘブライとの区別があろう。論議好きな神学者等は茲でもまた、自分達の些々たる人間的智恵の区別を神そのものの中にまで持ち込んで来た。あたかも彼等の学問にとって重大な価値を有する差違区分が、神自らにとっても当然重大な意義を有つかのように。(「神秘主義のエロス的形態」)

ヘブライの神とは、旧約聖書の神である。ギリシアの神とはプラトン、アリストテレスが論じた超越者、プロティノスの「一者」である。この二つの「神」が、キリスト教において出会う。神の異なるペルソナを見た人間が、自らの経験のみを真実だと断定するところに、文明の衝突が始まる。激突するのが文明である場合、大きな争いを伴うことは、今も昔も変わらない。ヘレニズムとヘブライズム、二つの文明あるいは二つの「神」がいかに烈しく交わり、争ったかは歴史が伝える通りである。そこにイスラームが重なる。争いが激化するのは避けられなかった。

ギリシアの神とヘブライの神、それぞれは「神」のペルソナの異同に過ぎないという井筒の言葉に宗教多元主義的な思想を見るのは適当ではない。そこにあるのは多神の向こうにいる神の一性である。ヘレニズムとヘブライズムの表層的差異の彼方に深層的一致を発見しようとする視座は、中世神秘哲学の巨人を日本で最初に論じた功績とは別に評価しなくてはならない。

さらに彼は「ギリシアの神とヘブライの神の区別は神そのものの区別ではなくして実は人間の区別なのであった。神の側に差異があるのではなくて、神に対する人間の態度に根本的な差異がある」と言う。また、根本的に異なるのはギリシア人とヘブライ人の「神感覚」であって、神ではないとも書いている。

> ギリシア人にとってもヘブライ人にとっても、神は「生ける神」すなわち人格的神以外の何者でもあり得なかった。それにしてもギリシアは多神教であり、ヘブライは一神教だ、というなら、試みに旧約を繙いて預言書以前の初期歴史文献を通読するがよい。人はそこに、イスラエルの神ヤーヴェが単なる一小部族の神であり、モアブの神、ペリシテの神、アンモンの神等々多数の異神と並存してそれ等と拮抗相剋する軍神の一に過ぎぬことを認めるであろう。此の多数の中の一者、些々たる一部族神が、預言者の信仰を通過することによって唯一なる神となり、かの荘麗なる世界神の独一性を獲得するに至るまでには、長い年月にわたる発展の経路があるのだ。〔中略〕プラトンやアリストテレスの哲学神は、要するに、生ける絶対者の絶対性を、つまりその独一性を、冷酷な峻厳なロゴスの抽象化作用によって、極限にまで逐いつめて行ったものにほかならない。（「神秘主義のエロス的形態」）

おそらくこの一文は、『神秘哲学』の未完の続篇「ヘブライの部」における中核的主題を示している。彼はヘブライの神は、初めから一神だったという説を否定する。その多神の中の「一者」が、預言者を通じて、「唯一なる神」になるというのである。多神教と一神教の異同について、これほど鮮烈な発言を私は知らない。また、預言者の使命が唯一神の現出に他ならないことをこれほど端的に論じた文章をこれまでに読んだことがない。

彼はベルナールを論じるときはこの修道院長につき従う一介の修道士として語った。また、ムハンマドを論じるときは、七世紀アラブの沙漠に生まれたムハンマドの従者として語った。彼は聖戦のとき、沙漠を進むムハンマドを語るように、「雅歌」の説教を行う神秘家ベルナールを語った。


井筒俊彦には「詩と宗教的実存――クロオデル論」、そして「クローデルの詩的存在論」(以下「詩的存在論」)と題された二編のクローデル論がある。『ロシア的人間』の前身である『露西亜文学』、そして、英文著作 *Language and Magic* でも、彼はクローデルに言及している。

二十世紀フランスを代表する詩人であり、劇作家、優れた批評家でもあったポール・クローデル。当代のフランスを代表する文学者でありながら、外交官でもあった彼は、ときに宗教と政治が混じり合った状況でも、発言することを厭わなかった。井筒はベルナールとクローデルを対比することはなかったが、二人はどこか似ている。ベルナールがそうだったように、クローデルもあまりに人間的だった。

旧約聖書の預言者たちが、神の言葉を預けられた者であると共に詩人だったように、クローデルもまた「預言者にして詩人」(「詩と宗教的実存」)であり「詩人であると同時に哲学者」(「詩的存在論」)であったと井筒は書いている。前者では詩人の使命を、後者では「存在」と「存在者」の連関――超越者が人間を含む全事象に変貌する秘儀――を描き出している。また、この詩人を論じることで、詩にたゆたう、「あの不思議な、ひそやかな霊のいとなみの秘義を解きあかすことができるのではないか」（「詩と宗教的実存」）と井筒は、願いにも似た思いを綴るのである。

「クロオデルの詩を独り静かに朗読していると、何か深い深い地の底から響きあげてくるような重い荘厳な律動をからだ全体に感じて思わず慄然とすることがある」と井筒は「詩と宗教的実存」の初めに書いている。クローデルだけではないだろう。彼は詩を声に出して読む。そのとき、詩は文学作品であるよりも、天地に捧げる貢物になる。彼はそこに存在喚起、すなわち生命の誕生を促す言葉の神秘を感じる。詩人は内心を告白するために詩を書くのではない。世界の創造に言葉をもって参与するという確信は、クローデルを離れることはなかった。だが、彼は創造しない。詩人は創造の働きに動かされ、言葉を発するだけである。

> 彼は真に創造的な人間であるが、彼の創造の源泉は歴史というものが始まる以前の、幽邃な形而上学的地下の深みにひそんでいる。そして、この根源的原初性こそ、実は神そのものの原初性に他ならなかったのである。万有の奥底なる永劫の源泉から湧き上りつつ、彼の舌を通すことによって人間の言葉と化して行く不思議なものの声を、クロオデルは神の声としてはっきり意識している。かくして詩人は宇宙創造の大業に参与し、神の摂理の協力者となる。（「詩と宗教的実存」）

喜怒哀楽、生老病死、あるいは美を歌う前に、クローデルは「存在」を歌う。「神々」が預言者によって語られ、「神」となるように、詩人の使命は、詩に歌うことによって隠蔽された聖性を復活させることにある。クローデルは、その責務を強く自覚した詩人だったと井筒はいうのである。ここでの「彼」はクローデルではあるが、人間クローデルでは、すでにない。預言者がその言葉を発するときは個性が消滅しているように、詩人は形而上的世界と現象界をつなぐ通路になる。

クローデルにとって大げさな奇跡は必要ない。彼は一本の花が咲くことに奇跡を見る。「ただ一匹の蝶が飛ぶためにも空全体を必要とする。野の草の中に咲く一輪の雛菊を理解するためには、君は星々の中なる太陽を理解しなければならない」（*Positions et propositions II*）と、クローデルは我々が今も奇跡の中にいることを歌う。

不可視な実在の顕現を願うなら、人はそれを精確に「認識」しなくてはならない。ここで認識とは、クローデルの母語であるフランス語 connaître が含意する co-naître、すなわち「共に生まれること」を意味する。「識ること は、彼と共に生れかわること」だとも井筒は書いている。「識る」とは形而上的認識だが、人間はそれを、単独で実行することはできない。できるとすれば、それはすでに形而上の営みとは言えない。クローデルにとって形而上的営みとは、単に不可視なものを論じることではなく、アンリ・コルバンが形而上学（metaphysics）を秘儀的に捉え、歴史的次元の彼方、超歴史的次元を meta-history（meta-historie）と呼んだ意味における meta-physica すなわち超自然——人間を含む自然を超えた世界——を意味する。そこに触れるには、超自然からの招きが不可欠なのである。

人間が他者の魂に触れるという出来事が生起するのも、meta-physicaの次元に違いない。他者の魂に触れることができれば、触れた者は魂の実在を疑うことはないだろう。しかし、触れられた者もまた、自身に魂があることを知るのである。魂の実在だけではない。世界は互いに認識し合うことで、内なる聖性を開花させる。

詩人が世界に向って目を開く、そうすると、もうただそれだけで世界は類比性に於いて生起するのである。一切の存在者が、その目をあざむくばかりの多種多様にも拘らず、窮極に於いて深い親縁性を以て結ばれているという感じ、それこそクローデルの詩と哲学の源である。(「詩的存在論」)

「世界は類比性に於いて生起する」という一節が指示しているのはトマス・アクィナスの「存在の類比」の秩序である。その思想は今日もカトリック・キリスト教神学の中核に位置する。確かにそれは、カトリシズムの神学的基盤を成しているが、井筒は、クローデルが感じている「存在の類比」が厳密な神学的事実ではなく、彼の確固たる経験に裏打ちされた、実存的事実だと考える。クローデルはそれを最初に神学的に学んだのではない。「感じ」取ったのである。彼にとってそれは「自然的感覚であり本能ですらあった。それは彼の思索を導く根本原理であるばかりでなく、彼の直観、彼のヴィジョンそのものを根本的に色づけている」。確かにこの言葉は、クローデルの精神的根柢を明示している。だが、むしろこの詩人以上に、魂の姿と記憶を、井筒自身によって語られているのではないだろうか。井筒もまた、存在の秘儀を学ぶ前に、感じる人間だった。彼は学ぶことでその真偽と深みを確かめたのである。

「天使の中にも、我々の肉体的構造に対応する何かが、純霊的様式に於いて存在すると考えるのは正当である。故に例えば我々が、天使は見、感じ、語り、呼吸し動く、日々という場合、それは必ずしも全くの隠喩だけではないのである」(「現存と予言」)。クローデルの言葉だが、訳しているのは井筒である。彼は自らの天使観を示す代わりに詩人の言葉を引いたのだろう。

「詩と宗教的実存」で井筒は、クルツィウスに言及する。クルツィウスは、ドイツ人でありながら、フランス人よりも、フランス文学を愛した。それだけでなく、自国と同じように永遠なるヨーロッパを愛した。クローデルに「歴史の欠如」を認めるとクルツィウスが書くとき、この詩人の歴史感覚の欠落を指摘しているのではない。それは「歴史と時代の真只中に息づきながら而も歴史と時代の制約を突き破って其等を無にひとしいものとしてしまう深い恐るべき永遠の原初性を意味する」。むしろ、クローデルは物理的時間軸とは次元を異にする「時」に直結する詩人、「永遠の詩人」だと言うのである。井筒がベルナールに触れ「永遠の意義」に言及したことは先に触れた。ベルナールが説教するように、クローデルは詩を歌う。しかし、ここで、関心があるのは、聖人と詩人の言葉が現象界の壁を突き破り、彼方の世界から吹く風を招き入れることよりも、その風をひしひしと感じ、異界を凝視する井筒俊彦である。彼は宗教者にとっての説教と、詩人にとっての詩が、哲学者における哲学と根源的に異なるとは思っていない。ベルナール論で、プラトン、アリストテレスといった哲学者が、いつしか預言者の姿に変じているのはそのためである。

一九二二年の夏、クルツィウスはベルナールが十字軍の説教を行ったヴェズレーの修道院を訪れている。その数週間のちには、ベルナールが同じく十字軍の責務を説いたブラウヴァイラーの修道院を訪れ、説教のときにこの聖者が着た金襴のミサ服を見る。さらにケルンを訪れ、マリーエンレーベンスのマイスターが描いた《聖母と幼子イエスと聖ベルナール》を見るに及んでは、ヨーロッパの「歴史的統一性」が内心から湧き上がるのを禁じ得なかったという。

クルツィウスはドイツ人、ベルナールはフランス人である。二国は争いを繰り返してきた。ドイツ・フランス間には、古くから溝がある。ベルクソンも、ドイツとフランスの争いは獣性と良心の戦いだと言ったほどである。第二次世界大戦における悲劇は今も記憶に新しい。こうした時期にドイツ人でありながらクルツィウスは、フランス人以上にフランスを愛し、ヨーロッパ精神、「歴史的統一性」の復活を信じた。ジッド、ヴァレリーとの交友はよく知られている。クルツィウスがベルナールに触れたのは「ポンティニ」というエッセイだった。

フランス・ブルゴーニュ地方の小村ポンティニに、ベルナールが属していたシトー修道会の大きな修道院があった。修道院はフランス革命のときに破壊され、今では礼拝堂だけが残っている。革命後しばらく経過した一七九三年、修道院は解散、一九〇六年には政教分離令が出て、競売に掛けられ、ポール・デジャルダンがそれを買った。高等師範学校の校長、学者、批評家としてもデジャルダンは一級の人物だとクルツィウスはいう。ドレフュス事件のとき政治的、社会的、宗教的にも二分していたフランスに再び統一をもたらすために「真理同盟」（l'Union pour la vérité）を創設したのも彼だった。デジャルダンは自分の棲家にするために、聖堂を買ったのではない。分裂していたヨーロッパに政治的な一致とエキュメニカル、すなわち宗教的一致をもたらすために、この場所を使おうとしたのだった。

喧騒から離れ、風光に佇み、ときに散策をし、共に生活をする。ポンティニ参加者は個々に言葉を交わし交流を深め、午後には座談会が開かれる。デジャルダンが最初にここで「懇談会」を開いたのは一九一〇年。一四年まで継続されたが中止、二二年に再開され、三九年、彼が没するまで途絶えることなく開催された。クルツィウスは二二年の第二次ポンティニから出席している。

学者、政治家、文学者、あるいは事業家であっても、ポンティニには一個の人間として参加しなくてはならないとクルツィウスはいう。ジッド、ヴァレリーはもちろん、トーマス・マン、ハインリヒ・マンをはじめとしたドイツ人作家、マックス・シェーラーなどの宗教哲学者、フランスの文学者では、ジャック・リヴィエール、ロジェ・マルタン・デュ・ガール、シャルル・デュ・ボス、フランソワ・モーリヤックに加え、ルイ・マシニョンも参加していた。ガストン・バシュラール、ガブリエル・マルセル、ウラジーミル・ジャンケレヴィッチといった哲学者もいる。T・S・エリオットをはじめ、英語圏からの参加者もいた。『悲劇の哲学』を書いたロシア人レオ・シェストフ、ベルジャーエフ、クローデルもその席に連なった。

対決する文化間にあえて場を設定することで、混迷を突破するという着想と実践において、ポンティニはのちに井筒が参加し、重要な役割を担うエラノス会議の先駆となっている。エラノスの初回から参加することになるエルネスト・ブオナイウーティは、ポンティニの参加者でもある。この人物には後に触れることになるだろう。井筒もエラノスで親しくしたキリスト教思想家エルンスト・ベンツの師であり、若きエリアーデの精神的英雄だった人物である。

クルツィウスの主著『ヨーロッパ文学とラテン中世』の英訳が後日、エラノスの実質的な運営主体であるボリンゲン財団から出版されているのも偶然ではない。エラノスが初めて開催されたのは一九三三年、しかし、そのきっかけとなった霊感ともいうべき経験が提唱者オルガ・フレーベ＝カプテインに訪れたのは、さらに数年前のことである。ここでも、ポンティニに顕現したのと同じ霊性の回復という時代精神が共有されている、と私は思う。

真理への実践——九鬼周造と吉満義彦

エラノスに井筒が参加したように、ポンティニにも、日本人が参加している。哲学者九鬼周造である。『いきの構造』の著者として知られて、坂部恵の先駆的な『不在の歌――九鬼周造の世界』以降、田中久文らによって研究が進んでいるが、井筒に似て、この人物も、思想史に正当な位置を確保できていない。

九鬼は岩下壮一の親友だった。岩下はのちに司祭となる。また、近代日本カトリック教会において、神学者と呼ぶべき最初の人物でもあった。九鬼は岩下の妹を愛し、結婚まで考えた。このとき、九鬼はカトリックの洗礼を受けている。結局、妹は兄と同じく聖職者になって二人の交際は実らず終わる。九鬼を評価する人々にも、失恋は長く彼の中に影響を残したが、洗礼は彼の精神に影響を及ぼさなかったとされている。むしろ、私は、彼のカトリシズムへの接近が恋愛を契機にしたものだったからこそ、その痕跡は深く刻まれたのだと思う。たとえ彼が「キリスト教の意味での死後の生も信じていない」(『時間論』)と書いているとしても、九鬼とカトリシズムという思想的問題は再考すべきではないだろうか。カトリシズムとの出会いがもたらした果実は、必ずしも、カトリック的世界観を直接的に論じる、という形に現れるとは限らないからである。哲学者の生涯にも、形而上的出来事は形而上学を経由せずに生起する。「形而上学は形而上的体験の後に来るべきものである」(『神秘哲学』)という井筒の言葉は、ここにおいても真実だと思う。

九鬼がポンティニで行った二つの講演、「時間の観念と東洋における時間の反復」と「日本芸術における『無現』の表現」はフランスで著作 *Propos sur la temps*(『時間論』)として刊行された。九鬼はこの著作を西田幾多郎に送った。西田は田辺元への書簡に、これを高く評価する言葉を残している。

この著作が、自らの関心を外国語で表現し、世界に問うべき内容を実現しているという意味で、内村鑑三、新渡戸稲造、岡倉天心らの諸作に並ぶ意味を持つと坂部恵は評価する。また、坂部は『時間論』が九鬼の全業績の中で特別な位置を占めるだけでなく、もっとも重要な著作ですらあると高く評価する。英文和文、それぞれに「主著」と呼ぶべき論考を有し、それに随伴する活動を国際的に展開した点で、九鬼と井筒は共通の学問的地平にいる。

九鬼はハイデガーに学んだ。サルトルにハイデガーの存在を教えたのは、九鬼である。井筒はのちに現代を象徴する哲学者としてサルトルとハイデガーを挙げ、十九世紀イスラームの神秘哲学者サブザワーリーとの時空を超えた思想的接近と差異を論じた。この一点においても九鬼周造と井筒俊彦をつなぐ思想史の糸がある。二人は共に「存在」と「実存」を論じた哲学者を研究するのではなく、その影響の上に自らの哲学を構築したのである。

さらに二人が接近するのは「東洋」という領域の認識である。「時間の観念と東洋における時間の反復」の冒頭で、これから論じるのは「東洋的時間」であると九鬼は言い、それは回帰（輪廻）する時間でもあり物理的時間を超越すると書く。ここで彼が言う「東洋」は、井筒にとってそうだったように、地理的領域と精神的境域という多層的意味構造を成している。

計測可能な時間的次元において、時間は未来、現在、過去、三つの「エクスタシス」すなわち「脱自」の様態を持っている。時間が未来、現在、過去、それぞれの方向性に脱自的に展開することで、時が生起する。「脱自」とは「エクスタシス」、外へ出ること。しかし、未来、現在、過去、いずれも「時間」の座標軸に留まっていて、次元的飛躍がない「脱自」、いわば「水平的」エクスタシスでしかない。九鬼はそれとは別な、非時間的あるいは超時間的脱自ともいうべき「垂直的のエクスタシス」に言及する。「このエクスタシスはもはや現象学的ではない。むしろ神秘説的である。〔中略〕水平面は現象学的存在学的脱自を表わし、垂直面は神秘説的形而上学的脱自を表わしている」（「時間の観念と東洋における時間の反復」坂本賢三訳）。

九鬼は「エクスタシス」すなわち「脱自」という概念を咀嚼し、自らの肉声で語り得た最初の人物だと思われる。また、注目すべきは、彼が「脱自」の生起する場所を狭義の現象学的領域を超えて、彼のいう「神秘説的」な地平において認識している点である。

「脱自」が「神充」と共に『神秘哲学』の鍵概念だったことはすでに見た。井筒もおそらくハイデガーの『存在と時間』そしてサルトルの『存在と無』に応じつつ、「脱自」という言葉を用いている。しかし、彼の用法がサルトルともハイデガーとも異なるのは、彼が体験的すなわち自らの修道に基づく主体的な表現として、「脱自」的感覚を論じているためである。同じことは九鬼にも起こっている。

> 我は常に新たに生を開始し、新たに生を終結する。〔中略〕その連続性は、ただ神秘的の瞬間にのみ、ふるえおののく感動とともに我が自己自身を再認識する「深秘な光」の深い瞬間にのみ開示されるのである。「我なし」とともに「我あり」の瞬間である。（「時間の観念と東洋にお

ける時間の反復」)

「神秘的の瞬間にのみ、ふるえおののく感動とともに我が自己自身を再認識する」とはいわゆる哲学者の境涯ではない。井筒がいう「神秘家」のそれである。「若し哲学が真理への実践であり、真理からの実践であるならば、独り真正なる神秘家のみ真正なる哲学者たる資格を有つ」(『神秘哲学』)とあるように、「真理への実践」とはすなわち「真理からの実践」を感受し得る次元に「脱自」することに他ならない。哲学とは客観的対象を論じる以前に、自らの根本問題と実存的経験に論理の身体を与えることであるという点で、九鬼と井筒は、西田幾多郎の系譜に連なる、数少ない真実の意味での「哲学者」だった。

吉満義彦の著作をよく読んだ、と井筒は遠藤周作との対談で発言している。戦前の宗教界だけでなく文学界、言論界でも活躍し、当時の代表的知識人による座談会「近代の超克」にカトリックの思想界を代表して参加したこの哲学者も、今日では「忘れられた」思想家なのかもしれない。

一九〇四年、吉満義彦は現在の鹿児島県徳之島に生まれた。一九二七年、岩下壮一神父を知り、カトリックの洗礼を受ける。以後、彼の人生は急展開する。翌年二八年には、ジャック・マリタンの著作『スコラ哲学序論』(のちに『形而上学序論』と改題)を訳出する。当時吉満は二十四歳だった。その翌年にはフランスに留学、その著者マリタンに師事することになる。トマス・アクィナスの思想の新生を提唱するネオ・トミズム（新トマス主義）を代表する人物として、マリタンはフランス思想界、カトリック教会内にも絶大な影響力を持っていた。帰国後、吉満義彦はヨーロッパ・カトリシズムの現況と伝統を紹介し、広く発言した。

遠藤周作はもちろん、詩人野村英夫、批評家越知保夫と辻野久憲、中村真一郎、加藤周一といった人物は吉満義彦の影響を強く受けている。堀辰雄、小林秀雄、渡辺一夫などの文学者とも交わりを持った。彼が主筆を務めたカトリック総合文芸誌『創造』には河上徹太郎、片山敏彦、昇曙夢らも執筆している。彼が活躍した期間は一九三〇年から、病床に就く四四年までの十五年間に満たない。しかし、そこには日本の「カトリック・ルネサンス」と呼ぶことができる一時期があった。井筒の『アラビア思想史』の刊行は一九四一年、吉満は、日本人によって最初に書かれたイスラーム神学・哲学の通史的研究を手にしなかっただろうか。吉満はスーフィズムの象徴的存在であるハッラージュに主体的関心を抱いた人物だった。しかも、この特異な神秘家に秘められた思想的意義を最初に論じたのは井筒ではない、吉満である。

吉満がハッラージュに言及したのは、一九四三年「神秘主義の形而上学」である。井筒俊彦が『アラビア哲学』で論じたのは、五年後、一九四八年だった。同じく、ハッラージュを論じた諸井慶徳の『宗教神秘主義発生の研究』が、一九六六年に刊行されたのを最後に今に至っている。彼らに伍するハッラージュ論は今日も出ていない。ハッラージュとマシニョンについては先にも触れた。井筒はマシニョンと面識はないが、フランス留学時代、吉満はマシニョンと幾度も会っている。

マリタンは自宅があったムードンで、サロンを主宰していた。マシニョンも参加者の一人だった。当時の吉満は、マシニョンの人格には感じるところがあったが、その学問や異教徒であるハッラージュに深い関心を抱くことはなかったという。吉満がマシニョンとハッラージュに触れたのは、帰国から十三年後のことだった。

「神秘主義の形而上学」で吉満は、プロティノスをはじめパタンジャリのヨーガ、シャンカラに代表される古代インド神秘思想、ハッラージュとスーフィズム、十字架のヨハネに至るキリスト教神秘主義を論じた。東西の霊性において神秘主義を捉えるという先見性と公平性、あるいは神秘主義を論じる主体性において、今日に至ってもこれを凌駕する論考は多くない。

『神秘哲学』で最も多くの頁が割かれているのは「プロティノスの神秘主義」である。井筒俊彦は、年々プロティノスへの関心を深めていった。パタンジャリやシャンカラなど古代インド思想が井筒の長い関心の対象だったことは『意識と本質』にも明らかである。井筒はまた十字架のヨハネに関する論考を準備していた。二人の関心の対象は驚くほどに一致している。

さらに重要なのは論じる対象の一致以上に「神秘主義」に対する二人の態度である。吉満は「神秘主義と二十世紀思想」で「神秘主義」の定義不可能性に言及する。「『神秘主義』と訳語されている Mystik 乃至 Mysticism が正確に何を意味するかをもって論を始めることはあまり意味がない」。人は神秘主義を定義するとき、古代ギリシアに淵源を求め「語源的の名目的《ノミナル》な解答」を模索するかもしれない。またある者は、古今東西の神秘体験もしくは神秘思想の「現象学的な本質記述」を試みるかもしれない。しかし、「前者は内容的に何物をも説明せず、後者は余りに多き現象の故に任意的結論を免れない」と吉満は言う。井筒俊彦が『神秘哲学』のはじめに示したのも同じ主題だった。

神秘哲学と題する書物が、先ず何よりも神秘哲学、及び神秘主義という名称そのものの定義を掲げることによって始められなければならぬとすれば、却って人は最初から無意義なる稚戯に耽溺することになってしまうであろう。「それは何であるか」というロゴスの問いを絶対に超越し峻拒することこそ神秘主義の本質に属するのであるから。

「神秘主義」という言葉が特定の思想あるいはドグマを意味することを恐れてだろう。井筒は世にいう神秘主義は本来「神秘道（Via Mystica）」と呼ぶのがふさわしいとする。また、その体験は「明らかに人間の体験であるにも拘らず、決して純粋に人間的なる体験ではない。寧ろ人間の霊魂をかりて、或る人間以上の事柄が行われる」と言うのである。

井筒が「神秘道」と言ったように、吉満は神秘主義なる表現を避けるように「ミスティク（Mystik）」というドイツ語を用いる。井筒の『神秘哲学』には「自然神秘主義の主体」と題された一章がある。「神秘主義の形而上学」で、吉満が深く論究したのも「ミスティク」における主体論だった。吉満の「神秘的人間」、「ミスティク」は、『神秘哲学』における「神秘家」、「神秘道」と同義である。

「真のミスティクは観念的自我の自己観想ではなく、あくまでもわれわれの精神（魂）の源泉者自らの実在を定立する実在体験（認識）でなければならず、そこに又所造的精神性の最高の愛の験証が」（「神秘主義の形而上学」）なくてはならないと吉満は考える。神秘体験とは、人間が己れを知る経験ではなく、魂の源泉者すなわち超越者自らが存在を明らかにする出来事であり、そこには至高愛ともいうべき働きが横溢していなくてはならないと言うのである。

「最深の神秘的人間はまた最深の行動的人間である」と「神秘主義の形而上学」の最後に吉満は書いた。同じ言葉が井筒の『神秘哲学』にあっても驚くことではない。『神秘哲学』にある神秘家の真実を論じた一節を想い起こさせる。

イデア観照が彼にとって如何ほど幸福であろうとも、彼は此の超越的世界に何時までも静止滞存することは許されない。存在究竟の秘奥を窮めた後、再び俗界に還り来って同胞のために奉仕すべき神聖なる義務が彼には負わされている。

井筒が親交を持ったカトリック司祭ヨゼフ・ロゲンドルフは、ヘルマン・ホイヴェルス神父を間に、吉満と遠くない関係にあった。もし、吉満がもうしばらく生きたなら、二人を通じて井筒に出会い、マシニョンやハッラージュについて、親しく言葉を交わしたこともあっただろう。

キリスト者への影響——遠藤周作・井上洋治・高橋たか子

井筒俊彦とキリスト教の問題が無視できないと考えるのは、彼個人の遍歴としてだけではない。越知保夫、遠藤周作、井上洋治、高橋たか子といったカトリックに深く関係する人物が井筒俊彦の著訳書にきわめて強く反応したからでもある。哲学、宗教学、言語学、イスラーム学あるいは仏教、文学の世界にも彼に強く動かされた人物は多い。また、それは日本に限定されない。今でも井筒の読者は世界にいる。そうした背景を加味したとしても、先に挙げたカトリシズムに関係が深い一群の人々が、井筒に強く反応した事実は、この哲学者の語られざる一面を明らかにしているという点で、特別な意味を持つ。

越知保夫はあまり知られていないだろう。一九一一年に生まれ、一九六一年、四十九歳で没した詩人であり批評家である。生前彼は著作を世に問うことはなかったが、没後二年、有志の賛助によって筑摩書房から出版された遺稿集『好色と花』は、中村光夫、山本健吉など生前の彼を知る人はもちろん、平野謙、島尾敏雄、井上洋治といった人物を動かした。越知は、吉満義彦の血脈を継ぎ、秀逸な「小林秀雄論」の他、クローデル、ガブリエル・マルセルを論じたカトリックの霊性に貫かれた最初期の、そして今でもなお、特筆すべき優れた批評家だと私は思う。批評家として出発した遠藤周作も、先行者としての越知保夫を評価している。

井筒が訳したマーティン・ダーシーの『愛とロゴスとパトス』を、越知は詳細に論じている。井筒の慶應義塾大学での同僚でもあった松本正夫が、この原著に言及しているが、井筒の訳書に、というわけではない。この「訳書」を対象に、批評と呼べる文章を書いた事例は、越知の「『あれかこれか』と『あれもこれも』──ダーシーの『愛のロゴスとパトス』を読む」の他にはないと思われる。ここで越知は、ダーシーの思想を論じているのであって、訳者である井筒俊彦には直接的な関心を示してはいない。おそらく越知は、哲学者井筒俊彦を知らない。マーティン・ダーシーは、二十世紀イギリスを代表する思想家で、公職においてはカトリック教会で最大級の修道会の一つ、イエズス会イギリス管区長の重責を担った。井筒は、一九五三年ダーシーが知的交流委員会の招きで来日した際に会い、自分から訳者になることを申し出た。

自らが、原著者に翻訳することを願い出たというだけあって、この著作には井筒自身の言葉かと見紛うほどの表現がいくつもある。次に引く一節は、越知も引用している。


東方の密儀宗教がギリシアの哲学と逢遇し、この両者の出逢いから一つの新しい宗教哲学乃至哲学宗教が生じたのである。〔中略〕ギリシア的叡智は大地とつながりを有っていなかった。それにとっては幸福はただ理性と思索とそしてそれらの成果のうちにのみ在った。これに反して密儀宗教はもともと情念から生れ情念に生きるものである。そこでは愛がかき立てる狂気は、野獣的情欲から一転して忘我脱魂となり、一つの神聖な狂乱となった。

ギリシア哲学は、今日でいう学問である以前に「新しい宗教哲学乃至哲学宗教」であるとダーシーは考える。この言葉は『神秘哲学』にあったとしても齟齬がないばかりか、その基軸となる命題、すなわち、哲学と神々との関係を鮮明に表現している。「異教的神秘主義の信奉者となることによって多くの人が真の神を見出すということも充分あり得る」ともダーシーは言う。カトリックが異教を公然と「邪教」と呼んでいた頃、第二ヴァティカン公会議以前の発言である。その公正な視座は十分に評価されなくてはならない。

原著 *The Mind and Heart of Love* が出版されたのは一九四五年、『神秘哲学』が発刊されたのはその三年後である。井筒俊彦はこのとき、すでにこの本を読んでいたのかもしれない。この一文に、越知が看過することなく応えているのを見るとき、ダーシーを通じつつではあっても、越知が『神秘哲学』の核心に触れる不可視な交差が実現していると考えてよい。

ダーシーの論考を、愛の変遷を論じた思想書としてだけではなく、愛という存在の根本原理を追求した「非常に野心的な存在論の試み」として読む、と井筒は訳者序文に書いている。愛は人間から発出するのではなく「存在」からのみ生まれる。愛を論じることはそのまま「存在」を論じることになるという思想は、越知の代表作「好色と花」の主題と一致する。『愛のロゴスとパトス』はアニマ論であると越知は書いている。アニマという言葉を現代に蘇らせたのはユングである。ダーシーもアニマを論じつつ、しばしばユングに触れた。しかし、ユングのいうアニマは人間の魂の形姿だが、ダーシーは——訳者である井筒も——むしろ、アニマを人間の魂を生かす根本原理として捉えている。

アニマは「霊」であり、アニムスは「魂」である。アニマは超越者の「人格」的顕現であり、アニムスはそれを分有された人間を象徴している。「財産が全部アニマのものであること、自分は結局乞食であり、彼女から貰うもので生きているのだということを、心の奥底ではよく心得ている」とのクローデルの言葉をダーシーが引いている。存在するとは、すでに恩寵的な出来事だというのだろう。クローデルを間に越知と井筒が交差している。

この著作がきっかけになったのだろう。ダーシーは一九五二年、ユングが指導的立場にあったエラノスに参加している。当時、カトリック司祭がエラノスに参加するには大きな決断を要した。今日、カトリック教会は公式文書でエラノスを批判している。井筒がエラノスに参加するのは十五年後である。ダーシーが来日したのは、エラノス参加の翌年である。彼は井筒俊彦にその集いについても話さなかっただろうか。

井筒俊彦が亡くなったとき、世間はこの人物を正当に評価しなかったと遠藤周作は憤りを露にした。彼が井筒を本格的に読むようになったのは『イスラーム哲学の原像』あるいは『意識と本質』からだと思われる。ことに『意識と本質』との出会いは衝撃的だったようで、読み終わるのが惜しかったと書いている。遠藤の長編エッセイ『私の愛した小説』は、作家が愛したフランソワ・モーリヤックの『テレーズ・デスケルー』論のように見えるが、連載時には「宗教と文学の谷間で」と題されていて、内実はこの旧題に近い。

そこで遠藤は井筒の『コーランを読む』の省察に助けられながら、文学における元型論を論じている。井筒がいう「元型」とは、ユング心理学の元型と無縁ではないが、その領域ははるかに広く深い。井筒にとって元型は、心理現象を分類するカテゴリーではない。むしろ、人間が始原へと還る路、魂が霊へと変貌する経路であり、その逆、すなわち「霊」が現象界に現れる通路でもある。元型を通過しない聖典はない。元型と交わらない神話もまた、ない。「神」と「神々」の物語は、元型を通じて現れたともいえるが、むしろ、私たちが元型を通ることで初めて無形の超越的実在に「神」として接近することができるのである。ここに聖典誕生——あるいは顕現——の場所がある。

さらに、遠藤が強く動かされたのは、「言語アラヤ識」(『意識と本質』)という概念である。唯識思想における意識の底である「アラヤ識」のさらに奥に、井筒俊彦は「言語アラヤ識」という深みを措定する。「アラヤ識」は「阿頼耶識」、「臓識」とも書いて、意識の貯蔵庫というほどの意味だが、井筒は単なる貯蔵以上の働きをそこに感じ取っている。そここそが、意味の誕生、意識と存在の結合点に他ならない。

「言語アラヤ識」に触れながら、文学者とは、「言語アラヤ識」の領域を目撃し、それを言葉によって表現する者ではないのか、と遠藤が書いたのは小林秀雄への追悼文だった。そのとき、遠藤は、

「言語アラヤ識」の術語だけを用い、それが井筒俊彦に由来することには触れていない。しかし、小林秀雄の『本居宣長』を論じつつ、「言語アラヤ識」に言及する意図からは、小林秀雄と井筒俊彦の精神が不可視な、しかし高次の一致と共鳴の内にあることを暗示しているのが分かる。

遠藤周作が越知保夫を高く評価していたことは、先に触れた。越知の代表作は「小林秀雄論」である。越知の作品には井筒俊彦の文字はないが、それを読むことで明らかになるのは、小林秀雄と井筒俊彦の出会う場所である。その地平では小林秀雄、井筒俊彦といった固有名は、歴史を背負った個人の名称であるよりも、実在、聖性、存在の秘儀を探究した精神の異名となる。

カトリック司祭井上洋治は、友人に勧められて井筒の著作を読んだ。「友人」が遠藤周作だったことは容易に想像がつく。二人は戦後まもないフランス留学時からの文字通りの親友であり同志だった。井上はパウロ論『キリストを運んだ男』で、井筒俊彦に出会った衝撃をこう書いている。

> フランス留学以来、何故私がヨーロッパ・キリスト教の受容を強いられたさいに、つねに何か精神的な圧迫感と窒息感に似たような苦しみを体験しなければならなかったか、そして何故私が本居宣長の思想に興味を覚え、芭蕉にそれほどの共感を持つのかが、まるで地図の上に自分の所在地を指し示されるように、実に鮮かに説明されていた〔以下略〕

また、彼は「イブン・アラビーの神学に接することによって、いままで探し求めてきた日本・キリスト教の求道性《スピリチュアリティー》と神学の方向性に、ある確かな保証があたえられたように思えた」と続けている。スピリチュアリティ（Spirituality）は「霊性」と訳されることが多いが、井上はそれに「求《ぐ》道《どう》心」あるいは「求道性」という言葉を当てる。それは思想家井上洋治の鍵言語であり、司祭である彼の根源的存在理由を示す言葉でもある。井上が井筒から受けた影響は著しく強い。

井上が井筒俊彦に発見したのは、汎神論を超える視座である。「汎在神論」——万有在神論（panentheism）とも記される——については先にハッラージュを論じたときに触れた。井筒がこの主題を力動的に展開したのは、彼の英文主著となる *Sufism and Taoism* だった。三位一体を知ることはできない。しかし、それは生き、信じることによって明かされるとアウグスティヌスは言った。三位一体の秘儀を説明する際、井上洋治は、よく水を喩えにする。熱湯、氷、蒸気は皆、水が姿を変えたものだというのである。同じ比喩が井筒俊彦の著作にもある。

父性的な「神」を中軸にした中世キリスト神学とその教義に飽き足らず、イエスの生涯に母性を発見し、両性の融和に福音の中核を見る、それが遠藤周作や井上洋治の「求道性《スピリチュアリティ》」である。一方、高橋たか子は、中世ヨーロッパ的霊性へと遡及を試みる。井上、遠藤との間に相異が生じるのは必然だった。井筒俊彦の解読者としての高橋たか子は、遠藤や井上とは異なる哲学者の像を刻んでいる。

彼女がもっとも鋭敏に反応したのは井筒俊彦の「意識論」である。『意識と存在の謎』でアビラのテレサなどのキリスト教の神秘家に触れつつ語る彼女の言葉は、観想の深化を通じ、救済論へと展開する。ジュリアン・グリーンをこよなく愛した高橋の『日記』も、グリーン同様、作品である。二〇〇二年十一月二日、井筒の名前が出てくる。

一九八〇年代にフランス語をとおしてキリスト教神秘家たちから人間深層の複雑微妙なものを学んだあと、帰国後にそのことを井筒俊彦の著作で補強され、そうして、ふたたびペンをとるようになった頃、私の書きつつあることは時代を先どりしている、と私は感じていた。

あるとき、彼女は筆を折り、修道者を志し、フランスに渡った。そして再び作家としてペンを執るとき、彼女を支えたのはキリスト教の神秘家だった。その神秘家たちの「声」は、井筒俊彦という「道」を経ることで深化し、強められ、ついには彼女を現象界の彼方へ導いたのである。

先に見たように遠藤と井筒には対談がある。高橋たか子と井筒俊彦の対話を想像してみる。修道生活を送った時期がある彼女を相手に、井筒は、書かれることがなかったキリスト教神秘主義への思いを語ったかもしれない。高橋たか子の日記にある一節。「聖ベルナルドのすばらしい伝記を、図書館から借りて一気に読む。〔中略〕聖ベルナルド、すてきな人!」(二〇〇二年十二月三十日)。二人は、ベルナールについても言葉を交わしただろう。

第六章　言葉とコトバ

イスラームの位置

井筒俊彦が、日本で広く注目を集めたのは、一九七九年、イランから帰ってからである。もちろん、それ以前にも彼は複数の著作を持ち、一部の人には知られていた。しかし、ことに『意識と本質』以後、彼が集めた注目と関心に比べれば、それ以前は、周知の度合いも限定的だったと言わざるをえない。その一方で、彼の名前が知られるようになるのに比例して、彼をイスラーム学者と呼ぶ人が増える。本人はあくまでも、言語哲学者を自称していたにもかかわらずである。

帰国は、ホメイニーによるイラン革命の激化による突然の出来事だった。祭政一致への政治的後退、あるいは時代錯誤的にさえ映った革命勃発の必然性を日本からは理解できない。ジャーナリズムは、当事国から帰った井筒俊彦に、イスラームについて書き、話すことを求めた。付随的に『イスラーム生誕』（一九七九年）、『イスラーム哲学の原像』（一九八〇年）、『イスラーム文化』（一九八一年）、そして『コーランを読む』（一九八三年）など、井筒によるイスラームに関する著作も断続的に出版された。同時期に行われた講演や対談を含めれば、イスラームに関する発言はさらに増える。実存的体験に裏打ちされたイスラーム論は、読者や聴衆を魅了した。世界的な碩学だといわれれば、世間がイスラーム学においてだと疑わなかったのも仕方がない。

そうなることを予想していたのか、彼は、「イスラーム学者」と称されることに穏やかな抵抗を示していた。一九八〇年、帰国の翌年に、岩波新書の一冊として刊行された『イスラーム哲学の原像』の略歴には「専攻―哲学、意味論」と書かれている。「イスラーム哲学」という表現が題名に織り込まれている本でも、彼は自らをイスラーム学者だとは言わなかったのである。この著作を含め、一連のイスラームに関する著作が広まった後に出版された『意味の深みへ』など『意識と本質』以後の著作で、専攻紹介に「イスラーム哲学」と書かれたこともあるが、その前に、「言語哲学」と書き添えることを、彼は忘れなかった。

著作群を眺めてみても、彼をイスラーム学者と限定的に呼ぶのは正確ではない。『神秘哲学』はギリシア神秘思想史論であると共に、当時、死を意識して書かれた詩人哲学者による精神的遺言でもあった。雑誌『個性』に「ロシアの内面的生活」を書いていた頃、彼自身も内なる「批評家」を意識していたと思われる。『ロシア的人間』をはじめとしたロシア文学論、あるいはクローデルを論じた詩論、さらに『マホメット』すらも、対象はイスラームの預言者だが、筆致は批評と呼ぶにふさわしい。『マホメット』は、彼自身が述べているように、学究的成果ではない。自らの精神的英雄への頌歌、内心の告白、すなわちボードレールの言う「批評」として読むべきだろう。

さらに、*Language and Magic* や、慶應義塾大学で五年以上にわたって行われた講義「言語学概論」の記録を読むと、言語、あるいは彼がのちに用いる表現でいうなら、「コトバ」の問題が彼の思想形成の底流を流れていることに気がつく。彼は言語学者であった時期があり、そこから言語哲学者へと変貌していった。

『コーラン』の翻訳すら、単なるイスラーム学の果実だったのではない。一義的には哲学的意味論、あるいは言語哲学的実践だったのである。翻訳刊行の翌年に出版された *The Structure of the Ethical Terms in the Koran: A Study in Semantics*（一九五九年）も、コーランの術語論であるよりむしろ、コーランを舞台に展開された井筒俊彦の本格的な意味論の試みなのである。それは、「イスラーム言語哲学」を論じるところに眼目があるのでもない。主題は A Study in Semantics「意味論的考察」にある。

この著作は一九七二年に牧野信也によって翻訳され、『意味の構造——コーランにおける宗教道徳概念の分析』という題で出版された。邦題の方が端的に内容を明示している。この論考には井筒も思い入れがあったのだろう、著作集が編まれたとき、最初の四章を大幅に書き直している。

その際、彼は執筆した目的に触れ、「『コーラン』の倫理・道徳的概念を意味論的に取扱うための有効な手掛かりの一部として」と加筆している。私たちは晩年に至っても、彼が「意味論的」という個所にあえて傍点を付した意思を読み取るべきだろう。

以下に引くのは『イスラーム生誕』のはしがきにある一節である。書かれたのは一九七九年、イランから帰国して半年も経過していない頃だった。「この本」というのは *God and Man in the Koran: Semantics of the Koranic Weltanschauung*（一九六四年）、井筒による邦題訳は、「コーランに於ける神と人——コーラン的世界観の意味論」である。

> この本を書いた頃、私はヴァイスゲルバーなどに代表されるドイツ言語学系の意味論を展開させて、意味論的社会学、あるいはより一般的に文化の意味論的解釈学とでもいえるようなものを方法論的に作り出してみたいと考えていた。そして、まだおぼつかないながらもようやく輪廓が見え始めて来ていたその分析方法を、具体的資料に適用することによって明確なものにするために、私はイスラームの聖典コーランを対象として取り上げた。この著書はそういう目的で書かれた、つまり意味論的解釈学の方法論的射程を私なりに決定するための一試論だったのである。

「意味論的解釈学の方法論的射程を私なりに決定するための一試論」という言葉はそのままに受

け入れなくてはならない。彼の学問的重心は、イスラームではなく明らかに「意味論的解釈学」にある。

しかし、イスラーム哲学研究において彼が、国内はもとより、世界が認める業績を残しているのも事実である。

日本イスラーム学の黎明期、大川周明、大久保幸次らによって牽引されていた日本イスラーム研究は、井筒俊彦の登場を境に大きく転換する。当時、アラビア語を解する人は、井筒の他にもいた。しかし、アラビア語文献を読み解くだけでなく、欧米各国の学者の文献を原語で渉猟し、イスラームが、ヘレニズムとヘブライズム、そしてキリスト教との緊密な関係の内に成立した、新しき東洋の霊的衝動であることを日本語で表現したのは、井筒俊彦が最初である。

コーランの誕生から十二世紀アヴェロエスに至る思想史、『アラビア思想史』の著者、コーランを原典から完訳した初めての日本人だった。イスラーム思想研究において世界を牽引したカナダ・モントリオールにあるマギル大学の教授となり、そのテヘラン支所の開設のとき、請われてイランへ赴く。十七世紀に活躍したモッラー・サドラーの『存在認識の道』が邦訳刊行された一九七八年当時、アンリ・コルバンなど少数の例外を別にすれば、イスラーム世界ですら、この神秘哲学者の存在を忘れていた。近い将来、この人物は世界の注目を集めるだろうと井筒俊彦は書いていたが、結果はその言葉通りになった。*Sufism and Taoism* におけるイブン・アラビーの研究はもちろん、その血脈を継ぐ十九世紀の神秘哲学者サブザワーリーをハイデガー、サルトルの実存主義と交差させ、

共時的に論じた *The Concept and Reality of Existence* をはじめ、イスラーム思想研究の領域で、井筒俊彦は独創的な実績を残している。

この時期、並行して彼は、シーア派のマイノリティであるイスマーイール派の研究所を含む有数のイスラーム機関で集中研究や講義を行っている。確かに彼はイスラーム学の研究においても異能を発揮した。しかし、それは彼の専門領域をイスラーム学に限定する理由にはならない。

イスラームを対象にした研究においても、視座はいつもその先、「東洋」へと注がれていた。*Sufism and Taoism*（『スーフィズムと老荘思想』）が好例である。イスラーム神秘主義であるスーフィズムを代表する思想家としてイブン・アラビーを論じると同時に、彼は老荘論を展開し、両者を貫く「存在」論的構造を論究した。

「ふりかえって見ると、今までずいぶん色々なことをやって来た。私が学問の方向を変えるたびに、ひとは私の仕事にレッテルを貼りつけようとしたものだ。だが他人から付けられたレッテルで満足したためしがなかった」（「哲学的意味論」）と彼自身も書いている。その中で、彼が自身の学問を端的に表現していると是認したのが「哲学的意味論」である。

一九六七年、井筒俊彦がエラノス会議の正式講演者として招かれたとき、主催者側が、彼の専門を「哲学的意味論」としたいと申し出た。それを諒としただけでなく、彼はこの一語ほど自らの営みを言い当てたものはないといったのである。

哲学、宗教学、心理学、生物学、音楽、文学、数学、物理学の領域までも包含した、この学際的饗宴で、招かれるのは各回、各分野から一名が暗黙の了解となっていた。ユングが去った後、アンリ・コルバンは自他ともに認めるエラノスの中核的存在だった。井筒は一九六七年以降、コルバンが亡くなる一九七八年まで、エラノスでコルバンと共に参加している。コルバンは、二十世紀を代表するイスラーム神秘哲学の研究者であり、井筒俊彦がイスラーム研究者として遇されていないことは外面的な事実からも明らかだ。十五年間、井筒俊彦は十二回にわたってエラノスで講義を行ったが、一貫して論じられたのは「東洋」哲学の可能性であって、イスラームが主題になったことは一度もない。

フランスに本部がある、国際哲学研究所の正式会員のリストにも井筒俊彦の名前があったが、彼を推薦したレイモンド・クリバンスキーが井筒に発見したのも、東洋哲学の新生を企図する哲学者としてであって、イスラーム学の研究者ではない。

井筒の主著『意識と本質』で論じられた主題のいくつかを挙げてみる。日本古典文学・思想、イスラーム哲学、ユダヤ神秘思想、老荘思想、孔子の思想、さらに朱子、宋学、中国禅、日本禅、古代インド哲学、チベット密教と空海の思想、古代ギリシア哲学さらにはリルケ、マラルメ、サルトルにも言及した。イスラームは確かに彼にとって、魅力溢れる霊性の伝統だった。しかし、それは、仏教あるいはギリシア哲学と同じ重要性をもって、井筒俊彦の「東洋」哲学の一角を占めているのである。

池内恵の「井筒俊彦の主要著作に見る日本的イスラーム理解」という文章がある。池内は、井筒俊彦のイスラーム理解が「日本的」であることを指摘する。一読すれば明らかだが、彼は、井筒俊彦を批難しているのではなく、事実を指摘しているに過ぎない。視座も公平で、日本イスラーム研究においては重要な指摘であり、むしろテクストを読み込んで、イスラームから積極的に逸脱し、新しき「東洋」を希求した井筒の独自性を評価している優れた論考である。しかし、井筒のイスラーム理解が必ずしも正確ではないという池内恵の指摘は、イスラーム学者ではないという、井筒の意思を反証してもいる。

しかし、「主体的、実存的な関わりのない、他人の思想の客観的な研究には始めから全然興味がないのだから」(『イスラーム哲学の原像』)と言うように、標準的イスラーム理解に井筒は最初から関心が薄い。井筒は、同時代人でもあったロラン・バルト、ジャック・デリダ、あるいはミシェル・フーコーに触れ、こうした独創的な思想家が生まれる背後には、しばしば創造的「誤読」があることに言及する。

バルトの「読み」はときに、正確でないばかりか、強引に過ぎると思われることもある。だが、そこに不備と不徹底を見出すだけなら、この特異の文筆家が発見した鉱脈を見失ってしまう。恣意的であり、また、偶然性に導かれた「誤読」は、かえって意味の深みへと私たちを導くこともある、と井筒はいうのである。

誤りを正す批判的研究に留まるのは、本稿の眼目ではない。発見を試みるのは、あくまで井筒俊彦という精神の変貌と展開である。追究するのは一個の虎児である、追う者は虎穴に入らなくてはならない。むしろ、学問的な「誤り」があったとしても、なぜ彼がその道を進んだのかを、「誤り」の道を、見極めることに眼目がある。

言葉と意味論

中学生だった井筒は、ある日、聖書を繙いた。何の気なく頁をめくっていると、偶然「ヨハネによる福音書」最初の一文が目に飛び込んでくる。「それを読んだ時の驚きがどんなであったか、私は今でも忘れません」(「言語哲学としての真言」)と言ったのは七十歳の彼である。

太始《はじめ》に〔中略〕コトバがあった。コトバは神のもとにあった。というより、コトバは神であったのだ。ありとあらゆるものがこれによって成り、およそ成り出でたもののうち、ただひとつもこれによらずに成り出でたものはなかった。

「ヨハネによる福音書」最初の数行である。訳しているのは後年の井筒俊彦だが、訳語は十代に受けた感動を伝えているのではないか。新共同訳の同じ個所を引いてみる。

初めに言《ことば》があった。言は神と共にあった。言は神であった。この言は、初めに神と共にあった。
万物は言によって成った。成ったもので、言によらずに成ったものは何一つなかった。

先の一節からだけでも、井筒の新訳聖書ギリシア語原典の「読み」の現場を垣間見ることができる。先の一節のまま、四つの福音書が訳されたなら、コーランと同じく、私たちは全く新しい日本語聖書を手にしていただろう。「ヨハネによる福音書」の冒頭に遭遇したときの思いを、彼はさらに続けている。

驚きとも感激ともつかぬ、実に異様な気分に圧倒されたことを、私はおぼえております。「コトバは神であった」。何という不思議なことだろう、と私は思いました。もちろん、その頃の私には、意味はわかりませんでした。しかし、意味不明のままに、しかも何となく底知れぬ深みを湛えた神秘的な言表として、この一文は、その後も永く消し難い余韻を私の心の奥に残したのでございます。(「言語哲学としての真言」)

井筒がギリシア哲学を知ったのは、この出来事からおそらくそう遠くない。先に見たように青年期の井筒にとってギリシア哲学との出会いは、ほとんど啓示的出来事だったのである。

中学時代は、井筒にとって、幼年時代に父親との間に育まれた特異な精神が現実世界と直接的に衝突した最初の時期だった。「言語哲学としての真言」の講演録は『密教学研究』という学会誌に発表されるより前に、「意味分節理論と空海」の題で、雑誌『思想』に掲載され、単行本『意味の深みへ』に収録された。しかし、雑誌掲載時には、「ヨハネによる福音書」に関する記述が削除されてしまう。彼の言語的原体験と聖書とのかかわりを確かめることができるようになったのは、著作集未収録の拾遺エッセイ集『読むと書く』(二〇〇九年)以後である。この出来事は彼の生前、ほとんど知られていなかったのである。

「言語哲学としての真言」は、真言宗の僧を前に高野山で行われた講演の記録である。さりげなく用いられている「コトバ」の一語は、井筒俊彦のもっとも重要な術語である。しかし、彼が「コトバ」の一語を中軸に、その哲学を構造化してゆくのは『意識と本質』以降である。むしろ、この著作を書くという行為が、「コトバ」という一語を現出させたといってよい。「存在はコトバである」と彼が初めて言葉にしたのも同じ講演だった。

「存在はコトバである」、この一節に井筒俊彦の哲学は収斂される。「存在」とは、事象が在ることではない。ここでの「存在」は、イブン・アラビーが用いたように絶対的超越者の異名である。「コトバ」とは言語学におけるラングやパロール、シニフィアンとシニフィエのテーゼにも収まらない。エクリチュールとも異なる。「存在」が「存在者」を「創造」するとき、「存在」は「コトバ」として自己展開する。コトバとは事象が存在することを喚起する力動的な実在、すなわち存在を喚起する「エネルギー体」に他ならない。

『神秘哲学』を書いた彼は、「叡知（ヌース）」を求めて古代ギリシアを歩き、『ロシア的人間』を著したときは、「霊（プネウマ）」の現実を凝視しつつ、十九世紀のロシアを生きた。そして、イスラームでの長い「コトバ」の旅が始まる。老荘、孔子、古代インド哲学あるいは日本古典文学を経て、晩年の彼は仏教に還っていった。空海との出会いは運命的だった。最後の著作は『大乗起信論』についての論考『意識の形而上学――『大乗起信論』の哲学』である。そこで「心真如」の実相を論じた。

叡知《ヌース》も霊《プネウマ》も「心真如」も、彼には「コトバ」の姿をもって現れた。井筒俊彦の「コトバ」は、言語学の領域を包含しつつ超えてゆく。バッハは音、ゴッホは色という「コトバ」を用いた。曼荼羅を描いたユングには、イマージュ、あるいは元型が「コトバ」だった。「コトバ」をめぐる論究の歴程を看過し、井筒をイスラーム学者としてのみ論じることは、哲学者井筒俊彦のもっとも重要な思索を見逃すことになる。井筒にとってイスラームとは、「コトバ」へと続く精神的沃野だったのである。

先の引用にあったレオ・ヴァイスゲルバーは井筒俊彦が深い関心を寄せた二十世紀ドイツの言語学者である。しかし、言語学界ではよく知られたヴァイスゲルバーも専門領域以外の者にはあまり親しみのない名前かもしれない。今日の言語学では必ずしも彼は主流にはいない。ヴァイスゲルバーは学問的影響においては、西脇順三郎、ルイ・マシニョンと共に、もっとも深い影響を井筒に残した先行する同時代人である。しかし、影響の深さに反比例するかのように、論文中に彼らの名前はほとんど出てこない。それは井筒への影響が、単なる見解や概念の摂取や咀嚼に留まらなかったことを証している。彼らの考えか、自分のそれかが、判別できなくなる地点まで、井筒は、先行者の思想と苦闘したのである。ヴァイスゲルバーの影響は狭義の言語学上の範囲に限定されない。それはむしろ存在論的に現れる。

ヴァイスゲルバーについて、*God and Man in the Koran* に以下のような記述がある。言葉と創造の不可分な関係を表すコーランの力動的存在論を論じるにあたって、言語と精神形成の問題の究明を行ってきたヴァイスゲルバーの学説に負うところがきわめて大きい。また、ヴァイスゲルバーの思想、すなわち「フンボルト派の言語哲学（Humboldian philosophy of language）」は、英語圏の言語学界をにぎわせ、自分も深い関心をもってながめているエドワード・サピアとベンジャミン・ウォーフの仮説とも一致する。「この二つの学派〔サピア＝ウォーフとフンボルト派〕は、大西洋をあいだに、互いの存在を知ることなく、長年にわたって同質の言語観を培ってきた」、その共時的符合に注目したい、というのである。

God and Man in the Koran にヴァイスゲルバーの影響が色濃く出ているように、『意味の構造』はサピアとウォーフを抜きにしては論じることはできない。サピアとウォーフは二十世紀初頭に活躍したアメリカの言語学者である。ネイティヴ・アメリカンの言語研究を通じて、彼らもまた、言葉

を、事物を呼ぶ道具以上のもの、あるいは物理的現象界を超える実在だと考えた。

言語を考えるとき、彼らは積極的に狭義の言語学的領域から逸脱する。言語があらゆる存在者と密接に関係していること、また単一の学問に閉じ込もることはその連関を無視することになる、そうした場で思考を巡らせても、目的に近づくことはできない、という認識において、ヴァイスゲルバーとサピア、ウォーフは強く共鳴する。

ヴァイスゲルバーは自らの言語学の血脈を「新フンボルト派」と呼んだ。ヴァイスゲルバーがフンボルトの思想を継承する姿は、プラトンを引き継ぐプロティノスの思想が「新プラトン主義」と呼ばれたことを想起させる。『母語の言語学』でヴァイスゲルバーはこう書いている。同書にはヴィルヘルム・フォン・フンボルトの名前が幾度となく出てくるが、それは百五十年前に戻ることを提唱しているのではない。むしろ「フンボルトの慧眼が――時代をはるかに先行して――見抜いていた諸問題に今や学術の知識を総動員させて、取り組むことが可能になったという確信の表れなのである」(福田幸夫訳)。

「はじめに直観があった」と井筒俊彦は『神秘哲学』の最初に述べたが、フンボルトもまた、人間は直観によってのみ、世界との根源的なつながりを回復できると書いている。青春時代、井筒俊彦が、プラトンによって叡知界の存在を知ったように、学者としての彼はフンボルトの言語学によって「コトバ」の秘儀が学問的命題になり得ることを知ったのである。ナポレオンの帝国と熾烈な交渉を繰り広げた敏腕の外交官でもあるフンボルトは、稀代の言語学者でもあり、私生活ではゲーテとシラーの友人だった。エッカーマンは『ゲーテとの対話』に、フンボルトの来訪がふさぎがちなゲーテの心を慰めてくれるとよいと書いている。友人とはいうが、ゲーテはフンボルトよりも十八歳年上である。フンボルトは、言語論が学問として樹立されるべき未開の緑地であることを早い時期に指摘し、実証した。彼は晩年の十五年間、大学の教壇から講義を続けた。

生前、没後を問わず、外交官あるいは理論的政治家としてのフンボルトを評価する人は多かった。しかし、言語学に関する著作はすべて死後出版だったことも手伝って、言語学者としての彼を評価する者が現れたのは二十世紀に入ってからである。

言葉は、事物を表現する単なる記号ではなく、言葉が、事物のあり方を決定する、「言語はエルゴンではなく、エネルゲイアである」とフンボルトは言った。エルゴンは作品と訳されるが、ギリシア語で、でき上がったものを意味する。エネルゲイアは現勢態、「霊力の完き顕現活動」と井筒俊彦は『神秘哲学』で説明している。

さらにフンボルトは先の一文に続けて、言語は、永遠なる「ガイスト（Geist）」の働きであるとも書いている。Geist は精神と訳されるが、霊をも意味する。ギリシア語で聖霊を示す pneuma（プネウマ）、ラテン語のスピリトゥス（spiritus）と語源的につながる。それは息、あるいは息吹を意味し、プネウマは風を指し示すこともある。ここでいう「風」は、物理的な空気の流れであるよりも、神の創造力の隠喩。イスラームの神秘家が世界をあらしめる神の働きを「慈愛の息吹」と呼ぶのも同じ霊的経験が背景にあるからだ。言葉は停まることを知らない、いわば霊（Geist）の有機体だというのだろう。

事象を表現する機能ではなく、万物の存在を浮かび上がらせるところに「コトバ」の真義があるとフンボルトは考えた。ヴァイスゲルバーはそれを引き継ぎ、発展を試みたのである。フンボルトの言語世界を明示するためにヴァイスゲルバーは「中間世界」という場を構造的に布置する。

人間と外界の間には、「言語的中間世界」が存在する。日常世界において、人間はこの「中間世界」を通過することなくしては、事物に限らない、想念すらも認識することはできない。「中間世界」は「言語的」であるだけでなく「精神的」中間世界でもあるからだ。言語が変われば、当然ながら「精神的」中間世界も変貌する。私たちの内面もまた、「コトバ」の働きから遊離することはない。

星座を喩えにヴァイスゲルバーは論を進める。オリオン座という星座は認識できるが、それは普遍的実在ではない。特定の文化に限定された文化的普遍者でしかない。違う文化圏では全く違う星の「読み」方をするからである。オリオン座、かに座、魚座などは天空にそれを「読む」人々の「言語的中間世界」に存在するに過ぎない。

ある民族ではヤシの木を呼ぶのに六十もの違った呼称があり、一方、植物界全体を四つの呼び方で言い尽くす民族もいる。そもそも雑草とは何かとヴァイスゲルバーは問う。自然界に雑草という「草」は存在しない。人間が自らの功利に従って判断しているだけである。

眼の前に一本の薺《なずな》がある。春の七草の一つで、この植物が食用であることを知っている者には親しみ深い植物である。忘れられた土地があって、ぺんぺん草しか生えていないと聞けば、荒廃した広場を想起させる。ぺんぺん草と薺が全く同じ植物の別名だとしても、である。だが、「よくみれば薺花さく垣ねかな」と詠んだ芭蕉にとって、それはミクロコスモスの象徴、コスモスへの扉に変じる。前者は食材であり、薬草であり、ときに無益な雑草である。後者は、芸術家のモティーフとなり、異界への扉になる。私たちは用いる言葉によって世界を認識している。

さらに、ヴァイスゲルバーは、人間と母語の関係に着目する。母語が世界観の基盤を形成し、誰もこの制約から逃れることはできないことを強調する。すなわち全人類は不可避的に言語共同体的に「分節」されている。人間の基盤を成す共同体はまず、「言語共同体」であることを避けられない。彼はこれを「言語共同体の法則」あるいは「言語の人類法則」と命名し、人類が生存する上での不可避な公理だと考えた。

日本人が万葉、古今の歌を耳にする。意味を理解する以前に私たちの心が動くのは、「母語」が私たちを精神の原風景へと導くからだ。「母語」はいわゆる狭義の言語に限定されない。ランボーが、有名なドムニーへの「見者」の手紙で書いたように、音、色、香りすら含まれる。元来、言語感覚は複数の感覚の結合から成っている。井筒俊彦はあるエッセイで、鳥の声、植物の生命活動、細胞の反応といった生命記号活動も言語たり得ると言った。

フンボルト、ヴァイスゲルバー、サピア、ウォーフ、ヤーコブソンそして晩年におけるソシュールの再評価など、井筒俊彦の思想形成において、言語学／言語哲学者との交わりを看過することはできない。特にフンボルトに始まり、ヴァイスゲルバーによって深化されたフンボルト学派に由来する「分節」(articulation)は、井筒の思想基盤を形成する術語となる。

言葉は世界を意味的に「分節」する。また、意味分節はそのまま存在分節となる。なぜなら、「意味」とは事象に付せられる記号ではなく、「意味」が事象をつかむ、と井筒は考えるからである。井筒が言語分節に初めて言及したのは『神秘哲学』のプロティノス論だった。その際は文字通り触れただけだが、著作を重ねるごとにその「意味」を深めていった。それは主著である『意識と本質』で、もっとも重要な鍵言語《キー・ターム》の一つとなる。従来の言語哲学の領域を越えて、「哲学的意味論」、すなわち井筒俊彦の「コトバ」の哲学が、存在/意識論、「コトバ」の神秘哲学へと創造的飛躍を遂げるのは、『意識と本質』においてである。この著作以後、彼は、「言葉」と「コトバ」の表記を明確に使い分けるようになる。

講義「言語学概論」

先生の言語学講義に触発されて言語学という学問に踏み込んだ私の関心は、当然、言語理論、言語哲学の意味論的展開の方向に進んだ。そして卒業後、西脇教授の助手となり、やがて先生の言語学の椅子を譲っていただいた私は、ますます哲学的意味論に深入りしていくのだった。

（「西脇先生と言語学と私」）

「先生」は西脇順三郎、「言語学の椅子」は講義「言語学概論」を指し、『井筒俊彦著作集』第一巻の月報で牧野信也がこの講義に触れている。村上博子という詩人が忠実に記録した講義ノートがあり、近く出版される予定だと書かれているが、未刊行のまま今日に至っている。村上博子は、一九三〇年に生まれ、六冊の詩集を残し、絵本作家としても活躍した。彼女の「病」という詩の一節を引いてみる。

今日はあなたが
おいでになりそう
〔中略〕
病む者を訪ねることを
好まれるあなた
訪れは絵のように静かなのに
風が喋りながら
はなやかにそよいではいってくる

「あなた」が意味するのは、おそらくキリスト、「風」の隠喩に留意するなら、聖霊と言った方が作者の意に沿うのかもしれない。村上は敬虔なカトリック信徒だった。厳格をもって知られる修道会カルメル会の機関誌に神学に関する文章も執筆している。最後の詩集となった『セロファン紙芝居』の著者略歴には「慶大文学部に於て、井筒俊彦氏に学ぶ」という記述がある。それまでの詩集に同様の記載はない。二〇〇〇年、この詩集が出てほどなく、彼女は亡くなった。友人であり、同じ信仰を持つ、フランス文学者谷口正子が書いた追悼文によれば、村上は卒業後も、数年間、この講義のためだけに大学に通ったという。

講義ノート刊行の勧めはあったようだが、手記は講師の意図を必ずしも正確には伝えないとの理由から、彼女は出版を固辞した、そう話してくれたのは、もう一人の記録者川島第二郎である。二人の間には手紙の往復があった。川島は、幕末から明治初期における新約聖書翻訳史の研究家である。ジョナサン・ゴーブルとネイサン・ブラウンにおける新約聖書翻訳・注解の研究において先駆的な業績を残している。その研究によって私たちは、ヘボン（ヘプバーン）らによる知識層に向けた聖書翻訳の他に、市井の人の魂に肉迫することを望んだもう一つの聖書翻訳史が日本にあった事実を確認することができる。作家八木義徳が川島の『ジョナサン・ゴーブル研究』について、エッセイを残している。私たちはそこで五十歳を過ぎた川島がゴーブルと出会い、ギリシア語を始め、以後十三年の歳月を研究に費やしたことを知る。

本論で、のべ六年半にわたった講義「言語学概論」の内容を網羅することはできない。それは別稿を要する。この講義の翌年、井筒俊彦が著したのが最初の英文著作 *Language and Magic*（一九五六年）である。ノートが公になる可能性は現在のところ低い。しかし、この英文著作を通じて、私たちは井筒の言語的世界観と講義の余熱を感じることはできる。

本論は公にされていない資料として、二人の講義ノート、川島が同人誌に寄せた井筒俊彦への追悼文（「サルトルを超えなさい」）を参照している。以下、川島が出席した一九四九年から五〇年に行われた講義記録を「前期ノート」、村上が受講した五一年から五五年の講義記録を「後期ノート」と呼ぶ。

論考の初出と刊行時のそれが異なるように、前期ノートには荒々しいが、湧出の始まりという一回性があり、後期のそれには深化の軌跡がある。この講義は毎回多数の学生が聴講し、中には江藤淳や山川方夫などもいた。

前期の講義は、本来西脇順三郎が行うはずが急遽、変更になり、開始も学期の途中五月からだった。川島のノートにも、講師西脇順三郎の名前を、井筒俊彦に訂正した跡がある。講義の担当となることは、井筒には急な出来事だったのかもしれない。講義が始まった一九四九年は、『神秘哲学』脱稿の年、「あの頃の私は本当に病床で血を吐きながら書いていた」と彼が述懐した頃である。

「その頃、若年の私は慶應義塾大学の文学部の教壇で、言語学を講義していた。私が習い、かつ自分でも教えることになっていた従来の言語学が、『意味』という現象を、いかにも自明の常識的事実として、こともなげに取り扱っていることに、私は不満だった」(『意味の深みへ』あとがき)と、七十歳を超えた井筒が書いている。そんな彼が、講義の最初に言ったのも、言語学の学問的未熟さと言語への不信だった。そして、言葉を学ぶ者は言語学と言葉におけるあらゆる前提に疑いを持たなくてはならない、と学問への態度を改新するよう説いた。

その言葉は、確かに、当時の言語学の現状を伝えている。しかしその一方、未曾有の言語学／言語哲学の構築を試みるという講師井筒俊彦の「宣言」でもあったのである。

後期講義の最初になると表現は少し洗練される。彼は黒板にポール・ヴァレリーの『ヴァリエテ』の一節を原文で書いた。「従来の言語学が言語の呈出し得るすべての問題を汲みつくすことができると、決して信じてはならない」(村上博子訳)。川島が聴いた言葉と意味するところは同じである。

オグデン゠リチャーズの『意味の意味(*The Meaning of Meaning*)』は「言語学概論」ノートを読み解く上で看過できない。この本にある一節「言葉は人間を欺く」(Words deceive us)は、オグデン゠リチャーズの根幹的命題であると共に、「言語学概論」の基底となるテーゼでもある。「言語は実体を保証しない」と井筒俊彦は言った、そう川島第二郎は書いている。言葉は実物を十分に表現していないばかりか、むしろ人間はそれによって欺かれている、真実の「意味」は言語によって隠蔽されている。「曖昧な態度で『意味』を論じたり、言葉が私たちを欺いている事実に、これ以上目をつぶることは許されない」とオグデン＝リチャーズは書いている。原文では "no longer any excuse" とあり、原著者たちの強い意思を感じることができる。

「丸い四角」という言葉はあるが、実体は存在し得ない。これほど判然としていなくても、言葉は厳密な意味では、常に実在を完全には表現してはいない。言葉の不完全さをどこかで感じながらも人間はコミュニケーションを成立させるために、この言語特性を不問にしているに過ぎない。

たとえば「神」の場合はどうか、と井筒俊彦は問う。この一語が歴史的に背負ってきたすべてを人間は正しく認識できたとしても、「神」は超越的絶対者の全貌を表す言葉にはならない。認識され得るという点において、それはすでに超越者ではない。人間がその全貌をあまねく認識できたとき、それはすでに超越者ではないという根源的矛盾を、この一語は孕んでいる。私たちは人間が作った「神」しか知らず、それを神／超越的絶対者としている。むしろ「無神論」者が糾弾するように、人間が「神」を作ったとする命題の方が真実に近いことにもなりかねない。こうした出口のない現象を、井筒俊彦は「言語的ニヒリズム」(Linguistic Nihilism) と呼ぶ。

今では言語学の古典となった『意味の意味』の初版は、一九二三年に発刊、確定版となった第四版は一九三六年に出ている。石橋幸太郎の翻訳が出たのは同じ年である。そこに岡倉由三郎が序文を寄せている。岡倉は、英語学者、研究社英和辞典初代の編纂者、英文学者福原麟太郎の師、夏目漱石との交流もあった人物、岡倉天心の弟である。

序文の冒頭、岡倉は、「ヨハネによる福音書」冒頭の一文を引く。「はじめに道あり、道は神とともにあり、道は神なり」。もちろん岡倉の訳文である。本章のはじめに見たように新共同訳では「初めに言《ことば》があった」となっている。

英訳ではwordとなっているが、ギリシア語のロゴスの意味は、とうていそれでは汲み尽くせない、あえていうなら「理」と「言」の融合体、自分はそれを「道」と訳してみた、と岡倉は書いている。また、「『理』と『言』との二つを霊的存在として併せ示す語が、『こと』」、言葉とはもともと「霊性や気魄を示す」ことが本来の使命ではなかったかと問うのである。

言語学の文献として、この本を手にした者はこうした岡倉由三郎の文章に違和感を覚えるかもしれない。しかし、その文章は、原著者たちを含め、言語学黎明期の精神を鮮明に伝えているのである。『意味の意味』第二章は「言葉の力」と題され、言葉の霊的な力と、それゆえにもたらされる混乱の実情が論じられている。第二版の序文によれば、初版では、この章が突出して長かったらしい。それでも十分に論じることができなかったとして、オグデンは単著*Word Magic*を刊行する。ここでのmagicが井筒*Language and Magic*のそれと無関係であるはずがない。

二十世紀、フロイト、ユング、アードラーが輩出し、宗教と神秘思想あるいは古代哲学に封印されていた人間の深層意識を学問的に解明するという思潮が生まれる。それは、心理学《サイコロジー》が文字通りの意味で「魂《サイキ》」の学として、新生するという創造的飛躍を経験した一時期だった。以後のあらゆる学問は、意識が多層的実在であることを無視することはできなくなる。それと並んで二十世紀もっとも飛躍した学問の一つが言語学だった。

人材もさまざまな領域から参入し、彼らは、他の学門と接近することを恐れなかった。オグデンは心理学者であり哲学者、リチャーズは批評家である。オグデンは、文字通りの意味で異能の人だった。オグデンには、狭義の専門という境界はほとんど存在していない。時代の混迷を打ち破る「コトバ」を駆使した人物だった。

終始、アカデミズムから距離を保ち活動したアウトサイダー。出版企画者、編集者としてもきわめて優れていた。ユング、ラッセル、マリノフスキーの著作の出版を企画し、ラッセル、ヴィトゲンシュタインとも交流を持った。相沢佳子の『850語に魅せられた天才 C・K・オグデン』にはこの人物の諸学に通じた才能だけではなく、時代と闘う良心としての彼の姿が、端的に描き出されている。雑誌『サイキ』はその名から推察されるように超心理学から教育、宗教、文学、美術、社会問題までを領域とする評論誌だった。だが、それは超越界的主題ですら、決して現象界を遊離して考えてはならないというオグデンの精神の反映でもあったのである。オグデンは、理性を否定するような徒らな神秘化を嫌った。

サピアは、オグデンと必ずしも意見を同じくしなかったが、『意味の意味』には深い関心を示し、『サイキ』にも寄稿している。また、彼もオグデン同様ユングにいち早く反応した一人だった。彼らにとって「ユング」の意味するのは、特異な心理学者の名前よりも、むしろ可視的世界の根柢には、不可視な実在である無意識が存在するという世界認識である。

サピアは天才的と称賛されたが、高弟ウォーフは学際的で革新的だった。彼はアカデミズムに足場を置く学者ではない。保険会社で働く優秀なビジネスマンでもあった。会社勤めをしている方が言語を考えるには好都合なのだ、とウォーフはトルベツコイに書簡を送った。

文字通り在野の学者であるウォーフの境涯を、共感をまじえて回想録でいったのはロマーン・ヤーコブソンである。彼は、当時ほとんど顧みる人がいなかった不遇の天才的言語学者であり思想家チャールズ・サンダース・パースを高く評価していた。パースの記号論「新しい範疇表について」に触れ、彼は「彼の壮大な信仰告白書とでも言うべき」(「記号論の発達略史」池上嘉彦・山中桂一訳)論考だと書いている。

二十世紀、ことにその前半、言語学は単に言語機能を究明する学問だったのではなく、むしろ、形を変えた「神学」だったとヤーコブソンは考えている。言語学が神学的役割を担うとは、文化、歴史、精神性の差異を超えた次元を、その学問が現出せしめることを意味する。「メタ言語」はその試みの一つだった。

ヤーコブソンの名前は、井筒俊彦の著作に何度か確認できる。「R・ヤーコブソンの詩的言語の構造分析にも、満足すべき指針を見出すことはできなかった」(『意味の深みへ』あとがき)といい、あるいは「文化と言語アラヤ識」では普遍的言語、すなわち「メタ言語」に、あまりに楽観的なヤーコブソンの発言に批判的な言葉を残している。

メタ言語の必要性への認識において、井筒は、ヤーコブソンに引けをとらないばかりか、その実現が彼の悲願だったのである。ただ、井筒が望む「メタ言語」は、既存の言語を「メタ」的に扱うのではなく、文字通り言語を meta する（超える）実在でなくてはならなかったのである。

言葉は二つの沈黙に挟まれていると井筒は講義で言った。言語以前の沈黙、そして言語化不可能な絶対的世界の沈黙である。全事象は、この沈黙的響存の狭間で生起している。そこには四層の言語的次元がある。「動物的叫び、日常的契約、虚無的実存、究極的調和」それぞれが固有的に存在しながらも不可分的につながっている。いわば、同心円状に並存すると話しつつ、井筒は、黒板に動物的叫びを内円に、究極的調和まで、四重の円を描いたと川島は書いている。

「動物的叫び」に始まる四層の次元は「究極的調和」に向かって深化する。多層的言語世界は、そのまま現象界から実在界へとつながる階梯となっている。それは階層的に存在する、しかしそれぞれの領域から「沈黙」の世界へ即自的につながる道が遮断されているのではない。次元の飛躍的転換が起こる地点、それが「純粋詩」生誕の場所である。

後期ノートは内容的に、おおむね前期を包含する。その中で例外的主題が純粋詩だった。井筒は前期では、熱情的なまでに論じたが、後期では「純粋詩」論には直接的には触れることはなかった。彼は『ロシア的人間』でプーシキンの詩に触れ、そこに流れる「純粋詩」性に言及している。

この詩の稀有な、純粋な「調和」を成り立たせているものは、筋や意味ではなくて、意味の内容を遥かに超えたある言い難きもの、ブレモン師が純粋詩（poésie pure）と呼ぶところの何ものかなのだから。(『ロシア的人間』)

「純粋詩」とは、一個の作品に対して付される表現ではなく、詩作を貫いている原初的根源性ともいうべき性質なのである。「筋や意味ではなくて、意味の内容を遥かに超えた」というのは、すなわち言葉以前の、という意味になる。

「純粋詩」という言葉を最初に用いたのは、ポール・ヴァレリーだった。その発言を受けて、アンリ・ブレモンが、批評『純粋詩』を書いたことでフランス文学、思想界を巻き込む「純粋詩」論争が起こった。井筒が「ブレモン師」と書くのは彼が優れた文学者でありながら、カトリック司祭でもあったからだ。

そもそも詩は、全編を読まなくてはならないものなのかとブレモンは問題を提起する。たまたま目にした数行に「気づき」があれば、その前後は読むに及ばないことも十分にあり得る。ダンテの『神曲』には確かに「純粋詩」が刻み込まれている。だからこそ歴史は数百年間この作品を記憶し続けてきた。しかし、通読が難しい。それは単に作品が長大だからではない。「純粋詩」的表象に遭遇したとき、人はその前後への関心を失うことがしばしばある。言葉が啓示的に現象し、生まれてくる「純粋詩」は、人間の意思によって書かれるのではない。詩人の役割は言葉を探すことではなく、自らを通過する何ものかの純粋な表現の場となることにある。詩人は、言葉を何ものかに託されるのである。その究極態は真実の意味における祈禱の言葉となるとブレモンは言う。

「純粋詩」が生まれるとき、人間は主体的受動態にならざるを得ないというブレモンの思想の背景には、創造における神の絶対性と、人間の限界についての明確な認識がある。私たちは、ブレモンの言葉を、詩は祈りにならなくてはならないという風に読むべきではないのだろう。彼は、祈りすら、人間は与えられなければ行うことはできないと考えている。「祈り」とは祈願ではない。言葉によって超越者を闡明することである。

そうした人間の典型として、私たちは預言者を想起することができる。あるいは、旧約聖書の預言者たちが、詩人だったように、「クロオデルもまた預言者にして詩人である」(「詩と宗教的実存」)という井筒の言葉がここに重なり合う。詩人たちは自分の言葉を持たない。「神」からコトバを得ることによってのみ、十全に主体性を表現する。

「純粋詩」は純然現勢態、エネルゲイアである。だから、理解されることでは、使命を終えない。「己が死灰より甦り、今まで自からが在ったところに無際限に再び成るように、できている」(ヴァレリー「詩話」)。それを「絶対言語(le Verbe)」といったのはマラルメである。ヴァレリーは十九歳のとき師となるマラルメに出会う。『意識と本質』の読者は、井筒俊彦がマラルメをきわめて重要な人物として論じたことを思い出すだろう。「言語学概論」、*Language and Magic* においても、ヴァレリーのように井筒は「時おりマラルメを語った」。

英文和文の著作を含めても、井筒俊彦がベルクソンに触れた発言は、二、三の例があるのみで、決して多くないが、「言語学概論」のノートには頻出し、真摯な対峙があった事実を伝えている。

そこで論じられるベルクソンは、時間や生命の躍動を説く哲学者ではない。実態を表さない言語に、ほとんど呪詛といってよい嘆きと怒りをあらわにする告発者である。彼は、神がバベルの塔を企てた罰として人間に種々の言語を与えたという「創世記」十一章の記述を字義通りに信じていたようにすら思える。

『ロシア的人間』、「詩と宗教的実存――クロオデル論」で多少の言及はあるが、既刊の文献からでは井筒俊彦がヴァレリーをどう読んだかは伝わりにくい。彼の蔵書目録の洋書部門には、ヴァレリーの著作が少なくない。しかし、ノートは井筒がベルクソンに劣らない熱情をもってヴァレリーに向き合っていた事実を伝える。彼は、ヴァレリーがレオナルド・ダ・ヴィンチに深い関心を寄せたことに注目している。このとき井筒はベルジャーエフと並び、彼がもっとも影響を受けたロシアの思想家メレシコフスキーのレオナルドを主題にした小説『神々の復活』を思い出していたのかもしれない。アンリ・コルバンもこの小説に触れて言うように、レオナルドの業績は芸術、学問的な領域に留まらず「霊的（spirituelle）」ですらあったのである。レオナルドほどではなかったが、ヴァレリーも多能な天才だった。しかし、彼らの真の偉大さは活動領域の広さにあるのではない。むしろ多くの場に一つのことを求め続けたところにある。

「神なき神秘家」とヴァレリーを呼んだのはキャスリン・マンスフィールドだと伝えられている。ヴァレリーはこの表現を好んだ。それはヴァレリーに留まらない、レオナルドの特性でもあろう。彼らにとっての「神秘家」は井筒俊彦が『神秘哲学』以来、一貫して用いている意味と同義である。

『ロシア的人間』を論じたときにJ・M・マリに触れた。ドストエフスキーは現象界を描き出したのではない、冥界を活写したといった人物である。マンスフィールドの没後、作品の編纂に尽力したのは、ある時期、マンスフィールドと生活を共にしたマリである。

Language and Magic で井筒が論究した言葉の力、それは意味を生むだけでなく、実態を決定する「存在」の秘儀である。だが、magic を魔術あるいは呪術と訳すと、読み進むうちにだんだん論旨がぼやけてくる。

わざわざ日本語に訳さなくても、英語はそのまま理解すればよいという楽観論は、ヴァイスゲルバーの理解と共に、井筒によって退けられる。外国語を読むとき、それにどんなに熟達していても、人は母語に置き換えて理解している。意識では、横文字を理解しているつもりでも、深層意識では、仮名と漢字、あるいはその元型のイマージュによって意味を捉え直している、というのが三十数ヶ国語に通じたといわれる井筒自身の言語観である。井筒によれば言葉とは magico-religious な実在に他ならない。magic の訳語も単なる「魔力・魔術」では内包する超越性が表現できない。

すべて名づけられたものはその実体をもつ。文字はこのようにして、実在の世界と不可分の関係において対応する。ことばの形式でなく、ことばの意味する実体そのものの表示にほかならない。ことばにことだまがあるように、文字もまたそのような呪能をもつものであった。

井筒が書いたのではない。『漢字百話』中の白川静による文章である。文字は単に実在する事物を表現するのではなく、むしろ文字に意味と実体を喚起する力、すなわち呪能があるというのである。白川なら、*Language and Magic* を「ことばと呪能」と訳しただろう。

「呪」とは呪いのことを指すのではない。もっぱら「呪う」を意味するようになったのは後代のことで、呪の語源は「祝」であると白川は書いている。「呪」の字は「いのる」とも読む。白川は「呪能」と同義で「呪鎮」という表現を用いることもある。

白川静を登場させるのは唐突に見えるかもしれない。しかし、「コトバ」、文字に対峙する態度はもちろん、孔子、荘子、屈原、あるいはパウロといった人物について、あるいは詩経、万葉集、和歌誕生の来歴、すなわち詩論など論じた主題と対象、発言を並べてみれば、交わりがなかったことがかえって不思議に思われるほど二人の論説は呼応している。

文字は、神話と歴史との接点に立つ。文字は神話を背景とし、神話を承けついで、これを歴史の世界に定着させてゆくという役割をになうものであった。したがって、原始の文字は、神のことばであり、神とともにあることばを、形態化し、現在化するために生まれたのである。もし、聖書の文をさらにつづけるとすれば、「次に文字があった。文字は神とともにあり、文字は神であった」ということができよう。(『漢字』)

ここで白川静が「聖書の文」というのは、先に引いた「ヨハネによる福音書」冒頭の一節「太始にコトバがあった。コトバは神のもとにあった。というより、コトバは神であったのだ」（井筒訳）のことである。白川は文字、井筒が論じるのは言語で、論じる実体は異なるのではないか、という表層的差異に関する議論は、以下の井筒自身の言葉によって拒まれるだろう。以下の一文にある「言語アラヤ識」、「種子」など井筒が用いる独自な術語が意味するところは、当面の問題ではない。感じていただきたいのは、井筒の「コトバ」の世界に、文字学が包含されているどころか、その最重要の問題としてとらえられていることである。

それは、本論で私が「言語アラヤ識」という名の下に問題にしてきた深層意識領域内での意味「種子」の本源的なイマージュ喚起作用を中心にする言語観であって、そのまま理論的に展開すれば、それは大規模な言語哲学を生む可能性をもっている。我々が常識的に考える言語哲学、すなわち表層意識において理性が作り上げる言語哲学とは全然異質の、深層意識的言語哲学だ。空海の阿字真言、イスラームの文字神秘主義、同じくカッバーラー文字神秘主義など、典型的なケースは少くない。（『意識と本質』）

この一文は井筒俊彦の哲学的マニフェストだと言ってよい。「表層意識において理性が作り上げる言語哲学とは全然異質の、深層意識的言語哲学」の構築、それが井筒の悲願だったのである。

井筒と白川の間に見るべきは言語観の一致だけではない。むしろ、両者の「神」経験の実相である。「文字は神であった」以上、それを論じる学問が、神秘学、すなわち高次の神学になることは白川には当然の帰結だった。井筒俊彦にとってもまた同じである。言語学――「コトバ」の学――に井筒俊彦が発見していたのも、現代の「神」学に他ならない。

𠙵（さい）の文字を発見して、白川静の漢字学は独自の発展を遂げた。この文字こそ、白川漢字学における「阿字」すなわち原言語だといってよい。𠙵は口ではない。神に盟誓を捧げる祝詞や盟書を入れる器を指し、その字を含むものは「神に祈り、神の声を聞きうるものを示すのが原義であった」（『漢字』）。漢字学の根底を揺さぶるこの発見を世間が知るのは、一九七〇年『漢字』の刊行においてだが、彼が人知れず発表したのはずっと以前である。一九五五年の論文「載釈史」で初めて彼はその論を展開した。それは、井筒俊彦が人知れず *Language and Magic* を書いていた時期と符合する。

井筒は、ヴァイスゲルバーとサピア＝ウォーフが、何の直接的な交わりもないにもかかわらず、ほぼ同じ時期に高次な同質の思想を構築していたことに驚き、共鳴する思想が共時的に誕生することに強く反応している。同じことは、彼自身と白川静にも言えるのである。*Language and Magic* を白川静が読んだ可能性は低い。しかし、彼がこの書を手にしたなら、言葉の秘儀を英語で論じる同時代人に、少なからず驚いただろう。

和歌の意味論

慶應義塾大学退職を控えた時期、池田彌三郎は谷川健一と三日間にわたって対話を行った。それは後に対談集『柳田國男と折口信夫』となる。

この本は池田にとって、学者としての遍歴を回顧するに留まらず、人生を考える意味で特別な書籍だったようで、その校正をしていると「柳田折口両先生と対座しているような気持ち」になったという。また自ずと同級生だった家永三郎や井筒俊彦を思い出し、今、「ことに井筒の文章の示唆するところによって、もっと考えを深めなければならないと思っている」（「井筒俊彦君との交際」）と彼は書いている。

「井筒の文章」とは何を指すのか定かではないが、「井筒俊彦君との交際」を収める『手紙のたのしみ』が刊行されたのは一九八一年、「意識と本質」は『思想』に連載中だった。池田は『意識と本質』で井筒が古今集、新古今集の和歌に触れたところを指しているのかもしれない。『柳田國男と折口信夫』に池田が井筒に言及している個所がある。

慶応に井筒俊彦という男がいて、イスラム研究の世界的権威ですが、僕は彼に共同で「万葉集なら万葉集の歌に色を塗ってみないか」と言われているんです。たとえば「あかねさす」なんてところには茜色を塗って……。外国の文学研究の方法にはあるそうですね。小説に色が出てくると、そこにその色を塗ってみる。それで作家の色彩感や好悪感がでてくる、というんです。彼はすぐ外国に行っちゃうんで実際にはやっていませんが、いままでに盲点になっている部分ですね。

この言葉が発せられた二年後、一九八三年に池田彌三郎は他界する。研究はついに行われることはなかった。和歌に色を塗る目的は、古代人の色彩感覚や鮮やかな文化風土を知るためではおそらく、ない。色を塗布することで、色ならぬものを、白川静のいう「ことばの意味する実体そのもの」を浮かび上がらせたかったのではなかったか。

「Aは黒、Eは白、Iは赤、Uは緑、Oは青」、有名なアルチュール・ランボーの詩「母音」の一節である。ボードレールが「万物照応」で歌っているように、詩人たちは言葉や匂いに色を感じていた。五感は通常、それぞれの領域を保持しつつ、働く。色は眼、香りは鼻、音は耳。しかし、あるとき、ある人々にとっては、日常的に複数の感覚が融通する。たとえば、言葉に色、音に香りを感じるなど五感が融入的に働き、感覚されることがある。こうした現象を「共感覚」という。以下に引くマラルメの「青い孤独」も共感覚的世界を表現している。訳は西脇順三郎である。

ヤシの木だ！　夜明はこの残骸を
素気なく微笑むその父に見せた時
不毛の青い孤独が振動した。（「詩の贈物」）

通常「孤独」に色は認められない。もう一つ。以下の「青い香り」、原語はl'encens bleuである。私たちが香りに色を見ることは、通常ない。

また君は百合のすすり泣く白さを作った、
それは、蒼白い地平線の青い香りを越えて
白さがかすする溜息の海の上をころがり
泣く月に向って夢のように昇って行く。（「花」）

同様の例は日本の和歌、芭蕉にもある。万人がランボーやマラルメのように感じるのではない。リストは音に色を見ていたというが、作曲家たちが皆、同じ経験をしているわけではない。しかし、誘惑を「甘い言葉」、奇声を「黄色い声」、あるいは気持が塞ぎ込むことを「ブルーになる」という表現は私たちも日常的に用いている。あるいは、暖色、温色、寒色、冷色などという熟語もある。

嬰児を「みどりご」と呼ぶように、共感覚は私たちの生活に奥深く根づいている。

時代、国を問わず、さまざまな文化現象において、共感覚は当然のように歴史に存在している。飛鳥時代、冠位十二階にはそれぞれ色が随伴した。古代中国の存在原理、陰陽五行にも色がある。聖なる色を持つ宗教は少なくない。国旗では、さまざまな美徳や倫理、伝統が色で表現されている。たとえば「自由」を意味していても、国旗によって色が違うのは、英語と日本語といった言語差異があるのと同じく、「色」という「言語」が異なるからである。花言葉という現象もまた、同じ背景から生まれたのかもしれない。

ウォーフが、共感覚について興味深い言葉を残している。「おそらく、はじまりは共感覚〔的経験〕から比喩が生まれたのであって、その逆ではない」（"Habitual thought and behavior to language"）。共感覚の淵源は、現象界の奥深くに潜んでいる。共感覚的言語があるのは、比喩表現の発達に由来するのではなく、事象の実在が、そもそも共感覚的なのではないかというのである。

共感覚者を非日常的存在として論じることは、本論の関心からは遠い。ルドルフ・シュタイナーは、五感に加え、熱感覚、運動、平衡、生命、言語、思考、自我の七つの感覚を加え、感覚を十二に分けた。五感的世界観に基づいて共感覚者とそれ以外の人々の差異を論じても、シュタイナーの指摘を越える新しい地平が見えてくるとも思えない。奇異な現象に真実は少なく、常識的な出来事に神秘が顕現するというのは、ほとんど公理に近い。むしろ、論究すべき主題は、私たちが日々、意識することなく、共感覚的に生きているという現実、「コトバ」が複数の感覚を包含しつつ現れ、認識され、表現されているという事実にある。
不可視とされる事象に遭遇したとき、私たちはそれを目視できなくても、「見た」かのように感じることがある。たいていの人に同様の経験があるのではないだろうか。見るという素朴な営みにおいても、人間は何かを目視する以上の営みを日々、行っている。
いち早く日本古典文学における共感覚に着目し、論考「『見ゆ』の世界」を書いたのは佐竹昭広である。佐竹は一九五五年、京都大学で行われた井筒の集中講義「一般意味論」を聴講している。二人が出会うのは井筒が岩波市民セミナーで「コーランを読む」を行ったときである。このとき井筒はまだ、佐竹が何を研究しているかを知らなかった。しかし、佐竹の研究を知るに及んで交流は急速に深化する。佐竹の『民話の思想』が文庫化されるに際し、井筒は「意味論序説――『民話の思想』の解説をかねて」と題した文章を寄せた。自著を除いて、彼が文庫本の解説を書いた例は他にない。一読すれば、彼が後進の意味論者に大きな信頼と期待を寄せていたことが分かる。

ギリシャ人は真の実在をイデアと名づけたが、イデアは、まず第一に、見られる物、直観の対象としての「かたち」であった。古代語「見ゆ」の背後にも、存在を視覚によって把捉した古代的思考がなお強力に働いていたと認められる。（「『見ゆ』の世界」）

「見ゆ」とは、肉眼を通じた機能的営みであるだけでなく、感覚統合的な営為だったことに佐竹は注意を促す。他の論考でも、佐竹はしばしば共感覚を論じた。佐竹が万葉における「見ゆ」の世界を論じたように、井筒は新古今における「眺め」を通路に現象界の彼方を論じたことがある。「新古今が好きで、古今新古今の思想的構造の意味論的研究を専門にやろうと思ったことさえある」と井筒が言ったのは、司馬遼太郎との対談「二十世紀末の闇と光」においてである。和歌における意味論的研究を本気で考えた時期とは、おそらく「言語学概論」の講義から *Language and Magic* が書かれるまでの間だと思われる。井筒が「すぐ外国に行っ」た、と先の池田の言葉にあるから、二人が共同研究を模索したのも同じ時期だったのかもしれない。彼が初めて、海外に出たのは一九五九年のことである。

「思想的構造」あるいは「哲学的」と彼が断るように、井筒俊彦がいう意味論は、言語学の領域に限定されない。言語学は通常、事物を軸に、それを呼ぶ言葉、そして言葉の意味へと論を進める。しかし、井筒俊彦の意味論は遡源的に進む。すなわち、「コトバ」→意味→言葉→事象へと展開する。「コトバ」は意味へと自己を分節し、意味は言語を招き寄せ、エネルゲイアとしての言語はエルゴンとしての事象を喚起する。井筒にとっての言語哲学とは、言葉に「意味」を探るというよりも、「意味」に「存在」へと回帰する道を見つける営みである。私たちは万葉の歌を前に、意味の知的理解の以前に心動かされる。それは表層意識とは別な「意識」が、始原的境域から吹く「存在」の風を看取しているのである。

和歌の意味論的研究が著作にまとめられなかったのは残念だが、『意識と本質』には、その一端を思わせる論述がある。佐竹も指摘するように万葉の時代でイデア的観照を示した「見ゆ」という言葉は、古今集の時代になると姿を消してしまう。それは単なる言葉の流行といった問題ではない。世界認識の土台を揺るがすような変貌、井筒の言葉を借りれば「存在」への接近と対峙において大きな変革が起こったことが暗示されている。

古今の時代、「眺め」は、折口信夫が論じる通り、春の長雨のとき、「男女間のもの忌につながる淡い性欲的気分でのもの思い」を意味した。しかし、新古今集の世になると様相は劇的に変化する。現象界の彼方を「眺め」ようと試みる歌人たちが現れ、「眺め」とは情事を示す一語に留まらない、存在論的な「意味」を有するようになる。

「眺め」とは、「『新古今』的幽玄追求の雰囲気のさなかで完全に展開しきった」とき、「事物の『本質』的規定性を朦朧化して、そこに現成する茫漠たる情趣空間のなかに存在の深みを感得しようとする意識主体的態度」(『意識と本質』)を示す。「眺め」ることが即、「存在」との応答、「一種独得な存在体験、世界にたいする意識の一種独特な関わり」となる。

ここでいう「本質」とは、ある事象がそれであることを決定される働きのことである。たとえば月であれば、月が月として存在する根柢的性質である。「眺め」とはそれを突破する営みだったというのである。月を「眺め」るとは、単に月を視界に入れることではなく、月を入口に、月が現象しているこの次元、現象界の彼方を「見る」ことだった。

和歌における「見る」働きに、実存的ともいえる特別な意思を込めて論じたのが、白川静だった。

新古今あるいは万葉にある、「眺め」、「見ゆ」という視覚的営為に、二人が共に日本人の根源的態度を認識しているのは興味深い。この符合は単なる学術的帰結であるよりも、実存的経験の一致に由来するのだろう。

井筒俊彦が根本問題を論じるときはいつも、実存的経験が先行する。むしろ、それだけを真に論究すべき問題としたところに、彼の特性がある。プラトンを論じ、「イデア論は必ずイデア体験によって先立たれなければならない」（『神秘哲学』）という言葉は、そのまま彼自身の信条を表現していると見てよい。

以下に引くのは白川の『初期万葉論』の一節である。

> 前期万葉の時代は、なお古代的な自然観の支配する時期であり、人びとの意識は自然と融即的な関係のうちにあった。自然に対する態度や行為によって、自然との交渉をよび起こし、霊的に機能させることが可能であると考えられていたのである。〔中略〕
> 自然との交渉の最も直接的な方法は、それを対象として「見る」ことであった。前期万葉の歌に多くみられる「見る」は、まさにそのような意味をもつ行為である。

「『見る』ことの呪歌的性格は『見れど飽かぬ』という表現によっていっそう強められる」とも白川は書いている。「見る」という行為は、世界と「霊的」に交わる原初的な営みだというのである。

井筒、白川の二人が和歌、すなわち日本の詩の源泉に発見したのは、芸術的表現の極ではなく、「日本的霊性」の顕現だった。白川静によれば、「霊」の文字は雨乞いをする巫女を象《かたど》ったといわれる。また、神霊の降下を意味し、次第に神霊そのものを表し、のちには神霊にまつわることすべてを含有するようになったという。「霊」とは、死者の霊魂をいう「心霊」とは全く関係がない。ここでいう「霊」は絶対的実在の異名、超越者の働きを意味する。

文字に白川が何を読み込んだかを論じるのが漢字学だろうが、私の関心はむしろ、彼がなぜ、そう読むことができたのかという点にある。井筒の場合も同じである。彼がどう読んだかを論じることも重要だが、彼がなぜ、ある対象に出会い、それを「読む」ことができたかということが本論の命題なのである。すなわち井筒が「眺め」をどう解釈したかではなく、なぜ彼は「眺め」の真意を「読む」ことができたのかという問題である。

白川は文字を「見る」ことから始めた。文字の前に佇み、何ごとかが動き出すまで、離れない。次に彼が行ったのは、ひたすらにそれを書き写すことである。すると文字は自らを語り始めると白川は考えた。井筒もまた、同じ姿勢で、テクストに対峙したのではなかったか。私はここに井筒の父親の影響を認めずにはいられない。先にも触れたように、井筒が父親から受けた最も根源的な影響は「読む」ことだったと思う。学問とは知識の獲得ではなく、叡知の顕現を準備することであるという態度において井筒俊彦と白川静は高次の一致を現出している。

井筒の妻豊子が書いた「言語フィールドとしての和歌」、「意識フィールドとしての和歌」、「自然曼荼羅」の三つの論考は、日本古典文学における言語哲学的意味論という、実現されなかった夫俊彦の仕事の展開を類推させる論拠となっている。

一読するだけで、二人の間に「哲学的意味論」をめぐる深い意見交換があったことが分かる。また、術語の理解と文体の接近からも、豊子が夫のもっとも良き読者だったことが伝ってくる。以下に引くのは「自然曼荼羅」の一節である。この論考は、井筒が監修した『岩波講座　東洋思想』に収められている。

> 単一ではなく既に複合的な形で摂取されているところの外来の思想体系を、やまとことばの意味組織の固有性・特殊性の構造的自覚において、みずからの固有の意味地平内で、さらに独自に創造的に展開しようとしたその思想的営為、こそが即ちやまとことばの歌論、そして和歌それ自体、に他ならない、と考えることができる。

特徴的な句読点は、豊子の思考過程を如実に表現している。

「単一ではなく既に複合的な形で摂取されているところの外来の思想体系」とは、儒教、道教、仏教だけでなく、空海による密教伝来の背後にあっておそらく日本に流入していただろうネオ・プラトニズムあるいは中国経由のキリスト教である景教（ネストリウス派）を含む、渡来の思想を意味していると思われる。空海が当時文明文化の交差点だった長安で、景教あるいは新プラトン主義に接近していた可能性があると信じていたのは俊彦である。豊子は、そうした外からの影響に対し、和歌は日本人が試みた霊性的独立の宣言だった、それは美と感動、あるいは法悦の世界の出来事に留まらない、思想的黎明を告げ知らせてもいると言うのである。

もう一つ、井筒の和歌論を類推する糸口として、風巻景次郎について触れておきたい。井筒は風巻の業績を評価していた。正岡子規以降、万葉集の評価に比べ、古今集あるいはそれに続く和歌集は応分の位置を与えられていなかった。古今集以降の和歌において、倭詩の決定的な変貌を論じ、中世に流れる「幽玄」を蘇らせたのが風巻景次郎の『中世の文学伝統』だった。

初版が刊行されたのは一九四〇年、戦後一九四七年に復刊する。井筒が読んだのはおそらく古今、新古今集に向き合っていた頃だろう。「日本文学史の決定的に重要な一時期、『中世』、への斬新なアプローチを通じて、文学だけでなく、より広く、日本精神史の思想的理解のために新しい地平を拓く」、井筒俊彦が七十三歳のときに書いた『中世の文学伝統』評である。その影響は半生を貫いたのである。

ある時期まで、風巻は和歌を作った。しかし「私は今一首のよい歌を作ろうとする欲求のほかに、日本の文化の歴史をはっきりと知ることの欲求が生れていることを感じている」と言い、学問に身を投じた。

和歌は倫理と道徳あるいはまた、宗教の世界に収まり切らない、魂の現実が言葉を通じて直接自らを表現したものだと風巻は信じた。千載集における幽玄の復活を論じ、彼は「和歌がこのようにして、蘇生したのであるが、同時にそれは自覚的な伝統の樹立であった」と書く。風巻にとって「伝統」とは、「失わんとするが故に、改めて愛することを強いられた心に樹《た》てられる」何ものかである。伝統は継承者を選ぶ生命体である。問うべきは個性の表現にではなく、真実の顕現にあると彼は考えている。

『神秘哲学』を書き上げていた当時の井筒は『中世の文学伝統』における伝統の秘儀を読みながら、哲学においてもまた、と内心で言葉を続けたかもしれない。

第七章　天界の翻訳者

コーランの翻訳

コーランの翻訳はあり得ない。アラビア語で表されたものだけがコーランである。翻訳されたものは、すでに聖典コーランではない。もちろん井筒はその掟を熟知している。「『コーラン』はアラビア語原文でこそ、聖典である。外国語に訳された『コーラン』はすでに聖典ではなく、一個の俗書であり、原文の一種の極めて初歩的な註釈であるにすぎない」（「改訳『コーラン』後記」）と書きつつ、なお、彼はそれを翻訳した。アラビア語を選んだのは「神」である。それを人間の都合で変えることはできない。

コーランはムハンマドによって著された書物ではない。元来人間によって「書かれた」ものではない。発言者は「神」である。「神」がムハンマドを通じて自らを語った。預言者は「神」が現実界に登場するときの通路でしかない。

二十年以上の歳月にわたって語られた「神」の言葉は、ムハンマドの生前は記憶され、ときにはヤシの葉、なめし皮、動物の骨などに刻まれた。コーランは第三代カリフであるウスマーンの時代に完成したことから「ウスマーン本」と呼ばれる。全体が百十四の「スーラ（章）」に分けられ、古いものが後半に、新しいものが前半にという風に、おおむね時代をさかのぼるように編まれている。神はまず語り、それを記録した人間の営みを承認し、聖典コーランが生まれた。

近年は、原語の発音に近付けて「クルアーン」と表記されることも少なくないが、本論では井筒に従って「コーラン」と表記する。

井筒俊彦はコーランを二度翻訳している。晩年のインタヴューで、最初の翻訳は一九五一年の『露西亜文学』刊行後から始め、一九五八年に終えたと発言している。それは、後期「言語学概論」の講義の開始から、*Language and Magic* を経て、『意味の構造』の原著である *The Structure of the Ethical Terms in the Koran: A Study in Semantics*（以下 *Ethical Terms in the Koran*）執筆の時期と重なる（刊行は一九五九年）。新訳は一九六一年十一月に着手され、一九六三年十二月に完結している。

新旧の訳書を比較して読む者が決して多くないだろうことは、訳者にも分かっていただろう。しかし、新訳の後記から伝わってくるのは、でき得れば、読者に訂正、補筆を見るところに留まってほしくないという訳者の強い思いである。「この改訳は単に部分的な改竄ではなく、想を新たにして全部訳し直したものである」(『コーラン』改訳の序)と訳者本人が言うように、改訳ではなく、新訳と呼ぶべきなのだろう。

新旧の訳の間に、井筒は、初めての海外への研究留学を経験している。資金を提供したのはロックフェラー財団である。*Language and Magic* が評価され、彼は二年間に、アラブ諸国とエジプトのカイロ、ドイツ、フランス、カナダ、アメリカを訪れている。カイロでイスラーム学の研究者と直接対話したことが、彼にとって新訳着手の決定的な契機になった。また、ドイツを訪れた際、彼は先に触れたレオ・ヴァイスゲルバーに会い、彼の前で研究発表を行っている。

コーランのような大部の聖典を、このような短期間に二度訳すには、きわめて強い動機が必要である。「一番大切な問題である文体」はもちろん「語句の解釈も多く改めた」と井筒は書いている。そこにはコーランにおける言語次元の認識という問題が背景に横たわっている。

『コーランを読む』は、岩波市民セミナーで行われた十回にわたるコーラン読解の記録である。この著作はコーラン入門としてはもとより、井筒哲学の基礎的構造が論じられた「井筒俊彦入門」としての役割を持っている。また、コーランを一級の詩的文学だとすれば、井筒はその誕生の現場を解き明かしているのである。この著作は文学者の関心を呼ばずにはいなかった。遠藤周作が動かされたことはすでに見た。二十年以上前になる。私が学生時代、詩人吉増剛造が久保田万太郎記念講座「詩学」でこの著作をテクストに講義を行っていた。講義の内容は忘れてしまったが、吉増が、この著作を発見した驚きと喜びを熱く語っていたことはよく覚えている。

この著作で井筒はコーランにおける三つの「表現レベル」、すなわち言語レベルに言及している。彼がいう位相は以下の三つ。

一　realistic〔「現実的」レベル〕

二　imaginal〔「想像的」レベル〕

三　narrative あるいは legendary〔「超歴史的」レベル〕

「表現レベル」というと穏やかだが、単なるレトリック的事項ではなく、それはコーランが顕示する世界の存在次元そのものを意味している。コーランには形而下、形而上、伝説的次元が入り乱れている。形而上の世界で発せられた「神」のコトバは、そのレベルの現実として把捉しなければ、コーランに秘められた真意に近づくことはできない。

日々私たちが暮らす次元が「現実的」次元である。「想像的」と訳した「イマジナル（imaginal）」な次元とは、たとえば超越的事実が神話に姿を変えて現れる「場所」。アンリ・コルバンがいう creative imagination（imagination créatrice）が生起する次元である。根源的イマージュ、深層意識的イマージュの意識次元、あるいは巫者的次元、シャマンの存在世界でもある。

narrative または legendary な次元を、「超歴史的」と表現したのは井筒である。これは上記二者の中間に位置する。「メタ・ヒストリー（meta-history）」な次元でもあると井筒は書いている。出来事は歴史的に起こっている。しかし、それは歴史を超えた次元にも刻まれ、時代を超えて現在的出来事として継続的に生起する。たとえば、イスラームのシーア派イマーム、真言宗の空海、あるいは天理教の教祖中山みきは、信仰者にとっては生理的な「死」の後も生存を続けている実在である。それは隠喩的表現ではない。まさに現実界と「想像」界の間にある信仰的事実に他ならない。「イマジナル（imaginal）」な次元が巫覡的世界だったのに対し、ここは神官的、祭司が司る物語的次元であると井筒は言う。

また、この次元の文化背景を形成しているのは、オアシスに定住し、農業に従事し、神殿を中心とした宗教生活を営むメソポタミアの流れを汲む伝統だという。メソポタミアには、シュメール、アッカド、バビロニア、アッシリア、さらにエジプト文明までも含まれることになる。コーランには、砂漠に生きる放浪の民ベドウィンの精神性あるいはアブラハムの宗教であるユダヤ・キリスト教以外の伝統も流入していると井筒は指摘する。

三つの次元は密接に絡み合っている。超越的世界である想像界で生起したことは、現象となって現実的世界に生起する。逆もときには起こり得る。そこに介入できるのは「祈り」である。私たち人間は、想像界の「現実」を垣間見るために、「超歴史的」次元を通過しなくてはならない。しかし、そこで私たちは、現実界的概念の解体を迫られるのである。

Ethical Terms in the Koran は、旧訳完成後に初版が刊行され、新訳の完成後、一九六六年にも改訂されていることからも分かるように、この著作とコーラン翻訳は直接的に結びついている。むしろ、彼は翻訳の奥に秘めた学問的情熱を、ここで披瀝している。井筒はアラビア語で「不信仰」、信仰への背きを示す言葉 "kufr" の言語的内部構造（inner structure）の意味論を展開する。kufr には、忘恩という意味がある。また恩寵への背きという現況が含意されている。この言葉から派生した表現はコーランに頻出するのだが、その端的な一例が、コーラン第九十八章「神兆」の第一節である。

旧訳では「罰当《ばちあた》りの啓典の民（ユダヤ教徒、キリスト教徒）も、偶像崇拝《でく》のやからも」となっている。

新訳では「信仰に背いた啓典の民（ユダヤ教徒、キリスト教徒）も、多神教徒も」と改められる。

「罰当り」の改訳として用いられた「信仰に背いた」、あるいは「信仰なき」という表現には「信仰」が与えられたもの、すなわち恩寵であるという認識が刻まれている。信仰の創造は、人間になしえない神の業であるという告白が込められている。人間は神を信じるかどうかを自分で決めていると思っているが、人間に選ぶことはできない。選びを許しているのも「神」である。「罰当り」という表現が、新訳から消えたわけではない。しかし、単にそういうだけでは、原初に「神」が惜しみなく万民に「信仰」を与えた、という真実は伝えきれていない、と井筒は考えたのである。

言葉には意味がある。誰もそれを否定しない。しかし、言葉には「意味の深み」がある、それは表層的語意とは別な次元に存在するといったら、どうだろう。「意味の深み」における「読み」の追究、それがコーランの新訳に彼を駆り立てたもう一つの実存的な理由だった。先にも引いたこの当時の彼の内心を表す言葉を思い出したい。『意味』という現象を、いかにも自明の常識的事実として、こともなげに取り扱っていることに、私は不満だった」(『意味の深みへ』あとがき)。コーランの翻訳で彼が試みたのは、野心的なといってよい「哲学的意味論」の実践だったのである。

コーラン翻訳の変遷を見るとき、『マホメット』を看過することはできない。小著だがコーランの聖句はいくつも引かれている。以下に見るのは、その一つ、第一一二章「浄化」である。これを新旧二つのコーラン訳と比べてみたい。『マホメット』は一九五二年、彼が本格的にコーラン翻訳に着手した頃に書かれた。『コーラン』の後半にあるこの章を彼が再び訳すのは、五年程度後のことである。

説け、アッラーは唯一神
永遠の神
子もなく父もなく
また双《なら》ぶべきもの一つだになし。

このとき彼は、コーランを、特に初期の啓示を「詩」として読んでいる。この作品を開けば容易に、さらに長く、文語体で訳された聖句に出会うだろう。先と同じ一節を『コーラン』初訳から引いてみる。小さな変化だが、様子は一変する。コーランはすでに流麗な詩歌ではない。圧倒的な力を従えて、否応なく現世に介入する神託となる。

告げよ、「これぞ、アッラー、唯一なる神、
永劫不滅のアッラーぞ
子もなく親もなく、
ならぶ者なき御神ぞ。」

かつて「浄化」と訳されていた章の題名も「信仰ただひと筋」と改められている。他の翻訳では「純正」と訳されている。そちらの方が原語的には近い。原語は Al-Ikhlas である。井筒はそれを知りながら、あえて「信仰ただひと筋」と訳している。そこには単なる「純正」を超えた、信仰を与える超越者とそれを甘受する信仰者が共存していると「読む」、彼の意味論的解釈が含まれている。「ならぶ者なき御神ぞ」という巫者の言葉を思わせる独自の文体は、井筒のコーラン訳を貫いている。彼はここで、神言降下、すなわち啓示を今に蘇らせようとしている。

無道時代《ジャーヒリーヤ》といわれる前イスラームの時代では、カーヒンと呼ばれる巫者が、現実界と異界をつなぐ仲介者として絶大な力を有していた。井筒は旧約聖書の預言者アモスを例に「突然、何者か見え

ざる精霊的な力にとり抑えられ、自分の意識を失って自分ならざる『何者か』の言葉を語り出す」（改訳『コーラン』解説）とカーヒンを説明している。カーヒンの言葉は日常的な言語を通じては表現されない。それは「サジュー」調あるいは「サジュー」体という独特な発話形態となる。それは、不可視な世界、不可触な次元から降下する言葉である。

「同音あるいは類似音の脚韻的反覆を特徴とし」、そのリズムは太鼓の音色のような不思議な響きをもたらし、聴く者は「自己陶酔的な興奮状態に引き込まれる」（『コーランを読む』）と井筒は書いている。サジュー調はコーラン全編を貫いている。井筒はこのサジューの言葉を、今、発せられたコトバとして蘇らせようとしている。古く千四百年ほど以前にムハンマドに降下したという歴史的事実から、言葉を再び今に解き放とうとしている。さらに新訳では、文体ではなく重要な一語に変化が現れる。

告げよ、「これぞ、アッラー、唯一なる神、
もろ人の依りまつるアッラーぞ。
子もなく親もなく、
ならぶ者なき御神ぞ。」

二節目に当たる「永劫不滅の」が「もろ人の依りまつる」に改められている。原語は Allāhu assamad'、大川周明は「所依者」と訳し「一切が之に依存する者の意味」という訳注をつけている。井筒が大川を踏襲したのではない。初めて翻訳したとき、すでに大川訳はあった。

先に触れたイスラーム圏への「留学」で井筒は、イスラームの日常を経験し、生きたコーランに出会う。コーランは読まれるものではなく、誦《よ》まれるもの。人間の証言でなく、啓示された神のコトバ。この旅で彼はそれを体感した。また、聖典の一語をめぐってかつて多くの哲人たちが文字通り命を懸けた伝統にも、直接触れたのである。

『コーラン』の一字一句が神《アッラー》自らの言葉であるからには、それの唯一の正しい意味を解釈し、それを通じて神の意の奈辺にあるかを探り出すことは、信徒たるものの神聖な義務とされたのである。学者は一字一句の解釈に自己の生死を賭した。ある一字、ある一句の解釈の仕方いかんによって、容易に生命を喪うことがあり得たからである。(「改訳『コーラン』後記」)

Allahus-samad の一語の解釈もまた、先の言葉通りの重みを持った。「永劫不滅」が一者の悠久不変な実在を意味しているのに対し、「もろ人の依りまつる」の一語には、存在の始原であり、救済者でもある「神」の人格的姿が濃厚に表現されている。

井筒俊彦の後、いくつかコーランの翻訳が出たが、彼のようにサジュー体を強く意識した翻訳はない。井筒の翻訳がサジュー調をどれほど日本語に移し替えることに成功しているのか、日本語に現れたサジューと並べてみる。出来事は百七十年ほど前、大和国山辺郡庄屋敷村で起こった。

万代《よろづよ》の世界《せかい》一列見《れつみ》はらせど　旨《むね》の分《わ》かりた者《もの》はない
そのはずや　説《と》いて聞《き》かしたことハない　知《し》らぬが無理《むり》でハないわいな
この度《たび》は神《かみ》が表《おもて》へ現《あらハ》れて　何《なに》か委細《いさい》を説《と》き聞《ヽ》かす
この所《ところ》　大和《やまと》の地場《ぢば》の神《かみ》がたと　言《い》うていれども元知《もとし》らぬ
この元《もと》を詳《くわし》く聞《き》いたことならバ　如何《いか》な者《もの》でも恋《こい》しなる
聞《きヽ》たくバ　尋《たづ》ね来《く》るなら言《い》うて聞《き》かす　万委細《よろずいさい》の元《もと》なるを

（校注　村上重良）

天理教の聖典『みかぐらうた』の最初にある、初期に現れた神のコトバである。先に天理教とイスラームの構造的近似に触れたが、なかでも聖典顕現に見る高次の符合には驚かされる。天理教といえば教祖中山みきが書いた『おふでさき』がよく知られているが、誕生は語られたコトバである『みかぐらうた』の方が時間的には早い。天理教においても「神のコトバ」は書かれた言葉、エクリチュールではなく、異界とこの世界をつなぐ発話のコトバ、サジューとして現れた。『みかぐらうた』を読んでみると、その律動は井筒の『コーラン』を想い起こさせる。井筒がコーランを訳す際に、天理教の聖典を参考にしたというのではない。当時、井筒がそれを読んでいないことは澤井義次が本人に確かめている。井筒が天理教に関心を示したのは、イランから帰国して以降である。以下に引くのは諸井慶徳のコーラン訳である。彼が稀代の宗教哲学者でありイスラームの読解者、一個の天理教の信仰者でもあったことはすでに見た。第八十一章十五節から二十三節である。

そして実に、私は傾く星にかけて、流れる星にかけて、隠れる星にかけて、はた又闇に去り行く夜にかけて、又輝き初むる曙にかけてここに誓う。実に正しくそれこそは高貴なる使者の言葉であり、厳然たる王座の主の傍なる力あるものの言葉であり、服従せられるべきものの、そして又信頼せられるべきものの言葉である。そして汝等の伴侶は憑かれたものではない。そして、実に確かに彼は明瞭な地平に於て彼を見た。(諸井慶徳訳)

「汝等の伴侶は憑かれたものではない」との一節は、預言者ムハンマドと巫者カーヒンの差異を明示している。ムハンマドを通じて語るのは「神」だが、カーヒンの口を借りて語るのは必ずしも超越者ではない。この違いを学問的にも峻別したのが諸井慶徳だった。天理教の信仰者である諸井には、教祖中山みきも、単なる巫覡ではあり得ないのは、改めて確認するまでもない。同じ個所を井筒訳で読んでみる。

誓おう。沈み行く星々にかけて、

走りつゝ、塒《ねぐら》に還《かえ》る星々にかけて、
駸々《しんく》と迫《せま》る宵闇《よいやみ》にかけて、
明けそめる暁の光にかけて、
げに、これぞ貴《とうと》き使徒の言葉。力もたけく、玉座の主《ぬし》（アッラー）の御前《みまえ》に座を占めた、万人の
従うべく、かつ頼るべき使徒の（言葉）ぞ。

これ、お前がたの仲間（マホメットを指す）は決してもの憑《つ》きなどではない〔中略〕。
たしかに、ありくと地平の彼方《かなた》のお姿を彼は拝したのじゃ

他の翻訳と比較してみても、文献学的には、諸井慶徳の訳文の方が精確だと思われる。彼の荘重な訳文もまた美しい。しかし、井筒の訳からは彼がサジュー体を全身で、かつ律動的に感じていたことがはっきり分かる。井筒にとって翻訳とは、語意を母語に移し替えることであるよりも、「読み」の経験を通じた、非時間的現実を時間的現在に喚起することに他ならなかったのである。

「構造」と構造主義

一九六二年、コーランの新訳が進行している頃である。京都大学が井筒俊彦を正式に招こうと動いたことがあった。推進したのは言語学者泉井久之助である。『フンボルト』の作者である泉井は*Language and Magic*にフンボルト派に接近する気鋭の存在を発見したのかもしれない。以下に引くのは泉井の言葉である。「ゲーテは植物の形態を説いて、その種々な形態の下には一の原型として原植物が考えられるといった。言語に関してもこの意味において一の『原言語《ウアプフランツェ》』というものが考えられないことはない、われわれはあらゆる言語を理解すべき鍵をみずからのなかに持っているともいえる」(『一般言語学と史的言語学』)。泉井が指摘しているのは「メタ言語」の可能性である。彼もまた、言語の底に言葉を超える「コトバ」を見た人物だった。

一九五五年、井筒が意味論の集中講義を京都大学で行ったことは先に見た。井筒本人は、京都へ行くことも真剣に考えたようだが、慶應義塾大学が強く反対した。本人ではなく、松本信廣が京都大学へ正式に断りに行くという経過を経て、この一件はなかったことになる。松本は井筒の異能をもっとも早く、的確に看破した一人だった。彼の支援がなければ学者としての井筒俊彦の道程は随分と変わっていただろう。井筒の初期の英文著作の謝辞には、必ずといってよいほど松本の名前がある。慶應義塾大学に入学しても、西脇順三郎、折口信夫、奥野信太郎の他に傾聴に値する講義はほとんどなかったといった井筒も、松本信廣の東洋学は受講した。

フランスに渡って松本がパリ大学で博士号を取得し、帰国したのは一九二八年、三十一歳のときである。柳田國男、折口信夫にも学んだ松本は、日本民俗学の視座を東洋の領域に広げ、神話論を組み入れた独自の東洋学の構築を試みた。京都大学の一件の後、松本の進言で慶應義塾大学は、ほとんど機能していなかった語学研究所を改組し、「慶應義塾大学言語文化研究所」を発足させ、その担当教授として井筒を任命、彼を大学人としてのさまざまな義務から解放し、研究に専念できる環境を整えた。初代所長は松本信廣。研究所専任教授は井筒俊彦と古代インド哲学の辻直四郎のみという小さな世帯だった。松本は井筒の海外での活動に関しても理解者であり推進者でもあった。井筒は研究所開設の年、マギル大学へ客員教授として赴任することになる。大学側は、京都へ行かない代わりに、しばらくカナダへ行かせたと思っていた。しかし、再び彼が慶應義塾大学の教壇に立つことはなかったのである。

「とにかく止むに止まれぬ実存的衝迫のようなものに突き動かされていた」(「道程」)と当時を振り返って井筒は書いている。彼が博士号を取得したのは、意外と遅く、ロックフェラー財団の奨学金での海外留学の際、一九五九年である。井筒にはいわゆる「博士論文」はない。博士号がないと、海外での学者生活に不自由をきたすだろうと、松本が *Language and Magic* とコーランの翻訳を業績として申請した。

当時、マギル大学はイスラーム研究の「メッカ」だった。イラン人であるメフディ・ムハッキクを知ったのもマギル大学においてだった。年齢は井筒が十六歳年長だが、彼はこの若い同僚に敬意を抱いていた。後年のインタヴューで井筒は、ムハキックとの邂逅をもって人生が新しい段階に入ったと発言している。

二人はイブン・アラビー、モッラー・サドラーのイスラーム神秘哲学の正統的継承者サブザワーリーの共同研究を行った。「サブザワーリーの形而上学思想の中心的テーマである essentia と existentia の関係を歴史的および構造論的に分析し、更に特に実存主義との関連に於いてその現代的意義を明らかにしようとした」(「コーラン翻訳後日談」)と井筒は書いている。*The Concept and Reality of Existence* に収められたサブザワーリー論 "The Fundamental Structure of Sabzawari's Metaphysics" がそれに当たる。

サブザワーリーは十九世紀イランに生まれたイスラームの神秘哲学者である。神知学者といった方がよいのかもしれない。「サブザワーリーの形而上学」を井筒はイスラームにおける神知を意味する「ヒクマット」(Hikmat)に依拠して Hikmat philosophy と記している。あるいは、theosophy, theo-sophia とも書いている。井筒が神秘思想あるいは神秘主義を表す mysticism という言葉ではなく、theosophy, theo-sophia あるいは Hikmat philosophy といった特別の術語を用いるところには、サブザワーリーに伝わる思想が、近代的な意味での思弁哲学ではなく、神秘家としての実存的経験に裏打ちされた営みであることが含意されている。

井筒が書いているように、Hikmat philosophy を theo-sophia あるいは theosophy と訳したのはアンリ・コルバンである。theo は「神」を表す接頭辞、theosophy は神知学、神の叡知とその体系という意味になる。しかし、今日では神知学という言葉も神秘主義と似て、用いるときにはいくつかの留保が必要だろう。私たちがよく目にするのはブラヴァツキー夫人やルドルフ・シュタイナーや若きクリシュナムルティと関係する「神智学」かもしれない。しかし、それとは別な系譜でイスラームはもちろん、キリスト教にはキリスト教神知学の伝統がある。ここで論じているのはイスラームの、それもサブザワーリーにおいて開花したイスラームの「神知学」である。

とはいえ、スフラワルディーにおいて顕著に表れるように、神知学の世界においては容易に「宗教」の枠を超え出てしまう。神知学の系譜を論じ、経験的深層の追究と哲学的探究両面において、先達としてスフラワルディーが挙げるのは、同じ信仰を持つイスラームの哲学者やスーフィーではなく、ピュタゴラスとプラトンである。

ここで井筒が論じた神知学の根源的特性は、人間と超越者の相即的関係である。そこでは組織的な共同体である「宗教」あるいは定立された戒律、神学、儀礼は必ずしも必要ではない。神知、すなわちグノーシスあるいはスフラワルディーがいう「照明」は直接的に現象界に介入する。神知の根源的経験にロゴス的構造を付与しつつ、顕現させることが使命であるという認識は、イスラーム神知学の伝統を貫いている。

かつてモッラー・サドラーが、コルバンや井筒が「再発掘」するまではほとんど忘れられていたように、サブザワーリーもまた、歴史の灰塵に隠れていた。井筒はこの人物の復活を強く企図しただろうが、同時にまた「精神的」類縁を発見したのだろう。「哲学」における根源的主語は超越的実在であり、人間は論理を展開するに過ぎないという認識において、井筒はまた神知学者的血脈を継承している。

先の一文で「実存主義」を代表する人物として、井筒が論じたのはサルトルとハイデガーである。ここでハイデガーを「実存主義」に含めるかどうかは論じない。井筒の意図は十九世紀イランのイスラーム・スコラ哲学者と二十世紀の実存主義者の比較研究にあるのではない。このときはまだ「共時的」という術語を用いていないが、実践されたのは実存哲学の「共時的構造化」である。時代と文化の差異を十分に踏まえつつも、特定の命題を今において論じる「共時的」態度は、このときからすでに定まり、*Sufism and Taoism*、『意識と本質』を準備した。

従来の哲学は存在者ばかりを論じ、「存在」を論じてこなかったというハイデガーの問題提起は、現代の思想界に鮮烈な衝撃を与えた。しかし東洋哲学へ、ことにイスラーム神秘哲学に視座を移せば、十三世紀のイブン・アラビー以降、歴代のイスラームの神秘哲学者たちは、ひたすらに「存在」を論じてきたのである。彼らにとって「存在」とは超越的実在、究極の一者に他ならない。それをイスラーム思想史上で明示した最初の巨人がイブン・アラビー、*Sufism and Taoism* で論究される中心人物の一人である。

井筒が、アンリ・コルバンの高弟、ヘルマン・ランドルトを知ったのもマギル大学においてだった。二人には「スーフィズムとミスティシズム」という対談が残っている。そこで井筒はランドルトにクロード・レヴィ゠ストロースの『野生の思考』を薦められたことが、構造主義を知るきっかけになったと発言している。

『意味の構造』の原著が英語で出版されたとき、井筒はまだ構造主義を知らない。しかし、*The Structure of the Ethical Terms in the Koran* という題名から分かるように、井筒はいわゆる「構造主義」的思潮を知る以前から、彼の哲学的経験が「構造」的だったことは注目してよい。

それは、論考中で井筒が図像的表現を多用したことにも表れている。命題表現の簡便化が図を用いる目的だったのではない。その点で井筒はきわめて優れた言語的表現者だった。ただ、彼にとっての「コトバ」が言語に限定されず、音、光、色、香りすらも包含する現象でもあったように、図もまた「コトバ」だったのである。それは『意識と本質』での曼荼羅論に明らかなように、彼は図像に意味を「読む」能力にも秀でていた。

構造主義という思潮が周知の出来事になるのは一九六〇年代だが、その誕生は一九四二年、ニューヨークの高等研究自由学院でのレヴィ゠ストロースとヤーコブソンの出会いにさかのぼる。ここで行われたヤーコブソンの言語学の講義にレヴィ゠ストロースは欠かさず出席した。講義録『音と意味についての六章』が刊行されたとき、レヴィ゠ストロースが序文を寄せている。「欠けていた基礎知識をヤーコブソンのもとで身につけようと決意していたが、彼の教えが実際にもたらしたのはまったく別のものだった。つまり、構造言語学の啓示〔révélation〕である」。

「啓示」という言葉でレヴィ＝ストロースが表現するのは抗いがたい力で現れる知の顕現である。「構造」という思想が、ヤーコブソンの周辺にあった言語学的フィールドから誕生した事実が示すように、言語学／言語哲学者としても特異な存在であった井筒俊彦が、遠く日本の地にあって、それを感受しても不思議ではない。先に、コーラン新訳の契機になった、ロックフェラー財団の奨学金による海外渡航に触れた。このとき *Language and Magic* を読み、それを評価したのはヤーコブソンだったのである。二人に面識はない。

一九六七年、英文主著 *A Comparative Study of the Key Philosophical Concepts in Sufism and Taoism*（以下 *Sufism and Taoism*）が完成した。この論考でいう Taoism は老子に始まり、今日まで脈々と続く道教の歴史を指しているのではない。井筒はこの古代中国神秘思想を老子、荘子そして詩人屈原に収斂させる。

Sufism ではさらに限定され、彼が論じたのはイブン・アラビー一人である。そればかりか、四百を超えるといわれるイブン・アラビーの著作から、彼が選んだのは『叡知の台座』一巻だった。もちろん内容は「スーフィズムと老荘思想における鍵概念の比較研究」に違わないが、むしろ題名はその一断面しか伝えていない。五百頁に迫るこの大部の著作で、二つの神秘思想の比較論に割かれたのは一割程度に過ぎない。独立した老荘論、そしてイブン・アラビー論によって大部分が構成されている。しかし、主題は、老荘あるいはイブン・アラビーという神秘家の境涯と哲学に限定されない。そうだったなら、彼はこれを単著としてではなく、複数の著作に分けて刊行しただろう。絶対的超越者をイブン・アラビーは「存在《ウジュード》」と呼び、老荘は「道《タオ》」と呼んだ。文学的過ぎるとの誹りを恐れずにいうなら、この長編論考は「存在」と「道」の叙事詩だともいえる。主役は著者である井筒俊彦でないばかりか、彼が論じた東洋哲学の先達でもない。超越的絶対者である「存在」であり「道」なのである。序文に著者自身が記しているように、試みられたのは、東洋哲学における「存在」論的構造の論究に他ならない。井筒の視座もイブン・アラビー、あるいは老荘といった人間に据えられているのではない。むしろ人間としての彼らを突き抜け、彼らにも開示された万物の始原的世界に、井筒もまた参入を試みているのである。

さらに序文と、第三部である比較論の冒頭でも触れているように、井筒がこの論考を執筆したのは、東洋的「存在」論という学術的関心からだけではなかった。彼を執筆に衝き動かしたのは、激烈なまでの文化間の衝突という今日的問題だった。

世界大戦の終結から二十年以上経過したが、少し目を移せば世界は争いに満ちていた。このとき彼はルイ・マシニョンが深く関わったアルジェリア戦争、あるいはイスラエルの開国以来やむことがない中東戦争を想い起こしていたのかもしれない。それだけでなく宗教、伝統、言語、芸術、習俗を含む文化的共同体は、不可視な精神的衝突を日常的に繰り返している。相互理解が不可避的かつ火急の課題となった時代は、かつてなかったと井筒は言う。

「歴史の彼方での対話」というコルバンの言葉を頼りに、井筒はこの大著を執筆した目的を記している。コルバンにとっての「歴史」は現実界における事象と時空の総称である。その彼方での対話が急務なのだと井筒は指摘する。コーランに「メタ・ヒストリー」的次元があることはすでに見たが、「歴史の彼方」の意味するところもまた、meta-history「メタ・ヒストリー」的領域である。

私たちは対話の彼方に何かを発見できると信じ、対話を繰り返してきた。しかし、未曾有の混迷を打破する何ものかが生まれるとすれば、それは「対話の彼方」ではなく、「彼方での対話」によってではないのか。その対話が実現する場を準備するのは哲学に課せられた責務であり、使命だと井筒は考えている。

歴史の彼方での対話を方法論的に準備できれば、徐々にではあっても、字義通り十全な意味における〈久遠の哲学〉philosophia perennis に結実すると私は信じている。時や場所、国を問わず、人間精神を哲学へと駆り立てるものは根源的に究極的に一なるものだからである。(*Sufism and Taoism.* 同書からの引用は全て筆者による抄訳である)

ここで井筒がいう「哲学」とは、原意における「形而上学」だと思ってよい。真実の「形而上」学とは、「形而下」的現実、すなわち歴史から遊離したところで営まれるのではなく、時代の火急的命題に直接的に参与するかたちで行われなくてはならない。哲学は、文字通り原理的参与を求められているというのである。

東洋哲学を代表する二つの神秘哲学の系譜を論じるという、一見すると非現代的にも見えるこの著作に、一貫して流れる井筒の目的が、きわめて現代的であり、現在的であることも看過すべきではない。むしろ、『神秘哲学』で彼が用いた表現でいえば、この著作自体が彼の「向下道」的表現になっている。神秘道は、叡知界を目指す向上道で完成せず、むしろ形而上的次元での経験を持ち帰り、現象界で叡知を開花させる「向下道」にこそ、その本意がある。

向上、向下の両道は *Sufism and Taoism* の主題でもあった。スーフィズムでは向上の道をファナーといい、向下の道行きをバカーという。ファナーなしにバカーはありえないが、バカーに至らなければ神秘道は終わらない。それはかりかイスラームの神秘哲学ではファナーとバカー、それぞれにおいて世界はその姿を変じると説く。意識の変容はすなわち存在認識の変容だというのである。

この著作はのちに、実態により接近した名称である *Sufism and Taoism: A Comparative Study of Key Philosophical Concepts* へと改題される。この著作で井筒俊彦は広く「哲学者」として認められた。ミルチャ・エリアーデ、ヒューストン・スミスだけではなく、エラノス会議に集まったそれぞれの分野を牽引する人々が、この論考を高く評価した。

この時期以降、彼の発言を待っているのは世界になった。

イブン・アラビー

「存在はコトバである」という井筒俊彦の一節は、彼の思想的帰結を闡明しているだけではない。自らがイブン・アラビーの血脈に連なる者であることの宣言でもある。この神秘哲学者に出会うことがなければ、井筒の思想は全く違ったかたちになっていただろう。

一一六五年、スペインのムルシアにイブン・アラビーは生れた。純然たるアラブ人である。スペインで法学、神学を学び、病のときに幻視を見たことを機に、スーフィズムの道に進んだ。夢で「東に向かって旅立て」という託宣を受け、三十五歳のとき東方へ行き、一二四〇年、七十五歳、シリアのダマスクスに没するまで、再びスペインの地を踏むことはなかった。彼の主要な著作は東方で書かれた。「西方から東方へ——彼は身をもってこのイスラーム哲学史の運命を生きた人であった」(『イスラーム思想史』)と井筒は書いている。東方から西方へ、ではなく、「西方から東方へ」がイスラーム哲学史の運命だったという彼の発言には少し説明が必要かもしれない。

それはスペインからシリアのダマスクスへ行ったという地理的移動にのみ言及しているのではない。イスラーム哲学は、イブン・アラビーの登場まで、忠実なまでにギリシア的、とりわけアリストテレス的だったのである。「アラビア哲学とは回教諸民族が自己独特の思想活動により創り出せる一の新しき思想体系、新しき哲学思潮ではなくしてアラビア語の衣を被ったギリシャ哲学そのもの」であり、「根本部分において回教的であるよりもギリシヤ的」（『アラビア哲学』）ですらあったと井筒は書いている。ギリシア的伝統がもっとも尖鋭なかたちをもって現れたのがアヴェロエス、イブン・ルシュドにおいてだった。イブン・アラビーの登場前夜を飾るイスラーム哲学史上の巨人である。

イブン・アラビーはアヴェロエスと会っている。精確にいうと会わされたのだった。井筒はイブン・アラビーを論じるとき、二人の会見記にしばしば言及する。確かに、この二人の哲人の異同を長々と論じるよりも的確にそれぞれの特性が描き出されている。

イスラームがある意味で、ギリシアよりもギリシア的だったとしたら、アヴェロエスはアリストテレスよりも、その思想においてはより原理的だった。すなわち、伝承されたアリストテレス哲学を超えて、原アリストテレスに帰ろうとする。彼は単なるアリストテレス主義者だったのではない。もしアリストテレスに真理があれば、ムスリムでないことを理由に拒む必要はない。だが、先人に誤りがあれば、それを正さなくてはならない。そのとき先行者を非難するようなことはすまい――アヴェロエスはこのように考える公正な思索者だった。

「一から生じるものはただ一のみ」とアヴェロエスはいった。一者からは一なるものが生まれるのみならば、神の創造は多者的存在者、すなわち個々の人間には届かないということになる。また、神と世界はつながってはいるが、即入的連結ではない以上、死後、霊魂の個別的存続は否定される。

残るのは純粋なる「能動的知性」のみだとアヴェロエスは考えた。

さらに、彼は「二重真理説」を唱えた。宗教と哲学はそれぞれ別な真理を有する。哲学的真理は必ずしも宗教的真理と同じとは限らないばかりか、それを否定することもあり得る。しかし、それは宗教の否定ではなく異同の表明だというのである。

イブン・アラビーは、ここに挙げた三つの命題を根柢から変革してゆく。彼は「一」から無尽の「多」が生まれるとして、死後の霊の存在を認め、宗教的真理と哲学的真理の融合を神秘哲学（イルファーン 'irfān）の使命としたのである。


イブン・アラビーは、若い頃から独特の光輝を振りまいていたようだ。その異能ぶりは自ずと人の知るところとなりアヴェロエスにも伝えられた。妙な縁だが、アヴェロエスとイブン・アラビーの父親が友人だった。老哲学者はその青年に会いたいと父親に告げ、ある日父親は、用事を言いつけて若者を哲学者の自宅へ向かわせる。若きイブン・アラビーの姿が見えると老哲学者は最大限の礼を尽くし、席を立ち、出迎えたという。イスラーム世界では、年長者が席を立ち、目下の者を迎えることはありえない。

老賢者は子供の肩を優しく抱いて、一言「そうか？」と聞くと、「そうだ」と若者が答える。アヴェロエスは喜びに震え、異様な興奮を示したという。その変貌を見たイブン・アラビーは、即、「否！」と強く言い返す。

哲学者はこう言ったのである。「世界は私の認識通りでいいのだね」。何を聞かれたわからない青年は、とりあえず「そうだ」と答えたが、質問の本意を知ると即座に拒絶の言葉を投げつけたのだった。老哲学者の顔面は蒼白、震えだし、以後、言葉を発することはなかったという。二人の面会はこれが最後になった。

イブン・アラビーが再びアヴェロエスの姿を見るのは、モロッコで亡くなった彼の遺体をロバで故郷コルドバまで運ぶ葬儀の列だった。葬儀の列を進むロバの背中の両側に大きな荷物がぶら下がっている。片方は哲学者の亡骸、もう一方は彼が著したアリストテレスの注解をはじめとした膨大な著述である。「見るがいい」、すでに成人していたイブン・アラビーは同行していた友人に言った。「片方には哲学者の屍、もう一方には彼の全著作。アヴェロエス、彼はいったい自分に本当に望むところをあれで果たすことができたのだろうか」。

一見するとアヴェロエスの敗残とイブン・アラビーの出現が語られているようにも映るが、この逸話に触れ、井筒俊彦がまず指摘したのは、アヴェロエスの偉大さだった。先行者こそ続く者の土壌である。それは後続者がいちばんよく知っている。イブン・アラビーの神秘思想は、アヴェロエスの哲学に対抗して出現したのではない。それを融合したのである。世間は若きイブン・アラビーに特異性を認めただけだが、アヴェロエスはその子供に既存のパラダイムを打ち破る創造的革命者の出現を見たのである。

哲学と神秘主義の相剋は観念上の出来事ではなく、字義通り生命を賭した衝突となる。二人の哲学者をめぐる出来事は神秘道と哲学の邂逅というイスラーム思想史の分水嶺を明示しているだけでなく、思想の伝承が、生命どころか死後の存在も賭けての営為でもあることを示している。

高次の意味における因果律に、絶対者の実在とその働きの秩序を見たアヴェロエスの哲学は、母胎であるイスラーム社会では続く者に否定され、継承者を失う。しかし、その思想はのちに、ヨーロッパに伝わり、ラテン・アヴェロエス主義と称され、キリスト教神学を脅かしつつ、とめどない勢いで拡がり、トマス・アクィナスをはじめ、中世キリスト教スコラ哲学に影響を及ぼすことになる。イスラームに対して厳しかったダンテすら『神曲』でアヴェロエスを讃え、以後中世ヨーロッパで「註釈者」といえば彼のことを意味した。アヴェロエスの哲学は滅んだのではない。イブン・アラビーとトマス・アクィナスという中世哲学を流れる大河ともいうべき二つの思潮の中で展開と変貌を遂げたのである。

一九四一年に刊行された『アラビア思想史』は、イブン・アラビー登場前夜、アヴェロエスで終わっている。井筒にとって最初のイブン・アラビー論「回教神秘主義哲学者　イブン・アラビーの存在論」が書かれたのは一九四三年である（発表は一九四四年）。

しかし、『アラビア思想史』執筆のとき、彼はイブン・アラビーを知らなかったのではない。その邂逅は遅くても一九三九年、先に見たアシン＝パラシオスの著作『『神曲』とイスラーム終末論』との出会いにさかのぼる。ダンテにイブン・アラビーの思想が不可避的に流れ込み、『神曲』を現出させたという論考である。

『神曲』は、トマス神学の詩的昇華だとも言える。アシン＝パラシオスによれば、『神曲』がイブン・アラビーの影響下に作られていたとしたら、イブン・アラビーとトマス・アクィナスへと大きく分岐したアヴェロエスの影響が、ダンテにおいて再び融合したこととなる。そうした出来事は神秘主義的境域では十分に起こり得るばかりか、神秘主義は分断された思想の融和的再生を志向する。すなわち、神秘主義とは、宗教的脱構築の異名である。「神秘主義といいますものは、ある意味で伝統的宗教の中における解体操作である、と私は考えております。つまり神秘主義とはある意味で宗教内部におけるデコンストリュクシオン運動であると思います」（「スーフィズムと言語哲学」）。「デコンストリュクシオン」すなわちジャック・デリダの「脱構築」に触れたのは後年だが、同質の視座は、彼のイブン・アラビー研究の最初からあったと思われる。井筒にとって、この神秘哲学者との出会いは、初めから既存の宗教の枠組みを超える志向性を有していたのである。

井筒のイブン・アラビー論を、狭義の「イスラーム的」神秘哲学の研究として読むと、神秘主義の根源的志向である「解体」性を見失うことになる。井筒はイブン・アラビーをイスラームの伝統に縛りつけない。彼がいう「東洋」に向かって開かれた位置に置く。そうした認識が、現象的には交差の痕跡がないイブン・アラビーと老荘という二つの大きな東洋神秘哲学の潮流を「共時的構造化」する *Sufism and Taoism* の形式を選ばせたのである。また、後年、彼は、この神秘哲学者と華厳経の世界、道元の時間論、プロティノス、ユダヤ神秘主義との共時的交差を論じることになる。

戦時中、日本大学内の論文集に発表されたイブン・アラビー論を、海外の研究者たちが知る由はなかった。のちに第一人者となるアンリ・コルバンとほぼ同時期に、井筒が執筆していることは注目してよい。発表の場は、当時のイスラーム学界の辺境だったが、その試みは世界の最前線にあったのである。

Sufism and Taoism で展開された、英文で三百頁に迫る論考に比べれば、二十頁ほどの「回教神秘主義哲学者　イブン・アラビーの存在論」は確かに序説に過ぎない。しかし、書き手の主体性は十分に感じられ、また邂逅の衝撃とそこに生まれた絶対を探究しようとする彼の実存的な叫びは、この未完成な論考にも鮮明なのである。論じられているのは、哲学的「復活」あるいは新生の意味と絶対不可欠性に他ならない。

「神秘的体験は人間精神に於ける驚異的な更生であり、一たび絶対者に死して後新しく生れ出るという重大な意義をもつ」と言う井筒にとって、神秘体験とは不可思議な出来事を見聞することではない。絶対者において死と新生を生きることだった。むしろ、死と新生が、融即的である現実を我が身でもって知悉することだったのである。

イブン・アラビー論執筆の頃、彼は『神秘哲学』の原型となる講義「ギリシア神秘思想史」を大学で行っていた。この主題は『神秘哲学』においていっそう鋭く展開されている。プラトンがいう哲人における「死の修錬」は、「肉体に死に切ることによって霊魂に生きんとする浄罪道の実践であり、低き生命を棄却することによってより高き生命を獲得せんとする『生の修練』」である。「プラトンの神秘哲学」は、死の神秘哲学的論究に他ならないと井筒は考える。
ここでいう「死」が現象界での肉体的な死を意味していないことは、「死の修練」が「高き生命を獲得せんとする『生の修練』」であるということからも明らかである。また、イブン・アラビー論にあったように、神秘体験の根幹は死することではなく、「驚異的な更生」であり、「絶対者に死して後新しく生れ出る」ところにあるという発言もそれを裏打ちしている。また、*Sufism and Taoism* で井筒は、神知に出会うとは、「魂が知によって生命《いのち》を与えられ（enlivened）、無知の死から救い出される（delivered）こと」というイブン・アラビーの言葉を引いている。死とは、現象界から実在界への転生に他ならない。

微妙なる霊機に触れて心眼開けし人が見れば、真実在たる一はありとあらゆる現象的多の下に玲瓏明白に露現しているのである。これすなわち神は全て見る者の裡に在りて見、全て聞く者の裡に於て聞くと言われる所以である。かくて一はあらゆるものの裡に在ると共にあらゆるものを超絶すると言わなければならぬ。（「回教神秘主義哲学者　イブン・アラビーの存在論」）

文体は『神秘哲学』を思わせる。読みにくいが、響かせる律動は、彼の内心で生起していた出来事のダイナミズムを伝えている。このとき彼にとって、哲学とは単なる思弁的営為ではない。人間の霊的救済と不可分の営みである。「霊機」というのは耳慣れない言葉だが、超越的実在による配剤あるいはその意思である。

「一はあらゆるものの裡に在ると共にあらゆるものを超絶する」。一なるものは、存在者に遍在するとともに、その全てを超越する、絶対的存在である、イブン・アラビーの「存在一性論」の中核的思想に他ならない。先に「一から生じるものはただ一のみ」といったアヴェロエスの言葉と比較してみるなら、その違いはより鮮明になるだろう。それは一対一ではなく「一即多・多即一」の世界なのである。

現象界は無尽の存在者で埋め尽くされている。何一つとして同じものはない。存在者は、今この瞬間も増え続けている。しかし、神秘家の眼を通じて見れば世界はむしろ、多様性は収斂され、「一（oneness）」に映る。むしろ、すべての存在者は、「一」が自己顕現したものである。イブン・アラビーが言う「一」は「存在」——すなわち超越者——と同義である。精確にいえば、「存在」が始原的に自己展開した姿が「一」である。「一」は無尽の「多」を内包する。「一」がなければ「多」はあり得ない。

井筒はイブン・アラビーが用いた鏡像の喩えを用いているが、私にはコルバンが書いていたインクと文字の比喩の方が分かりやすかった。鏡の喩えとは、一つの物質があり、それを複数の鏡が取り巻く、鏡像は鏡を増やすだけ増えてゆくが、物体は一つのままである。私たちが気に入らない鏡を壊しても、破壊されるのは像と鏡を殴った人間の手でしかない。人間は実在から遠く離れているというのである。

もう一方のインクの喩えは、もっとも素朴だが、より創造の力動性を伝えているように思われた。今、読んでいるこの文字を印刷するインクは「一」なる存在だが、生み出される文字は無尽蔵である。また、人間は、文字を見るときにインクを見ない。そこに現された表象を見て、何ごとかを認識したと思っている、というのだ。

イブン・アラビーがいう究極的実在である「存在」は、「神」でもあるが、むしろ私たちが「神」と認識する以前の絶対無分節的実在である。「神」ではなく「存在」とイブン・アラビーが呼ぶのは、「神」という言葉がすでに、絶対的超越者を意味していないと考えたからだろう。「存在」は「神」としても、自らを顕す「真実在」に他ならない。

「真実在」(Absolute; Ḥaqq) が「自己顕現（タジャッリー tajalli)」してゆくには階層がある。一者(absoluteness)、神 (God)、創造主 (Lord) として顕す。そして、半ば霊的にして半ば物的に《モノ》 (half-spiritual and half-material) 現象となり、感覚世界（sensible world) として自らを顕す。

存在する全ての事物、事象すなわち「存在者」は「存在」に帰属するばかりではなく、「存在」の自己展開、「存在」の限定的自己顕現に他ならない。イスラーム神秘哲学における「存在」一元論的な思想を「存在一性論」と呼ぶ。

井筒は「『存在』の自己顕現」を self-manifestation と訳す。manifest とは隠れているもの、五感を超えた実在が顕れることを意味する。特に霊的存在が顕れるときに用いられる。井筒は、「存在一性」を Oneness of Existence もしくは Unity of Existence と訳している。「一性」という日本語は、

Oneness と Unity を融即的に一にした語感がある。「一性」は「一致」ではない。一致は、二つに分かれていたものが一になるということだが、一性は、本来的に分かち難く結びついているという有機的状況を意味している。

したがって、私たちは花が存在する、ではなく、「存在」が花する、と言わなくてはならないと井筒は書いている。ただしそれは、花に限定されない。すべての存在者に働く公理である。人間の場合も同じである。我々はあまねく「存在」から自己顕現的に分節され、「存在」を分有する。

しかし、このとき看過してはならないのは、その「顕現」が自己限定的顕現（self-determination）であることだ。「存在」は真に完全だが、その顕現である人間があまりに不完全であるのは限定（determination）のゆえである。

たとえば「存在」の「時《とき》」は永遠を意味するが、存在者にとってのそれは不可逆な、計測可能な時間であるに過ぎない。時間には永遠が内包されているが、そこに「時」を見出すには理性的認識の限界を超えなくてはならない。時間も「存在者」なのである。

その一方で、個々の人間は不完全なる存在者に過ぎないが、人間もまた「存在」の自己顕現である以上、そこには完全性の徴《しるし》が潜んでいる。

「完全なる人間」があり得る、その典型がムハンマドである、とイブン・アラビーは考える。ここでいう「ムハンマド」は、肉としての彼ではない。いわば不可視なムハンマド性である。ムハンマドに「存在」が分節した、霊としての「ムハンマド」である。だが、イスラーム哲学で「完全なる人間」の可能性を最初に言明したのはアヴェロエスだった。イブン・アラビーとは認識の方向性に違いがあるが、人間に究極的可能性を認める点で、二人は著しく接近する。

この存在の公理は、私たちにも等しく働いている。「肉」であるムハンマドは、霊としての「ムハンマド的実在」に秘められている意味の全てを知らない。イブン・アラビーにとって、人間の使命は自己に隠された「完全なる人間」を顕にすることにある。

そうした徴は、人間の予想するようなかたちで現れるとは限らない。広く多くの者の目にも明らかな、社会的実践によって実現するとも限らない。むしろ、病に冒され、自由を奪われた、死にゆく他ない一人の人間に、私たちは「存在」の栄光を見ることがある。

「死」が訪れ、光がその人物を包むのを見たとき、生前は、凡庸なる存在だと本人すら思っていたその人に、聖者の可能性が秘められていたことを知る。その人物が、すでに「生」にあるときから、霊においては「死」をくぐり抜け、真実なる「生」を生きていたことを知らされる。「恐らくは、生は死であって、死が却って生であるかも知れぬ」という秘儀の真意を、文字通りの意味において目撃するのである。

絶対者にとって、創造は無から有を創り出すことではなく、自己を顕すことであるというイブン・アラビーの思想の背景には、「存在」とは、測りがたく深い「慈愛」であるという強い信仰がある。イブン・アラビーは「世界をあらしめる神」の働きが、等しくあまねく存在することから、それを「慈愛の息吹き」と呼んでいる。*Sufism and Taoism* で「神」を論じ、井筒が展開するのは、慈愛の現象学に他ならない。

世界に降り注がれる慈愛は存在者の働きかけによって増減するものではない。働きかけは常に神からであって、それがあまりに広く、深く存在しているために、かえって人間はそれを享受していることを忘れている。それでも、「神」からの働きかけはやむことがない。「存在」するということは、すなわち慈愛の分有なのである。

イブン・アラビーの神秘哲学とはすなわち「存在」の神秘哲学である。それは存在者の視座から「存在」を分析することではない。「存在」の視座から、存在者に隠れた「存在」の秘儀を闡明することである。

「存在」が「存在者」として自己を分節する基点を、イブン・アラビーは「永遠の範型」と呼ぶ。それは、「存在」がさまざまなかたちで「現象的に顕現していく基本的な方向と形とを決定する」（『イスラーム思想史』）。井筒はそれを「有無中道の実在」と書くこともある。

花が「神」自体なのではない。花に「神」が宿るのでもない。花は「存在」の自己顕現の一形態なのである。

存在の自己顕現に触れ、井筒はイスラーム神秘家たちが好んで引用する『ハディース』（聖典に対し「聖伝」と呼ばれる預言者とその眷属の言行録）の一節を引く。「私は隠れた宝物であった。突然私のなかにそういう自分を知られたいという欲求が起こった。知られんがために私は世界を創造した」。

「知られんがために」という「私」とは、もちろん預言者ではない。預言者を司る「神」である。「私」が世界に分節的に自己顕現するのである。

老荘と屈原

Sufism and Taoism における老荘論「老子と荘子」には特筆すべき点が少なくないが、ここで注目したいのは三点、老荘、ことに老子における儒家思想の融入、「宗教」としての道教、そして老荘思想の源泉としてのシャマニズムである。いずれの主題の前にも、強硬な蓋然的偏見ともいうべきドクサが、今日に至っても横たわっていることが、彼の指摘の斬新さを反証している。

「老子と荘子」の冒頭、井筒は津田左右吉の道家研究を参考に、基本的に同意を示しながら、テクストとしての『老子』を実証的に検討する。書物としての『老子』すなわち『道徳経』は『論語』はおろか、『孟子』編纂の後に、それを踏まえて誕生したのではないかというのである。

老子は孔子の同時代人であり、二人は会見したという話が『史記』にある。また、ある者は、老子は実在の人物ではない、伝説上の人物に過ぎないともいう。しかし、そうした事実認識の問題は、井筒にとって研究の妨げにはならない。ここに確固たる思想的構造を有した『道徳経』というテクストがあれば足りる。また、『老子』が伝えられているよりも後代の作であり、『墨子』、『荘子』など他のテクストから取られたと思われる語句も多数ある。現代に伝わっているテクストも漢代に幾度となく手を加えられたもので、その際に加筆、挿入された可能性も十分にある。それは、特定の人物が直接著した書物ではとうていない。しかし、それが種々雑多な資料の寄せ集めであるという見解に与することはできない。なぜなら「この書物の至る所に確固たる根源的な一性を認めることができるからだ。その一性は人格的（personal）なそれである。事実『道徳経』は全編にわたって一つの常ならぬ人、巫者的哲学者（shaman-philosopher）の人格（personality）にはっきりと彩られた独自の著作」（*Sufism and Taoism*）であると井筒はまず自らの視座を明確にする。

『道徳経』を、一人格が貫くという井筒の指摘を看過すべきではない。彼がここで指摘しているのは、現象界的「個性」ではなく、超越的実在の自己顕現としての「人格」に他ならない。その「人格」を我が身をもって表現するのが、実体としてのシャマンである。ただ、ここに現れている巫者は単なる伝達者ではない。思索し、論理化あるいはヴィジョン化する者、すなわち「哲学者」でもある。井筒は同質の人格的展開をイブン・アラビーにも見ている。

イブン・アラビーは生前、長短四百巻を超える著作を残したといわれる。その数もさることながら、井筒は、そこに描き出された深遠なヴィジョンと垂直展開的論理の荘厳さに、人知を超えた働きを感じている。

イブン・アラビーにとって「一と多（One and Many）」の問題は第一義的に経験の問題である。

個人的に「存在の一性」を経験しない限り、いかなる哲学的説明も彼の思想を十分に述べることはできない。〔中略〕畢竟、哲学的解釈は裸形の神秘的直観への付け足しにすぎない。その生々しき内容自体は哲学的言語では伝えきれない。否、直接的に、神秘的直観の内容を伝える言語的な手段は存在しないのである。(*Sufism and Taoism*)

語る者が最初から言語的表現の不可能性から始めている点で、神秘哲学は本来的に矛盾を含んでいる。言葉がないところから、比喩、物語、図像あらゆる手段を通じて彼らは自らが目撃した「出来事」を語ろうとする。それは自己表現のためでは全くない。イスラーム文化に生きたイブン・アラビーにシャマニック(shamanic)という表現は適当ではないが、ここでも発話の主体はイブン・アラビーではなく、ヴィジョンとして顕現した「存在」が表現することを強く促すのである。

道教とは、儒教が独自の発展を遂げた「宗教」であると井筒は言う。それをいち早く指摘したのがアンリ・マスペロだった。マスペロは、老荘をイスラーム神秘主義あるいはキリスト教神秘主義と共鳴する「宗教」として論じた最初の人である。すなわち道教は長寿を説く民俗現象ではなく、個の救済、永遠の生命を希求する「宗教」に他ならないとマスペロは力説する。

この論考で井筒は、自身の考察がマスペロに強く影響されていることを明示し、その筆致からは、このフランス人中国学者への敬愛がにじみ出ている。この人物が論じ始め、死がそれを阻んだ主題を、自分は受け継ぎ、論じると井筒はいう。マスペロは、今日の近代道教研究の黎明を告げ、礎を築いた人物だった。同じく井筒が敬意を抱いていたルイ・マシニョンは同級生、二人は親睦を温めていた。

一九四四年、ある日マスペロはゲシュタポに捕えられ、獄中で死んだ。息子がレジスタンス運動に参加していて、彼はそれに巻き込まれるかたちで逮捕、強制収容所に送られたのである。獄中で衰弱しても彼は見果てぬ「東洋《オリエント》」に思いを馳せていたという。

作者の没後五年の一九五〇年、『道教』が出版された。世界はこの書を驚きをもって迎えた。マスペロは生前から、中国史の専門家として有名だったが、この人物に、母国中国でもほとんど顧みられなくなっていた道教研究があることは知られていなかった。

友人でもあった編者ポール・ドミエヴィルは、マスペロの没後、遺稿の整理を始め、ほとんどが草稿の段階で放置されたものを根気強く再構成していった。それは破壊された陶器を修復する営みに似ていた。「マスペロこそは、欧亜を通じて、道教の歴史と、その術の内面を体系的にさぐりだしたただひとりの人」（川勝義雄訳）だったとドミエヴィルは書いている。

老子はきっと伝説の人であるに違いない。しかし、そのことが老子を楚の国に接近させた。「『楚の精神』（spirit of Ch'u）と私がいうのはシャマニックな心性あるいはシャマン的思考形態」であると井筒は書いている。老子に潜むシャマン性のほか、井筒が「楚の精神」の典型として言及しているのは『楚辞』の代表的詩人屈原、そして荘子である。

歴史的実在としての屈原は第一級の政治家だったと伝えられる。『溷濁《こんだく》して清《す》まぬ』世俗に対して一点の妥協も自らに許さぬ廉潔の士」だった。「純粋潔白の彼は、不義不正渦巻く俗世間において、自らを悲劇的実在としてのみ意識する」と井筒は『意識と本質』に書いている。

楚の懐王に仕えた政治家であり、失脚を繰り返し、巫祝者として聖なる場所を訪ね歩いた漂泊の人。彼は、大地からは歴史の声を、人間の魂からは真実の声を汲み上げる。そして、ついに天からはその意思の伝達者として選ばれるに至る。すなわち、シャマンとして生きるということに他ならない。それが屈原の遍歴である。

シャマンにして詩人、屈原が詩人として例外的だったのだろうか。文字が「神」であり、詩とは複数の文字が十全なつながりを回復し、世界の実相を現す現象だとしたら、真実の詩人はむしろ根源的にシャマンになりはしないか。

「すこぶる低級で野蛮」だとして、シャマンを文化から排斥し、その実相を見失ったのはむしろ、私たち現代人だろう。井筒がシャマンと呼ぶのは霊的見者に他ならない。「神憑り状態とは、伝統的用語で言えば、人間の自己『神化』であり『神人合一』——すこぶる低級で野蛮な神人合一だと、セム的一神教の論者たちは蔑むけれども、それの当否はここでは問わない——であって、その経験の主体は神的主体であるはずだ」(『意識と本質』)。神秘体験の主体が、非人間的実在、「神」であるとの視座は『神秘哲学』以来、一貫して井筒は強調している。しかし、ここでの問題は挿入された一節の方にある。

セム的一神教の論者とは、ユダヤ、キリスト、イスラーム神学者、あるいはそれに色濃く影響された哲学者たちという意味だが、彼らが屈原の神秘体験を「低級で野蛮」だと「蔑む」としても、自分はそれに同意しないというのである。

セム的一神教の方に距離を感じる日本人読者を想定してか、井筒はこれ以上の論及をしていないが、この一節には、セムの霊性以外にも、「神」への道は凜然としてあり、自分はそれを目撃したという告白にも似た、井筒の基盤的宗教観が表されている。

先に見たように井筒がシャマニズムの問題を最初に取り上げたのは『神秘哲学』である。「神充」の人、神に充たされた者。吉凶を判断する者であり、未来を予告し、異言を放つ者ではない。少なくともこれらは井筒俊彦の考える真実のシャマンの条件ではない。『神秘哲学』でも詩人は哲学者の登場を告げる者として論じられた。


井筒によれば、「シャマン的実存」は「自我意識の三つの層、あるいは次元を異にする三つの段階からなる意識構造体として考えることができる」。屈原と『楚辞』の世界を論じつつ、井筒はシャマンにおける多次元多重的意識論を展開する。

第一は、三次元に生きる常人としての経験的自我。

第二は「自己神化」あるいは神人合一に向かって開かれてゆく脱自的自我。

第三は「シャマン的イマージュ空間に遊ぶ主体性の意識」。

第三の階層における井筒俊彦の表現には少し注意が必要だ。ここで「遊ぶ」主体は十全たるシャマンとしての屈原であって、すでに人間屈原ではない。「超現実的ヴィジョンに哲学的意義を認め、シャマン的神話を象徴的寓話にまで変成させ、そこに存在論、形而上学的思想を織りこんでいくためには、第三段階のシャマン意識をさらに越えた哲学的知性の第二次的操作が要る。古代中国の思想界では、荘子の哲学が、いま言ったような意味で、シャマニズムの地盤から出発し、シャマニズムを越えた人の思想だ、と私は思う」。

荘周はシャマンであり、『荘子』をシャマンに開示されたコトバとして読む、と井筒は言うのである。


意識と存在の深みから止めどなく湧出してくる「想像的」イマージュの織りなす象徴的説話、寓話の連鎖を通じて、雄渾華麗な形而上学的思惟を展開させていく荘周という思想家は、『楚辞』に代表されるような純粋なシャマンでは、もはやない。この「無何有《むかいう》の郷」の住人は、既に原初的シャマニズムを遥かに超脱しているのだ。『荘子』冒頭に描く怪鳥、鵬――その背の広さ幾千里なるを知らず、垂天の雲のごとき翼の羽搏きに三千里の水を撃し、九万里の高さに上って天池に向う鵬――のあの宇宙的飛遊には、「離騒」のシャマン的天空飛遊の絶えて知らぬ哲学的象徴性がある。(『意識と本質』)

ここに私たちが見るのは *Sufism and Taoism* の中核的主題であり、井筒の老荘論の収斂的表現でもある。Sufism の典型として語られたイブン・アラビーにおいても、井筒は「セム的一神教の論者たち」からは同意を得られないとしても「シャマニズムの地盤から出発し、シャマニズムを越えた人の思想」だと思っていただろうし、そこに哲学が始まるというのは『神秘哲学』以来不変の確信だった。

荘子に東洋思想の展開点を見る人は少なくない。また、そこに地下水脈のように流れるシャマニズムの伝統と、哲学の突破的湧出を指摘した者は、管見に過ぎないが、唯一の例外を除いて類例を知らない。

『荘子』の文は、思想的文章としてほとんど空前にして絶後である。その文は、稷下諸学士の精緻な理論を駆使し、奔放にして博大を極めた修辞を以て、超越者の自在な精神的世界を実現した。この超人は、孔子ののちに失われたロゴスを、またよびかえした。ことばはその自在な活力を回復する。しかしこのような古代に、今の実存主義者をも驚倒させるようなこの文体は、どこから生まれてきたのであろう。もしこれにいくらか近いものを求めるとすれば、『楚辞』の「離騒」及びその系列の辞賦文学のほかにはないと思われるが、それは起源的には祭祀者の文学である。（白川静『孔子伝』）

井筒が荘子をそう呼んだように、白川静は孔子がシャマンの子供であり、賢者であると同時に死者を弔う者でもあったと書いている。白川の『孔子伝』に描き出された儒教の祖は、出仕する国家を求めて旅する単なる賢者ではない。天界からのコトバを漏らさず記録することを願った一人の巫者である。白川は『論語』を聖なる憑人、巫覡の記録として読む。

「述べて作らず」という論語「述而」の一節に触れ、白川は「孔子のこのことばは、孔子のいう道がイデアの体現に外ならぬものであることを示したものである」(『孔子伝』)と書いている。井筒は『意識と本質』で孔子の正名論をプラトンのイデア論と共に論じた。旧約聖書の預言者やムハンマド、あるいは孔子、荘子が天界のコトバの記録者だとすれば、白川静と井筒俊彦は共にその秀逸なる翻訳者である。

時の経過と共に、判読することが困難になった降下した神言――「神のコトバ」と「神」と共にある「文字」――を蘇らせること。彼らにとって学問とは、そこに収斂する道だったのである。

第八章　エラノス――彼方での対話

エラノスの「時」

毎年、八月にスイス、アスコーナのマッジョーレ湖畔で十日間にわたって開催されるエラノス会議には正式講演者としておよそ十人が招かれる。彼らは前年に発表された主題についてそれぞれ講義を行い、各地から集まった四百名ほどの聴衆がそれを聴く。講演者も他の講義が行われるときには重要な受講者になる。一九六七年以来、井筒俊彦は十二回の講義を行い、十五年間にわたって主体的に関与を続け、後半はその中心的な存在でもあった。

論じられたのは「禅のことは勿論」のこと、「老荘の形而上学、孔子の意味論、ヴェーダーンタ哲学、華厳、唯識などの存在論・意識論、易の記号論、二程子・朱子に代表される宋学、楚辞のシャマニズム等々」（「『エラノス叢書』の発刊に際して」）である。そのすべてが『意識と本質』の主題になった。エラノスは哲学者井筒俊彦を育み、完成させたといってよい。「東洋哲学の共時的構造化」、この『意識と本質』の副題でもある一節は、井筒のエラノスをめぐる十五年の歳月を表象しているのである。

真昼時――地上の万物がそれぞれの輪郭線を露出しつつ、キラビヤカに浮かびあがる光の世界――に、どこからともなく夕闇の翳りがしのび寄ってくる。事物は相互の明確な差別を失い、浮動的・流動的となって、各自本来の固定性を喪失し、互いに滲透し合い混淆し合って次第に原初の渾沌に戻ろうとする。〔中略〕地上の一切が真の闇の中に没して完全に無化されてしまう直前のひと時の暗さには、何か言いしれぬ魅惑がある。（「『エラノス叢書』の発刊に際して」）

井筒が見たエラノスの精神的風景である。この一節は『ロシア的人間』のチュッチェフ論にあっても不思議ではない。「何か言いしれぬ魅惑」を、彼はかつて「蠱惑的」と表現した。書かれたのは七十六歳のときだが、エラノスに参加する以前から井筒は「エラノス精神」を生きていた。先の一文に続けて彼はこう書いている。「要するに、存在には裏側があるということだ。存在の裏側、存在の深層領域。そこにこそ存在の秘儀がある」。これまでも幾度か触れた。「存在」とは存在者だけを意味するのではない。それをあらしめる絶対者を指す。

長きにわたってエラノス会議を牽引したアンリ・コルバンに「エラノスの時」と題されたエッセイがある。「エラノス会議」という呼称はふさわしくない、エラノスは学会や思潮ではない、「時」であるとコルバンは書いている。「時」がエラノスという姿をまとって顕れたというのである。

「時」とは、超越界の実在を、現象界に闡明する超歴史的現象である。それは歴史的必然によってのみ現前しているのではない。むしろ、超越的意思の顕現を意味している。それは timely（時機を得た）なだけでなく、根源的には timeless、すなわち悠久的でもある。エリアーデならそこに「聖なる」という形容詞を付したかもしれない。それは不可視であり不定型でもあり、見る者によって姿を変じる「時」である。この一文は、コルバンのエラノス論というよりは、エラノスと命名された一つの「生き物」がコルバンを通じて語るといった趣がある。

井筒は、エラノスを「精神」という元型において捉える。エラノスの終焉に触れ、井筒は「エラノス会議は終わってもエラノス精神は終わらない。それは現に今もなお生きているし、おそらく今後も生き続けてゆくだろう」と書いた。このとき彼はドイツ語でいう Geist を想起していたのかもしれない。それはしばしば「精神」と訳されるが、「霊」と訳すこともできる。

「今もなお生きている」という言葉を隠喩だと思ってはならない。ここにおける「精神」とは絶対主語たる実在である。ひとたび始動したら、人間がそれを止めることはできない。その点でコルバンの「時」と井筒の「精神」は一致している。エラノスをめぐってだけでなく、思想においてもコルバンと井筒は深く交わった。一九六七年、井筒がエラノスに招かれたとき、コルバンはすでにイスラーム神秘主義という枠を越え、宗教哲学界の重鎮で、専門領域以外からも注目を集める人物だった。

エラノスに井筒を紹介したのはマギル大学の同僚で、コルバンの高弟でもあるヘルマン・ランドルトである。当時コルバンはエラノスの中心にいた。そう考えると、実質的に井筒をエラノスに招いたのはコルバンだといっても過言ではない。*Language and Magic* をはじめ、コーランの意味論的解釈、サブザワーリー論、そして *Sufism and Taoism* の前半イブン・アラビー論は刊行されていたが、サブザワーリー論を除いて、刊行元は慶應義塾大学で、広く世界に読まれるという状況にはなかったのである。むしろ、コルバンだから井筒の力量を理解し得たのだとも思う。

第二章で見たように、マシニョンに比べればコルバンは「一段落ちる」と井筒はいった。しかし、その言葉を表層的に理解してはならない。井筒はコルバンを軽視したのではない。「今は亡き畏友コルバンの業績を私は高く評価している」という彼の発言もそのままに受け入れなくてはならない。コルバンの評価に比べ、世界はいまだルイ・マシニョンの大きさと意義を理解していないことを井筒は強調しているに過ぎない。イブン・アラビーの研究はもとより、コルバンが二十世紀を代表するイスラーム神秘思想の研究者であることには異論を俟たない。さらに言えば、現代で神秘思想の研究を真剣に志す者は、見解はどうあれ、コルバンを看過することはできないだろう。

ある日、マシニョンは、ペルシア語で書かれた古い一冊の本をコルバンに渡す。スフラワルディーの『東方照明哲学』の石版写本だった。コルバンが世界的な評価を受けたのは、この本の注解書によってである。コルバンが書いている通り、師が弟子に一つの冊子を手渡すことは、思想的系譜の継承を意味していた。

「イマジナル（imaginal）」という、コルバンの哲学を読み解くもっとも重要な鍵概念も、このイスラーム神知学の古典の読解から生まれた。コルバンは、スフラワルディーの原語を「ラテン語に訳して mundus imaginalis とし、さらにこの imaginalis をそのままフランス語にして imaginal という特殊な形容詞を術語的に設定」（『意識と本質』）する。事実を淡々と表記しているだけのようにも見えるが、ここには井筒俊彦の「讃辞」を読み取らなくてはならない。

彼は、コルバンの思想が翻案的だといっているのではない。井筒は何を論じるかに触れる以前に、コルバンが論じる言語を疑うことから始めているところから眼を離さない。あえてラテン語である imaginalis に遡り、コルバンが imaginal という独自の表現を用いたのは、近代言語で「想像的」を意味する imaginaire あるいは imaginary という言葉がすでに「イマジナル（imaginal）」な領域から乖離しているからだ。

全然歴史と伝統を異にする哲学者たちを人為的に対面させ、語り合い理解し合わせるためには、先ずそこに共通した哲学的言語が成立しなければならない。諸国の哲学者たちの思想を、その精神の深みにおいて分析的に把握した上で、彼らに共通の言語を互いに語らせる知的操作がなければならない。このような哲学的共通言語を作り出すこと、それを私は哲学的意味論と呼び、その仕事を自分に課したいと思う。(「哲学的意味論」)

歴史と伝統を通底する「哲学的共通言語」、それが井筒俊彦の言う「メタ言語」である。その誕生は哲学者の悲願ではないのか。現代にそれを実現できる言葉がなければ、哲学者は時をさかのぼり、あるいは次元をまたいでもそれを発見しなくてはならない。「イマジナル(imaginal)」はその領域にある言葉に他ならない。それは叡知界と人間界との間にあって、それらが不断の関係にあることを告げる中間的次元。私たちが精霊や死者と交差するのはこの次元である。

コルバンを紹介する文章を見ると、時折、フランスにハイデガーを最初に紹介した人物という表現を見るが、それは彼の時代精神を捉える鋭さを語っているだけで、彼の核心を物語ってはいない。彼の訳業に触れるなら、ハイデガーだけでなく、カール・バルトを最初に翻訳した人物であることにも言及しなくてはならない。イスラーム神秘哲学に出会う以前、コルバンはプロテスタントの伝統を継ぐ気鋭の学者として活躍していた。

コルバン研究家の第一人者トム・チーサムが指摘するように、コルバンは、ヤーコプ・ベーメ、シュライエルマハー、さらにマルティン・ルター、ヨーハン・ゲオルク・ハーマンといったドイツ・プロテスタントの霊性に魅せられていたのである。むしろ、先んじてヨーロッパに流れる神秘思想の伝統に深く接触して、イスラーム神秘哲学への理解を深めたことは、コルバンを理解するときわめて重要な事実だと思われる。コルバンは、既存の宗教あるいは哲学の混迷を実存的に看取した結果、イスラームへと進んだのである。

マシニョン、コルバンが共にキリスト教の信仰者でありつつ、イスラーム研究の巨人となったことは、霊性をめぐる現況を鮮明に象徴している。地理的、情報的あるいは精神的、霊性的にも世界がますます「狭く」なる今日、どの宗教においても、覇権を主張することで自らの正統性を主張するのは難しい。人間によって率いられる宗教は不完全である。その穴を、すべて自らで埋めることはできない。キリスト教が真実のキリスト教であるためには、キリスト教的であるだけでは不十分なのである。キリストは異邦人のために来たのではなかったか。イスラームあるいは仏教においても同じである。

エリアーデに触れ、井筒は、時代的危機を論じたことではなく、自身が「危機的主体そのもの」だったところにかけがえのない彼の特性があると書いているが、同じ言葉はコルバンにも当てはまる。だからこそ、彼は「秘教的神智学について論じていたが、徐々にかれは秘教的神智学者として語り始めた」のである。この一文を含む神谷幹夫の「アンリ・コルバンの『創造的想像力』について」はコルバン論であるだけでなく、井筒とコルバンの思想的異同と共鳴を論じてもいる。永井晋の「イマジナルの現象学」と共に注目に値する。

コルバンは「時」を「グノーシス的意識」とも言い換えている。「大いなる思潮によってさまざまなグノーシス的意識が喚起され、それらが出会ったというのではない。グノーシス的意識によってある特定の思潮が生まれ、出会いが生じているのである」(「エラノスの時」神谷幹夫訳)。コルバンのエラノス論における主体は、徹底して非人間的だが、人格的でもある。彼はエラノスの一つの意思を看取している。エラノスという場に人々が集まり、グノーシス的意識が発生したのではない。グノーシス的意識と呼ぶべき実在が、人間を召命し、うねりを生む。「時」がそうであったように、彼は「グノーシス的意識」がエラノスという場を現成させているとコルバンは考えている。「アンリ・コルバンが証言するとおり、最も広い意味でのグノーシス主義がエラノス運動の基調だったのだ」(「『エラノス叢書』の発刊に際して」)と井筒も書いている。

ここでの「グノーシス」が、キリスト教の「異端」を意味していないのはもちろん、歴史的思潮を指しているのでもない。それは、人間と超越的実在との直接的連関を指す。直接とは、必ずしも特定の共同体を媒介にしないこと、すなわち超越者とつながる道が、宗教に限定されないことを意味している。エラノスは既存の宗教あるいは宗教的組織を否定しない。しかし、それを不可避な門であるともしない。コルバンが「すべての講演は一つの同じ中心に向かって方向づけられている」と言うのも宗教、思想の差異を融合的に超えてゆくエラノスの精神の働きを指示している。

自分の専門領域から出発しながらも、それぞれの講演者たち(一般に一〇名程度)が従っている主要関心事は、自己認識を求める人間にとって、すなわち不易の永遠の意味作用を有しているあらゆる人間経験の真の活用にとって、本質的なものと見えるものを示すことであると。すべての講演は一つの同じ中心に向かって方向づけられている。すなわち人間がそれ自身の宇宙のなかで発見するあの自画像に。(アンリ・コルバン「エラノスの時」)

「本質的なものと見えるものを示すこと」とコルバンが述べているように、エラノスの参加者は、自分たちの試みが、二重の「時」に生きていることを強く意識していた。エラノスは「一九三三年以来、この地球中心のコスモスを棲処とするわれわれの根源的な体験を、歴史的観察の興味ある対象としてでなく、永続的な価値のある世界として示すことに努力してきた」(「エラノス会議の意義について」桂芳樹訳)と書くエラノスの中核にいたアドルフ・ポルトマンとルドルフ・リッツェマも同じ視座に立っている。彼らもまた、何者かが自分たちを通じて現れることを希求していたのである。エラノス精神とは、歴史と悠久の両軸において展開される絶対探究の営みに他ならない。「時」の顕現を実現するため、参加者はその知性を捧げるのである。

エラノスが旧来の形而上的領域に留まらなかったことは、参加者の専門領域を瞥見するだけでも明らかになる。宗教家、宗教学者、神話学者、心理学者、哲学者はもちろん、物理学、生物学、数学、美学、音楽、文学の専門家までが集結した。彼らは皆「内的・外的存在の深部に強い関心を抱く学者、思想家の一群」であり、「反時代的」人間でもあった。それは時代に抗する者、抗時代的ではなく、流れゆく時間とは別の次元、すなわち永遠を志向する者、すなわち井筒がいう「非時間的」——「無時間的」ではなく——人間でなければならなかったのである。

自らを語るとき、ミルチャ・エリアーデが、「私」は、という代わりに「宗教史家は」と、その学問領域を代表するかのように発言することがあるように、エラノスで参加者は、おのおのの専門領域を象徴する存在だと相互に見なしていた。

ユング、オットー、コルバンは別に、カール・ケレーニイは神話学、ミルチャ・エリアーデは宗教学、ジェイムズ・ヒルマンは精神分析学を、ジャン・ブランは哲学、ゲルショム・ショーレムはユダヤ神秘主義、ポルトマンは生物学、シュムエル・ザンブルスキーは原子物理学をそれぞれ代表して集まっている。ウィリアム・ブレイクの研究で知られているキャスリーン・レイン、プロテスタントの神学者パウル・ティリッヒも参加していた。マーティン・ダーシー、ジャン・ダニエルーはともにカトリックの聖職者であり、二十世紀を代表する神学者だった。今日カトリック教会は、エラノスを必ずしも積極的に評価しているとはいえない。それを「異端的」であると指摘する者もいる。しかし、ダーシーはイエズス会の中枢にあり、ダニエルーがのちに教皇に次ぐ役割を担う枢機卿になったことが象徴しているように、すでに宗教界の出来事すら、既存の枠組みの中での論議に終始することはできない。世界に目を広げても、エラノス研究は緒に就いたばかりなのである。

一九六七年、井筒がエラノスで初めて行った講演は"The Absolute and the Perfect Man in Taoism"

（「老荘思想における完全なる人間」）である。

「完全なる人間」、それがイブン・アラビーの哲学における中核的命題、人間の究極態であることは先に見た。しかし、この講演であえて彼はイブン・アラビーには論及しない。そうすることで、「完全なる人間」という実在が、イスラーム に限定された現象ではないことを論証する。その態度は井筒の「東洋」の認識を如実に物語っているが、試みとしては多分に野心的で、思想的意味において挑戦的ですらあったろう。イスラーム神秘主義の術語を縦横無尽に用いながらも、それに触れず、論を展開する井筒に、コルバンは抑えがたい驚きを感じたかもしれない。

その十余年前に二度（一九五三、五四年）鈴木大拙が正式講演者として招かれ、禅を論じた。大拙は歓迎され、周囲も何かを感じるのだが、確固たる認識を得られない。エラノスの主催者たちは、同じ日本人である井筒にも禅について語ることを求めた。そのためなのだろうか、全十二回の講演中、禅に関するものが少なくない。

『鈴木大拙全集』の推薦文で井筒は大拙を「第一級の国際人」と呼び、賛辞を寄せたが、中央公論社版の『井筒俊彦著作集』を読むだけでは、鈴木大拙との関わりは、ほとんど知ることができない。その中で大拙の名前が記されている例外的論文が「禅的意識のフィールド構造」である。エラノスでの発表はすべて英語で行われ、今日はその講演録も出版されているが、後年、そのいくつかを井筒は日本語で書き改めている。この論文もその一つである。

この論考で穏やかに発せられた言葉からは、大拙の後を行くのではなく、別の視座を示そうと試みる井筒の意図が感じられる。井筒俊彦と鈴木大拙の関係を捉えるのは思想史であるより霊性史ともいうべき流れだと私は思う。霊性の歴史では、思想あるいは哲学の形姿を残さなかった営みも論究の対象になる。霊性と精神は違うと鈴木大拙は強調したが、これまで霊性を精神的に論じる試みが繰り返されてこなかっただろうか。

精神は人間の問題だが、「霊」の主体は人間ではない。超越者に他ならない。昨今、宗教学者だけでなく文学者を巻き込み、霊性論がにぎわしい。だが、人間が何であるかの認識が欠如したところで人間論を展開しても空しいように、「霊」への認識がないまま、霊性論を展開しても実りがあるとは思えない。二人が高次の一致を見せるのは、学問に対する態度、そして内なる使命とその実践においてである。

世界の混迷を前に、時間がないと言いつつ、鈴木大拙は仏教研究にいそしんだという。鈴木大拙が親鸞の『教行信証』の英文翻訳を始めたのは八十八歳のことだった。彼は翻訳に最後まで手を入れた。大拙は、軽井沢に出かけようとしていたある日、急に発病し、二日後に九十六歳で急逝する。その草稿は、すでに準備されていた彼の荷物にあったという。

同じ精神が井筒俊彦にも流れている。『神秘哲学』で繰り返し論じられたように、井筒にとって哲学とは単なる知的営為だったのではない。世界を変革する実践道に他ならなかったのである。

最晩年九十五歳の鈴木大拙は、禅僧仙厓の水墨画論を英語で書いた。この禅僧の真実を理解する人間は、東洋ではなく西洋に現れる、そう信じたのであると編纂者エヴァ・ヴァン・ホホゲンは書いている。西洋の人間だった彼女が自身に引き寄せた発言とはいえない。大拙と親交が深かった出光佐三――出光美術館は仙厓のコレクションで知られる――を別にすれば、仙崖の水墨画の意義を理解したのは大拙が感じていたように西洋が先で、日本人がそれを再発見したのは最近である。

ホホゲンは井筒のエッセイ「東西文化の交流」にも登場する。彼はH夫人と書いているが、仙厓に触れる文脈から彼女に間違いないだろう。あるとき、井筒はエラノスが行われるアスコーナにある彼女の自宅を訪ねる。そこには赤いおしろい花が咲き誇っていた。この花の種は、円覚寺境内にある大拙翁が住む家の庭先に咲いていた花から持ってきたものです、アスコーナにはもともとなかった花ですが、今ではこうして、この街の至るところにたくさんの花を咲かせています、と彼女は言った。彼女は大拙に教えを乞うために来日し、数ヶ月間、一日も欠かさず、大拙のもとを訪れたという人物だった。「私はやがて、数カ月後に、夏、帰国した時、〔鎌倉の〕自宅の庭にそれを蒔こうと考えている」と井筒は書いている。精神の継承は必ずしも学説の上で起こるとは限らない。井筒俊彦の墓所は、かつて鈴木大拙が住んだ円覚寺にある。

一九五四年八月十八日、八十四歳の鈴木大拙を囲んでアンリ・コルバン、ミルチャ・エリアーデ、オルガ・フレーベ＝カプテインが坐っていた。三人は、東洋から来た老人が、五十年以上前にスウェーデンボリの著作を翻訳したと聞き、驚く。

コルバンは大拙に大乗仏教とスウェーデンボリ神学における構造的ホモロジー、すなわち構造的相同性について質問する。すでに翁の風貌を備えていた八十四歳の大拙は、突然手に一本のスプーンを持ち、突き出し、微笑みながらいった。「このスプーンは天界においてもそのまま存在する……だから、私たちもまた、今、天界にいる」。忘れ得ない出来事だった、イブン・アラビーがこの言葉を聞いたら喜んだに違いないとコルバンは彼の主著に書いている。彼にとってイブン・アラビーは叡知の別名、別格の存在だった。最高級の賛辞だと思ってよい。

現象界は叡知界と直接的、不可分的につながる。大拙の言葉にはスウェーデンボリの「照応」の思想が生きている。コルバンもまたスウェーデンボリに深い関心を持ち続けた人物だった。彼には『スウェーデンボリとイスラームの秘教』という著作もある。スウェーデンボリは、天界を目撃しただけでなく、人間界にいながら、何度となくそこを往き来したとされる人物である。そうした発言は世間を驚かしたが、没後明らかになったその思想の深遠さは、さらなる驚異の的となった。

カント、バルザックは有名だが、ボードレール、ヴァレリーあるいはドストエフスキーもその影響を受けている。最近では新井奥邃の再評価に伴い、明治期日本におけるスウェーデンボリ受容の研究も進んでいる。大拙はコルバンに、スウェーデンボリは北方のヨーロッパに生まれた「仏陀」ではないのかとも言った。

大拙におけるスウェーデンボリの影響を論じることは、師の没後、ある時期まで近しい弟子たちによって封印されてきた感がある。しかし、大拙の高弟の一人古田紹欽が指摘するように、その影響は長く彼の中で生き続けただけでなく、その中核思想を形成したのである。コルバンの証言はそれを裏づけてもいる。スプーンをめぐるこの逸話は、よほど強く印象に残ったのだろう、コルバンは井筒にも話している。井筒は大拙全集の推薦文で、この出来事に触れている。

オットーとエリアーデ

一八八一年、オルガ・フレーベ＝カプテインは、ロンドンで生まれた。両親はオランダ人。父親は技術者、母親は草創期フェミニズムの活動家だった。彼女こそ「エラノスの母」と呼ぶにふさわしい。

結婚して数年後、彼女は飛行機事故で音楽家だった夫を失う。東洋思想と深層心理学が次第に彼女の心を領していった。彼女は後半生をその研究に捧げようとする。

ある日、彼女は「いまだ知られざる力のために場を提供するよう召命を受けているのを感じた」と、のちにエラノスで彼女の補佐役となったルドルフ・リッツェマは書いている。あまりに強い衝動ゆえ、出来事の確かさを確かめるように彼女は数年間沈黙する。次第に東西の精神が対話する場という構想が育っていった。

リヒャルト・ヴィルムヘルムさらにカール・グスタフ・ユング、ルドルフ・オットーとの出会いは決定的だった。彼らとの邂逅がなければ、熱い思いを抱きつつも、彼女は市井の研究者として人生を送ったかもしれない。ユングの精神が、エラノスに深く根づいていることは論を俟たない。しかし、井筒が指摘するように、オットーが欠くべからざる存在だったことはもっと論じられてよい。

エラノスの開催は一九三三年、オットーが亡くなるのは一九三七年、すでに病に悩まされる日々を送っていたオットーが正式講演者としてエラノスに参加することはなかった。こうした状況が背景にあるのだろう、オットーとエラノスについて論じた文章は少ない。しかし、その後のエラノスにもオットーの影響は脈々と生き続けた。

エラノスとは「古典ギリシア語で一種独得の『会食』を意味する。幾人かの参加者が、ひとりひとり思い思いに用意した食物を持って来てそれを互いに頒ち合い、食卓を囲んで談笑し合う、いかにもギリシア人好みの高尚で高雅な集会である」(「『エラノス叢書』の発刊に際して」)と井筒が書いている。命名したのはオットーだった。

『聖なるもの』は宗教現象学の古典となり、オットーは、それとほとんど不可分に論じられる。『聖なるもの』が主著であることは誤りではない。だが、その一冊に限定すると、この人物の実相を見失う恐れがある。インド・ヴェーダーンタ哲学の大成者シャンカラと中世キリスト教を代表する神秘家マイスター・エックハルトを共時的に論じた『西と東の神秘主義』を看過してはならない。

オットーはルターにおける聖霊の研究から出発し、シュライエルマハーの『宗教論』の再評価にも積極的に参与した。一九一一年、彼はインド、ビルマ(ミャンマー)、日本、中国へとほぼ十ヶ月間にわたる旅に出る。このとき彼はヴェーダーンタの伝統に出会う。以後の彼は単なるプロテスタントの「神学者」ではなくなった。業績はヴェーダーンタ思想の世界で積み上げられ、それは晩年まで続いた。

ユダヤ教、キリスト教的現象学を論究した『聖なるもの』が出版されたのは一九一七年、東洋を知って以後である。この本にも、彼の東洋観は脈々と息づいている。それはひそやかに脈々と全体に拡がっている。「ヌミノーゼ」(畏怖、戦慄を惹き起こす超越者の自己顕現の状勢)という彼の着想は、ヨーロッパ社会には文字通り「戦慄」を惹き起こした。

『聖なるもの』に慎重なまでに隠された真意を読み説いたのが「東洋」学者だったことは偶然ではない。私がここで想起しているのは井筒俊彦とミルチャ・エリアーデである。エリアーデの主著『聖と俗』は先行者オットーの再評価から始まる。

エリアーデは二十世紀を代表する「宗教史家」だが、それ以前に、インド、ことにヨーガに実存的に関わった「東洋」学者だった。井筒が初めてオットーに論及したのは『神秘哲学』だが、そのとき井筒が触れたのが『西と東の神秘主義』だったことも示唆的である。

学問と救済、存在界の共時的認識、高次の意味における神秘主義の理解において、井筒はオットーから強く影響を受けている。ルイ・マシニョンから受けた衝撃と同質の驚異を彼は、オットーの著作に発見している。

オットーは「神を魂の深奥に求める『魂・神秘主義』と、神を絶対超越者として無限の彼方に尋ねる『神・神秘主義』とを区別している」が、対照的に映る「外向の道も内向の道」も両者は本質的に同じであり、優劣はない。いずれの道を選ぶかは個々の神秘家の性格による、「いずれの道を辿るも必ず最後には同一処に到達する」(『神秘哲学』)と井筒は断言する。

二つの「神秘主義」が、文献学的な検証による結論ではないことを井筒は読み取っている。オットーにとって「神秘主義」は、世界の神秘を理解する方法ではなく、宗教の根源へ続く道だったと言うのである。

キリスト教の信仰者でありつつ、オットーが宗旨を超えた次元へ突破する営みとして学問を生きたことに澤井義次は注目している。澤井は宗教現象学者だが、オットーの優れた研究者でもある。澤井と井筒に学問的交流があったことは先に触れた。井筒は澤井のインド哲学研究を評価していた。

マシニョンは、忘れられた神秘家ハッラージュを発見したとき、イスラームに魅了されただけでなく、自らの内なるカトリックへの信仰を回復した。それは「回心」にも似た出来事だった。信仰の深化はときに、こうしたパラドクスを通じて実現される。同質のことはオットーにも起こっている。彼の宗教学の背景で、いつも救済が問題になるのはその証左だろう。オットーはシャンカラ、ラーマーヌジャの思索が救済論に直結していたことから眼を離さない。インドの先哲にとっていつも救いの問題が先にあり、学究的思索はそれに続く。オットーはその精神を継承していると澤井は言う。

「法蔵とイブヌ・ル・アラビーとの思想構造的パラレリズムを指摘した」(「事事無礙・理理無礙」)と井筒は書いているが、「思想構造的パラレリズム」こそ、井筒の学問的方法論の中でも根幹的なるものの一つであって、彼はこれをオットーに学んでいる。

シャンカラは七〇〇年頃に生まれた。エックハルトは一二六〇年頃、没年は一三二八年である。オットーは二人を「同時代者」だという。真実の「同時代者」とは、通時的に同じ時代に生きた人々ではなく、異文化、異時代的であったとしても、共時的には「同時代者」だと認識する。オットーはそれを「並〔平〕行的」と表現する。

並行性こそ、アジア旅行以後のオットーを理解する鍵概念だと澤井は指摘している（「オットーのヴェーダーンタ哲学への視座」）。時代の差異、文明の違いは当然、宗教、霊性の違いを生む。しかし、その異同とは別に「共通の宗教感情」——オットーがのちに展開するヌミノースな経験——は並行的に存在する。諸宗教を貫く、命名しがたい原経験は、根源へと垂線を描くように並行的に生起しているというのである。


発音された語《コトバ》に促されて、言語アラヤ識から立ち昇ってくる「想像的」〔イマジナルな〕イマージュの気配が、あたかも密室を濛々と煙らす薫香のように、意識のM領域に立ち籠める。ある時は祝福に輝き、ある時は恐怖に翳り、ある時は人を威圧する、深層意識のこのイマージュ空間。かつてルドルフ・オットーが、das Numinose（理性の把握を超えた、そしてそのゆえに理性にとってはなんとも薄気味悪い、神霊的なもの）と呼んで宗教学の一つのカテゴリーとした何かが、そこにはある。（『意識と本質』）

ここで井筒は、コトバが本来的に「ヌミノーゼ」であることに言及しているが、それは同時に、「ヌミノーゼ」というコトバを現出させたオットーを高く評価する表現でもある。

コトバによって世界を闡明する。この他に思想の眼目があるだろうか。人は、これからオットーの思想を通じて「ヌミノース」な何かを看取してゆく、「ヌミノーゼ」もまた、「メタ言語」の一つへと育ってゆくと言うのだろう。

エラノスでのことだったと思われる。エルンスト・ベンツは井筒に言った。プロティノスがアレクサンドリアにいた頃、同地では仏教の共同体が活発に活動を繰り広げていたというのである。井筒は、ベンツの説が本当なら、好奇心旺盛なプロティノスなら、きっと仏教者らと交わったに違いないと書いている。ベンツは日本にも縁が深く、一年ほど滞在していたことがある。彼はマールブルク大学神学部の教授だった。一九二九年に退官するまでその席にいたのはオットーである。

ベンツはオットーとエルネスト・ブオナイウーティを師とした。ブオナイウーティもエラノス第一回からの参加者である。師の後を引き継ぐように、ベンツが初めてエラノスに参加したのは一九五三年、同年には鈴木大拙も招聘されている。ベンツはその後も大拙と親交を深めた。ベンツがエラノスで最後の講演を行ったのは一九七八年、このとき井筒俊彦はエラノスで中心的人物として活躍していた。井筒もブオナイウーティを読んでいる。蔵書には一九二八年に刊行された中世の神秘主義研究がある。

ブオナイウーティという真摯なる「異端者」はエラノス初期、井筒俊彦が参加する以前のエラノス、すなわちオットーの精神が脈々と生きていた時代を体現している。優れた宗教学者であり、カトリック司祭でもあったブオナイウーティは一九二五年、カトリック教会から破門された。禁書目録に指定された自著の撤回を拒んだからである。教会が、真に「神」のからだの具現化された実在であるなら、頑強に教義を重んじるだけでなく、そこに人々を招き入れるべく、「現在」に即した姿として変転していかなくてはならない。永遠不変なのは、真実の意味での「教会」であって、可変的なものを、普遍と誤認してはならないとブオナイウーティは主張した。彼は自ら「モダニスト」と称した。それは、当時の教会においては危険人物であることを指す言葉となる。

しかし、彼の本格的な活動はこのときから始まる。ある日、若者が熱情溢れる手紙を送った。差出人の名前にはミルチャ・エリアーデとあった。エリアーデは日記で、しばしばブオナイウーティに触れている。井筒俊彦が言うように「危機的主体」として生きることを強いられたエリアーデは、内心の混迷と危機的状況を吐露した手紙をブオナイウーティに送ったのだった。エラノス的な意味で、反時代精神の典型だったこの人物は、時代の危機を実存的に生きたエリアーデにとっては隠れた英雄でもあった。

キリスト教には、公的な「預言者」は存在しない。しかし、預言者的人間は現れる。「預言者」とは、ブオナイウーティがそうだったように、時代の真相を告げ知らせたがゆえに、当時の教会に拒まれたことを示す。しかし、時が経過してみれば、その「声」が、真実に他ならなかったということも、同時に意味している。十二世紀の人物であるフィオーレのヨアキムもその一人である。ブオナイウーティがヨアキム研究の先駆的役割を担ったのも偶然ではない。ブオナイウーティは研究者としてだけでなく、実践者としてヨアキムの霊性を継承している。

ブオナイウーティの後もヨアキム研究は進んだ。マージョリー・リーヴスの『中世の預言とその影響――ヨアキム主義の研究』（大橋喜之訳）が基盤的研究を担い、バーナード・マッギンの『フィオーレのヨアキム――西欧思想と黙示的終末論』（宮本陽子訳）がそこに新しい発見と歴史解釈を加えた。ここでもヨアキム主義に関する知識は主にこの二著作に拠っている。

エリアーデがマッギンの著作に序文を寄せている。二人はシカゴ大学の同僚でもあった。一九二七年、エリアーデはブオナイウーティと面会した際、フィオーレのヨアキム研究が進行していることを告げられる。十二世紀イタリア、カラーブリアのフィオーレにある修道院の院長を務めていたことから、その名前がついた。彼は一一八三年までは信仰的、政治的の両面にわたって活躍した才能溢れる宗教者だった。しかし、その年を境に、彼は「預言者」になる。

既存の教会が絶対的である時代は終わる、これからは教会的ヒエラルキアとは別な新しい「霊の教会」の時代が到来し、司祭によってではなく聖職者、信徒の区別なく聖霊の恵みを受けた「霊的な人々」によって「教会」は導かれてゆくとヨアキムは言った。

ヨアキムは神学的見解を述べたのではない。啓示を受け、「預言」の言葉として語ったのである。第三の「時代（status）」、すなわち聖霊の時代の到来を預言したヨアキムは、ついに教会から誤謬を指摘され、疎んじられる。しかし、没後もヨアキムの思想は生命を保ち続けた。宗教が変革を迫られたとき、さまざまなかたちで「ヨアキム主義」は復活した。エルンスト・ブロッホは『希望の原理』でマルクスをヨアキム的人物として挙げている。その思想の復活は、すでに「教会」の枠から超脱しているのである。

異端視されたヨアキムを、破門されたブオナイウーティが蘇らせ、それをエリアーデが感受したという現象は、「教会」が直面している現況を如実に物語っている。デリダの言葉を借りるなら、「教会」は「解体」を経なくては新生できないところに、すでに来ているのだろう。ヨアキムの時代、「教会」はキリスト教を意味したが、ここでの「教会」とはカトリック教会だけを意味するのではない。宗教そのものを表徴している。

師の研究を引き継ぎ、『霊の教会——フランシスコ会教会改革の教会理念と歴史神学』を引っ提げ登場したのがベンツだった。ヤーコプ・ベーメ、シェリングを論じ、スウェーデンボリ論の大著を持つ彼が描き出すキリスト教史では、キリスト教神秘主義に留まらない、「秘教的キリスト教」と彼が表現する新旧両教会から異端視されるルドルフ・シュタイナーにも独自の意味を付して言及されている。

エラノスはこうした精神風景に現出したのである。現象界では平静であっても、精神界は揺れていた。基盤に亀裂が入り始めていたのである。

彼らは「神」という言葉を使うときに慎重だったように、救済を安易に語ることはなかった。しかし、彼らには自分たちの試みが、救済的出来事と直結するという強い自覚はあった。参加者は召命的な自覚を持って、毎年アスコーナに集まったとコルバンは書いている。

エリアーデが亡くなったとき、井筒俊彦は、学問を通じて深められた交流を回顧しながら、碩学の像を鮮やかに刻んだ追悼文を書いている。二人が実際に会ったのは二回だけだが、その事実を疑いたくなるほど、邂逅の痕跡は深い。初めて会ったとき、二人は十年来の知己のように語ったという。

量的な交わりはさして重要ではなかったのかもしれない。再び会うまでの十五年間、彼らは互いの著作を読みそれぞれに影響を享受していた。エリアーデの名前は『意識と本質』にも登場する。『世界宗教史』の完成は、エリアーデにとって字義通りの悲願だったといってよい。エリアーデは*Sufism and Taoism*を、イスラーム神秘主義のもっとも重要な文献の一つとして挙げた。

一九六七年のエラノスは、井筒にとって最初の参加だったが、エリアーデには最後の機会だった。二人が再会するのは一九八二年、このときエリアーデは講演者ではなく、特別功労者として招かれていた。奇妙な偶然なのか、井筒俊彦にはこれが最後のエラノスとなった。オットーの血脈を継いでいることでも二人は接近する。エリアーデの代表的著作の一つ『聖と俗』は正統なる「オットー精神」の復活宣言でもあった。

エラノスにおけるユングの系譜は確かに存在する。しかし、井筒は直接、そこには連ならないように思われる。もちろんエラノスは派閥的な集合体ではないし、覇権を争うのでもない。しかし思想的系譜を考えると、井筒は、オットー、マシニョン、ブオナイウーティ、ベンツそしてエリアーデが集まる一群にいると私は思う。

若き日のインドでの遍歴はエリアーデの人生を決定した。彼はそこで初めて生きた哲学、宗教あるいは生々しいまでの「聖」を経験する。中でも「パタンジャリの古典的ヨーガ哲学」との出会いは決定的だったと井筒は書いている。パタンジャリは『ヨーガ・スートラ』の大成者として知られているが、活躍した時期を含め、詳しいことは分かっていない。禅が内在的超越の覚に究極するように、ヨーガは同質の修道的営為である。

形而上学的認識の高みに到達したとしても、それだけで人間が解放されることはない、とパタンジャリは信じていたとエリアーデは書いている。それは確かにパタンジャリの信念だったろうが、エリアーデの確信でもあっただろう。

回想録でエリアーデは、インドの叡知を真に認識するために、ヨーガへの参入が不可欠だったと言った。インドでの師はエリアーデにヨーガの実践を簡単には許さない。エリアーデは、パタンジャリの文献をはじめとした古典哲学を読むために、まず、サンスクリットの研究に没頭する。

このとき言語の習得に捧げた彼の態度は、ヨーガと同様一つの「行」だったといってよい。あらゆる社交、日常生活を顧みない日々だった。食事すら数日に一回質素なものが外部から届けられるだけ。言葉が彼をヨーガへと導き、道を示した。言語が形而上的根本体験と直結するところで井筒とエリアーデの精神は強く呼応する。井筒もまた、行の人である。「東洋に私は救いを求めたのだ」

というエリアーデの言葉を井筒は引き、こう続けている。

青年エリアーデにとって緊急の関心事は、フロイトやフッサールの場合のように危機意識からの新しい学問の創始ではなく、危機意識そのものの実存的、主体的超克だった。彼のいわゆる「ヨーロッパ的意識の危機」という主体的問題状況は、ただ主体的にのみ超克さるべきものであった。学問より先に、まず学問する人自体の実存の問題が解決されなければならない。こういう期待を抱いて彼はインドに渡った。インドは彼の期待を裏切らなかった。（「エリアーデ哀悼」）

「学問より先に、まず学問する人自体の実存の問題が解決されなければならない」とはエリアーデの真実でもあるが、井筒自身の内心の告白でもあるだろう。

エリアーデは稀代の宗教学者だったが、創作全集が編纂されるほどの小説家でもあった。むしろ、インドでの哲学研究を踏まえた後、学者ではなく、小説家として出発した。これまでも触れたように、井筒俊彦はある時期までは哲学者であるよりも、「批評家」的だった時期がある。彼らは学者を志したのではない。棟方志功が版画との機縁を語り、版画が自分を呼んだのだといったように、学問が彼らを呼んだのである。

伝統学派と久遠の叡知

『井筒俊彦著作集』第一巻の巻末に「『著作集』刊行にあたって」という小文がある。彼はそこで自らの生涯を駆け足に追いつつ、自身の哲学的始原とその視座の形成を語った。

井筒は著作集が刊行し終わる前に亡くなる。彼の思想的帰結を表現していると思ってよいだろう。

いずれにしても思想とは私にとって最初から、永遠不易・唯一普遍《ペレニアル》な、哲学的組織体系としてではなく、言語や風土や民族性を軸としてその周囲に現象し結晶する有機的にして流動的な実存的意味構想体、として措定されていた。

何気ない一文だが、日本を離れ、世界における井筒俊彦の位置を考えるときには重要な言葉をいくつか含んでいる。「言語や風土や民族性を軸としてその周囲に現象し結晶する有機的にして流動的な実存的意味構想体」、これが井筒の言う「文化」である。「文化」は東洋、意識、本質、意味、コトバと並ぶ井筒俊彦の重要な術語《テクニカル・ターム》であり、鍵言語《キー・ターム》でもある。それは静止的社会現象ではない。歴史はもちろん、言語、芸術、宗教、習俗を包含し、流転することをやめない生命体である。

彼に『イスラーム文化』という講演録がある。このときも、題名は慎重に選ばれている。「永遠不易《ペレ》・唯一普遍《ニアル》な」(perennial)という表現は聞き慣れないかもしれない。しかし、この一語の後に一群の思想家たちが連なり、国境を越え、Traditionalist あるいは Perennialist school という大きな思潮を形成していて、伝統学派または伝統主義者と訳されている。代表的な思想家としてはルネ・ゲノン、フリチョフ・シュオン、アーナンダ・クーマラスワーミー、マーティン・リングズ、サイイド・ホセイン・ナスルなどを挙げることができる。

日本ではイスラーム学者竹下政孝が比較的早くから伝統学派に注目していたが、関心は広がることはなかった。ナスルの訳書が出て、名前が知られるようになっても、彼を伝統学派に連なる人物として論じる人はほとんどいなかった。最近、中村廣治郎がフリチョフ・シュオンと井筒俊彦の思想的異同を論じている。クーマラスワーミーの著作は昭和初期に二冊翻訳されていたが当時は、伝統学派の思想書ではなく、印度美術の研究書として受容されたのだった。日本における伝統学派の本格的な論究はこれからである。

伝統学派的表現は、必ずしも思想的形態をとるとは限らない。シュオンは絵に優れ、詩を書いた。哲学者というよりも美学者だったクーマラスワーミーは「永遠不易《ペレ》・唯一普遍《ニアル》な」美を論じた。音楽家ジョン・ケージはクーマラスワーミーの著作に影響を受けて作曲している。

先の一文は、表現は穏やかながら、井筒が自身の哲学と伝統学派の差異を判然と表明したものとして読むべきなのだろう。そうでなければ、彼があえて「永遠不易《ペレ》・唯一普遍《ニアル》な」という聞き慣れない言葉を用いる必要はない。真実の哲学を意味するphilosophia perennis（久遠の哲学）という術語は、伝統学派の最重要の鍵言語に他ならないからである。

大文字のTraditionは精神性の歴史的伝承を意味しているのではない。超越的始原者から直接的に継承されている叡知的実在、あるいは原宗教的実在を意味する。

始原／根源的を意味するprimordialもまた、伝統学派の重要な概念となる。primordial（始原的）であることはprimitive（原始的）とは異なる。primordialとは単に時間的にさかのぼることを意味しない。その理念はむしろ非時間的である。「始原／原初的伝統」を意味してPrimordial TraditionあるいはTradition Primordialeという表現を用いることもある。

「始原的伝統」と遭遇するとは、今も不断の創造を続ける共時的、力動的実在、絶対的叡知の顕現を直接体験することに他ならない。彼らはその真実在への道程をReligio perennis（久遠の宗教あるいは原宗教）、あるいはSophia perennis（久遠の叡知）と呼ぶ。現象界的――宗教的、思想的、文化的――差異の彼方に、時空の制限を受けず、遍在する「永遠不易・唯一普遍《ペレニアル》な」実在があると彼らは考える。

井筒は「永遠不易・唯一普遍《ペレニアル》な」実在などない、といっているのではない。しかし、井筒は文化的普遍者を超えた真理の実在を蓋然的には論じない。「ひとは衣裳を脱ぎ棄てるように、簡単に自らの文化的伝統から遁れ去ることは不可能なのである」（「回教哲学所感」）、と書いているように、むしろ、文化的差異を看過するところに大きな危険と思想的陥穽があると感じている。

先にアシン＝パラシオスに触れた。ダンテの『神曲』の根本的構造においてイスラームとイブン・アラビーの影響があるといった人物である。この現象をめぐる態度が、伝統学派と井筒の差を物語っている。井筒はスペインを経由し、スーフィズムの影響がイタリアに波及していることを否定しないばかりか、複雑に絡み合った「文化」的現象を直観的に捉えながらも、精緻な論理で裏打ちされながら展開してゆくアシン＝パラシオスの研究を評価する。一九八一年に書いたニコルソンの訳書への序詞でも、マシニョン、ネルデケ、そしてニコルソンらと共にアシン＝パラシオスの名前を挙げてその論究における巨視的態度に言及していることからも、その評価は生涯変わることなく続いたことが分かる。

アシン＝パラシオスを認めるという点においてはナスルも同じである。しかし、評価の力点が異なる。「ダンテがスーフィーと多くの深い類似を示しているのはテンプル騎士団を介しての歴史的接触のためだけではなく、まずなによりも彼が、キリスト教の伝統の枠内で、〔スーフィーと〕根源的に同じ霊的経験と天界〔Universe〕像を表現しているからである」（*Three Muslim Sages*）と述べるように、ナスルがアシン＝パラシオスの論説を評価するのは、文化論を展開した学者としてよりも、キリスト教とイスラームが出会う形而上的次元、すなわち「伝統」の実在を明示したという点においてなのである。

晩年のシュオンが、あるインタヴューで自らの思想を端的に語っている。そこで彼がまず言ったのは、「実在」（Reality; Ātman）と「幻影」（māyā）の峻別である。伝統学派には、「言語や風土や民族性を軸としてその周囲に現象し結晶する有機的」現象を論じることが「実在」論的探究ではなく、それを覆う「幻影」に言及しているに過ぎないと考えられたのである。

『著作集』刊行にあたって」という先の一文は、著作集の第一巻となった『神秘哲学』の後記も兼ねている。この著作で井筒は、ひたすらに究極者を求める「向上道」の達成が、神秘道における道半ばに過ぎないことを強調した。「イデア界を究尽して遂に超越的生命の秘奥に参入せる人は、現象界に降り来って現象界の只中に超越的生命の燈を点火し、相対的世界のイデア化に努むべき神聖なる義務を有す」るというのである。すなわち悟達は「向上道」の出来事だが、そこだけでは何ごとも始まらない。むしろ、絶対的境地から現象界に戻り、世界を「イデア化」する「向下道」にこそ、神秘家の使命の使命がある、それは彼の信念だったと言ってよい。

「相対的世界のイデア化」とは、彼岸的世界の存在を言明することよりも、むしろ「文化」の内奥に永遠の種子を発見し、育むことである。井筒は、叡知界が諸宗教/思想の一致する場であることを前提とするのではなく、並行的に存在しているそれぞれの実相を見極めることの重要性を強く指摘する。井筒にとって「向下道」とは、現象界を叡知界的に理解することではない。叡知界を現象界的に開示することである。また、それが井筒にとっての「哲学」だった。

伝統学派――ゲノンとシュオンにおいて、きわめて苛烈なかたちで現れるが――に共通するのは「哲学」の否定である。シュオンは philosophy（哲学）と metaphysics（形而上学）を峻別し、

philosophyを想起させるphilosophia perennisという表現においても慎重になったほどだった。伝統主義者たちにとって今日的意味における「哲学（philosophy）」は叡知（sophia）の対義語になる。

今日、「形而上学」は、あたかも「哲学」の一領域のように扱われ、philosophyの中軸にあるのは人間の理性に過ぎず、哲学者は理性の認識を表現するに留まっている。そこではすでにSophia（真知）を見出し、philo（愛する）という原意は見失われている。「形而上学」こそ、「伝統」を継承する営為に他ならない。むしろ「哲学」は「伝統」を隠蔽しているとシュオンは考えた。

同質の対立は、原宗教と「宗教」の間にも起こる。「宗教」は、ユダヤ教、キリスト教、仏教、イスラーム、ヒンドゥー教、神道などの既成信仰共同体を示す。「宗教」も誕生のときはその「伝統」を色濃く記憶しているのだが、長く続いた教義あるいは思想的闘争のゆえに、叡知は「宗教」の奥深く、人間が容易に垣間見ることができないところに隠れていると伝統学派は考える。彼らは「宗教」を否定しない。しかし、真に宗教的、すなわち原宗教的であるためには、それぞれの「宗教」の彼方を目指さなくてはならないと説くのである。T・S・エリオットが高く評価したシュオンの主著の題名、*The Transcendent Unity of Religions*（『諸宗教の超越的一性』）は、伝統学派の視座を端的に表現している。

「伝統」を闡明する、それは破砕された陶器を修復するような営みでもある。破片は時の流れに従い、風に舞い、水に流され、あるいは人によって運ばれ、世界に散った。完全な形を回復することは不可能にすら思われる。

確かにその完全なる姿は現象界（exoteric dimension）で見出すことはできない。だが、叡知界（esoteric dimension）には確かにある。叡知界とは原宗教の一性があらわになる超越的次元。「伝統」が顕現する場。それを実現するのが「形而上学」であり、原宗教だというのである。伝統学派とは「宗教」、「哲学」の差異を超え、伝統と叡知の実在を時代に現す人々だといってもよい。

しかし、ここで留意したいのは伝統学派における unity という術語の用法である。シュオンの主著の題名に見られるように、彼らが追求しているのは表層的「宗教」の一致ではない。宗教の「一性」である。伝統学派は、折衷主義でもなければ、俗にいう宗教多元主義的でもない。むしろ、彼らは透徹した一元論者である。

すべての存在者は「存在」の自己展開的顕現だとするイブン・アラビーの存在一性論は先に見た。伝統学派における「一性」論はイブン・アラビーの思想に限りなく近い。井筒俊彦も伝統学派も「存在」の一性という認識では意見を同じくする。しかし、それをどこに発見するのかが異なるのである。井筒は叡知界を否定しない。そこが「一性」の支配の場であることも認識している。ただし、それが叡知界のみではなく、現象界においても顕現し得ると考えるのである。

ゲノン、シュオンは共にイブン・アラビーを生んだ霊的基盤であるスーフィズムと密接な関係を持っている。二人は思想家でもあったが、行の人でもあった。一八八六年、ゲノンはフランス、一九〇七年、シュオンはスイスに生まれた。かつては二人は共に敬虔なカトリックだった。しかし「宗教」としてのカトリック教会はすでに「伝統」の継承をしていないと彼らは考え、二人はそれぞれの道を進みながら、ついにイスラーム世界へ行き、スーフィーになる。

ゲノンは孤独な思索者だった。それは孤高の、という比喩的意味ではなく、文字通り、彼はカイロで独り、思索と著述の日々を生きていた。伝統学派が産声を挙げたのは、幾度にもわたる文通を経て、一九三八年、シュオンがゲノンを訪れたときである。二人が会ったのは翌年にもう一度だけであった。伝統学派はルネ・ゲノンに始まる。時間的には二十世紀的な出来事であり、「新しい」学派だともいえる。

シュオンはゲノンから決定的な影響を受けたが、エピゴーネンだったわけではない。一九四八年、二人はキリスト教の秘跡をめぐって思想的に衝突する。それは意見の相違という次元ではなく、思想的には決裂とも呼べる出来事だった。当事者同士よりも、それぞれの信奉者が著しい確執を演じた。しかし、二人は書簡のやりとりをやめなかった。伝統の探究の前に、見解の相違は二義的な問題だったのだろう。ゲノンの死後、シュオンも彼を正統に評価する言葉を残している。

シュオンに続く世代を代表するのがナスルである。伝統探究というゲノンによる孤高の営みはシュオンによって深化と広がりを持ち、ナスルによって思想界における位置を確保した。ナスルの名前を世界が知ったのは、一九六四年に刊行された *Three Muslim Sages*（邦訳『イスラームの哲学者』）である。当時、彼は三十一歳だった。この著作はハーヴァード大学で行った講義が基になっている。彼はここで参考文献にシュオン、クーマラスワーミーの名前を挙げるなど、すでに自分が伝統学派に連なる者であることを隠さなかった。

第二ヴァティカン公会議以前のことである。宗教間の対話という言葉すらない当時、伝統主義者であることは偏見と差別の対象ではあっても、学問的に有利なことは、ほとんどなかった。伝統学派の思想は学問の対象として認められていないばかりか、一部の人々を除いて宗教界からも疎んじられていた。事実、一九六〇年代中ごろ、コルバンが論文でシュオンに触れたために、あるアカデミーから追われるという出来事があった。エリアーデがゲノンを論じたのはそれからおよそ十年後、一九七四年のことである。伝統主義者たちが異端的思想家という偏見的見解から解放され、思想、学問の一翼を担うべき一群であることを次第に世界が認め始めてから、さほど長い歳月が経過したわけではない。

先に引いた一節から分かるように、井筒は「伝統主義者《ペレニアリスト》」との違いを表明しているが、伝統学派を軽視しているのではない。『意識と本質』のユダヤ教神秘主義カバラー論で彼が依拠しているレオ・シャヤも伝統学派の一人であるように、井筒は伝統学派という思潮の登場に敏感に反応した人物でもあったのである。

井筒の蔵書にはシャヤはもちろんナスルの著作もあるが、ゲノンやシュオンのものはない。しかし、井筒が伝統学派を代表する二人の思想家を知らなかったことはあり得ない。ナスルは、自分ほどシュオンの文章を読んだ者はいないだろうと発言するほど決定的な影響を受けている。二人はのちにイラン王立哲学研究所の同僚になる。井筒はナスルと伝統学派をめぐって言葉を交わしたことがあっただろう。

イラン王立哲学研究所という名称から、すぐにイスラーム思想の研究所を想像しがちだが、それはイラン革命以後の体制から見た先入観に過ぎない。彼らの機関誌が*Sophia perennis*（久遠の叡知）と命名されていることが端的に示しているように、研究所は「永遠不易・唯一普遍《ペレニアル》な」叡知の探究の場であり、イスラーム的ではなく、むしろ、伝統学派的だった。

王立哲学研究所は一九七四年、ナスルが、レイモンド・クリバンスキーの推挙でフランスの哲学アカデミーの正式会員になったことを機に、当時王制だったイランの王妃から下賜されるかたちで開設された。もちろん責任者はナスルが務めた。彼はコルバンらと共に、井筒を研究所に招く。ナスルの一巻選集を編纂しているウィリアム・チティックは王立研究所時代の井筒の弟子である。

革命前のイランで、イスラームは絶対的宗教だったわけではない。むしろ皇帝はイスラームを相対化する政策を実施していた。イラン革命はその開放政策への反動でもあったのである。

二〇〇三年に刊行された伝統学派の人々を中心としたアンソロジー*Seeing God Everywhere*――題名はシュオンの文章から取られている――に井筒の一文が収められていることから分かるように、海外でもナスルやチティックと関係があるために、「伝統学派的」だと井筒を見なすことがある。

だが、そうした状況から井筒と伝統学派の接近を言うことは、表層をなぞることでしかない。以下の発言を見ても、彼が実感していた伝統学派との実存的な距離感は、決して小さくないことは明らかだろう。

永遠不変（?）の抽象的倫理学を樹立しようとする哲学者があるなら、そのような試みの価値をも私はあえて否定しようとは思わない。但しこのような場合でも、哲学者は、それほどの抽象的思惟を展開する以前に、もっと密度の高い言語文化的パラダイムの差違性の領域を自覚的に越えなくてはならない、と主張したいのである。（『意味の構造』）

「永遠不変（?）の抽象的倫理学」が、伝統学派の思想を意味することは容易に想像できる。だが言葉の通り、井筒は伝統学派を否定しているのではない。ヘブライの神とギリシアの神の違いに触れ、「神」の差異ではなく、むしろ神学者たちの違いを示すに過ぎないと看破した井筒である。「宗教」が危機的な状況で、伝統学派という思潮が生まれる必然性を理解していただろう。*Sufism and Taoism* でも、井筒は philosophia perennis という言葉を用い、その実現こそが論考執筆の根源的目的だとしている。「久遠の哲学」の希求において、彼は伝統学派に遅れをとることはなかったのである。

しかし、井筒は「伝統」の存在を前提に自身の哲学を構築してゆくことを禁忌としてもいた。それは *Sufism and Taoism* のときから変わらない。彼は内心の希求を明かした後、自らの仕事がその理想的次元を垣間見るにはあまりに遠いという実感を隠さなかった。人間が「神」と呼ぶのは、超越的絶対者というにはほど遠い、「神」の断片に過ぎないのではないか。断片しか見たことのない者が、どうしてその全体を語ることができるだろうか、そうした疑念からも彼は眼をそらすことはなかったのである。

万葉集に詠まれた「恋」をすべてloveに変えたらどんなことが起こるだろうと井筒は問いかける。正義という日本語は英語のjusticeと同義だろうか。『コーランを読む』で彼が指摘するように、「審判」を意味するアラビア語のdīnは、ある文脈で用いられるとき、善悪の判断ではなく、死者の蘇りを含む世界の刷新に直結する。「神」は言うまでもない。

彼にとって言葉の差異は単なる語意の違いではなく、実在の違いを表現している。だから厳密な意味での翻訳は不可能なばかりか、人間は言葉を用いて意志を完全に伝えることはできないとする。そうした前提のもと、彼は、言葉で自らを顕す哲学者となったのである。だからこそ、彼は三十以上の言語を学び、東西の古典を書かれた元の言葉で読み、その上で「哲学的共通言語」、「メタ言語」の誕生を希求したのである。

彼は言語に傾けた同じ疑義を、「伝統」、すなわち伝統学派にとっての「永遠不易・唯一普遍《ペレニアル》な」実在にも差し向ける。彼は文化を超えた「伝統」の道を選ばず、むしろ多様なる「文化」もまた、普遍の顕現だと認識する。共通点の向こうに超越的次元を想起するのではなく、差異の彼方に超越者の一性があると井筒は考える。

世界は意味分節によって現起する。あらゆる事象事物は人間の主体的な意味分節の具体的な現れである。(『意味の構造』)

最晩年、『意味の構造』改訂のときに書かれた一節である。井筒俊彦の哲学が凝縮されているといってよい。現象界における「文化」は非超越的である。表層的にはそれはあくまでも現象に過ぎない。しかし、その奥では、現象を「現起」させている「意味」がうごめいている。私たちが読み取るべきは、叡知界の出来事ではなく、現象界における「現実」とそこに秘められた意味である。叡知界を論じることは可能かもしれない。しかし、人間が生きるのは、叡知界ではなく、現象界である。いかなる理由があっても哲学はこの世界の現実から遊離してはならないと井筒は信じている。

諸宗教は高次の次元において、「伝統」に収斂するという見解が、机上の議論ではなく、伝統学派に連なる思想家の実存的経験に裏打ちされていることは、著作からも十分に伝わってくる。井筒もそれは認めるだろう。しかし、彼は「宗教」が収斂する一点ではなく、オットーがいう意味で「並行」的であることを論じる。「文化」を超越した実在を前提に論じるのではなく、「文化」的実在にこそが超越者の超越性を表現していると考えるのである。

以下に引くのは『意識と本質』の一節である。彼が「本質」と書くところは「文化」あるいは霊性と置き換えてもよい。

古代ギリシャには古代ギリシャ特有の「本質」体系があったし、古代中国には古代中国独特の

「本質」体系があった。事物の永遠不易な「本質」（イデア）を探究することで新しい哲学運動を興したソクラテスも、同じく事物の「本質」（「実」）を求めてその上に、正名論を建てた孔子も、それぞれの文化の想定する「本質」体系の制約を脱することはできなかった。「本質」は彼らによって創造されるものではなく、ただ発見され、正しく捉えられるべきものであった。

井筒俊彦の「本質」論がこれほど判然と明示された文章を、私は知らない。古代インドにはシャンカラの不二一元論、中国には老荘思想、孔子の正名論があり、古代ギリシアにはプラトンのイデア論がある。井筒は、それらが全て同じことを説いている、というのではなく、それぞれ特有の位置から真実を照らし出すと考えた。

これらの哲人たちは皆、「文化」の規定する「本質」体系の枠組みから脱することはできないことを知りながら、自らの思想を樹立した。「本質」は「創造されるもの」ではなく、「ただ発見され、正しく捉えられるべきものであった」のである。この一文は、井筒が、「文化」の違いをいかに積極的に認識していたかを示している。また、不用意に一致をみることの危うさを指摘している。『意識と本質』で井筒が論究しているのは、諸文化あるいは霊性の一致ではない。彼が凝視したのは、一致であるよりも微細な差異である。差異は軋轢を生むだけでなく、むしろ普遍に至る道が多様であり得ることを示している。多に一つを見る視座は『意識と本質』を貫いている。「宗教」の違いは「神」への道を進む人間を惑わせ、「哲学」の多様性は真実の発見を困難にしているかにも見える。しかし、イブン・アラビーが明示したように、根源的には万物が「存在」の分節的自己展開であるなら、「宗教」は「神」を覆い隠すものではなく、そのペルソナだともいえる。「文化」もまた「存在」の表象に他ならない。

複数のペルソナは、ときに、人間を混乱へと導くのかもしれない。しかし、道が多様であることは、人間にとってはむしろ恩寵かもしれないのである。

第九章　『意識と本質』

「意識と本質」前夜

一九七九年夏、エラノスでのことだった。チベット・タントラ研究の大家デルフ・インゴ・ラウフは井筒俊彦の耳に熱っぽい口調で、何かを吹き込むように言った。「我々西洋人は、今や、東洋の叡智を、内側から把握しなければならないんです。まったく新しい『知』への展開可能性がそこに秘められているんですからね」。この言葉をしばしば思い出す、と井筒は『意識と本質』の後記に書いている。

本章では、著作物である『意識と本質』とその中核をなす論文「意識と本質」を括弧を使い分けて示している。ここでは、主に長編論文であるそれを論じるからである。

「意識と本質」の基軸が、十余年にわたるエラノスでの活動期間に準備されていたことはすでに見た。この論考は、主題、視座と構造においてエラノス精神に貫かれている。連載が開始されたのは一九八〇年の六月、八回の連載が終わったのは一九八二年二月。彼は「意識と本質」執筆中もエラノスに赴いている。


エラノスの使命とは、叡知あるいは叡知界の現存を明示することである。

しかし、人間が純粋叡知界を直接的に経験することはできない。できれば、それは「純粋叡知」ではない。伝統的宗教、哲学、芸術、あるいは、最先端の科学の力を借りて、エラノスの参加者たちは始原的にではないとしても、人間に許されたもっとも接近した経験として叡知界を万人に開かれたものとすることを願った。それは現象界と叡知界の間にあって、根源的出来事が生起している場を発見することに他ならなかった。超越を志向する「中間世界」の発見がエラノスの目的となる。

エラノス精神の体現者だったアドルフ・ポルトマンは、「大宇宙《マクロコスモス》」と「小宇宙《ミクロコスモス》」の中間にある境域を「中宇宙《メディオコスモス》」と呼んだ。コルバンはそれを「想像的世界《ムンドゥヌ・イマギナリス》」、井筒は、「M領域」と呼んだ。そしてその境域にうごめく力動性を「言語アラヤ識」と命名した。呼称の別は問題ではない。原体験の差異にもかかわらず、それぞれの営為が、真実の意味で共同的に実現していることが稀有なのである。

人間界と超越界が連続していて、後者は前者を包摂する。さらに、その現実が毎瞬間、生起し、人間がそれを認識できる中間地帯が現存する。井筒を含むエラノスの参加者にとって「知」とは単なる知識の集積を意味しない。それは「中宇宙」からもたらされるものだった。彼らにとって「知る」とは、現実界で蓄積された既知の情報をそぎ落としつつ、叡知的次元へ還ることを意味していた。その道程で真実に語るのは人間ではない。人間は、現起した出来事を目撃し、伝えるだけである。しばしば見られるように、優れた思想家達は、自分が何を考えるかではなく、真実の発話者が何かを論じる。プラトンやアリストテレスは「ヌース」、イブン・アラビーは「存在」、スフラワルディーは「光」、井筒俊彦はそれを「コトバ」と呼んだのである。

先のラウフの言葉を聞き、井筒は「西洋人を俟つまでもなく、先ず我々東洋人自身が、己れの哲学的伝統を内側から、主体的実存的に了解しなおす努力をしなければならないのではなかろうか」と思ったと書いている。井筒における「主体的」、「実存的」の意味は重い。哲学者である彼には、それは、自己の存在を賭して、と書くことと同義である。「内側から、主体的実存的に了解」するとは、「ただ学問的に、文献学的に研究するだけのことではない。〔中略〕さらにもう一歩進んで、東洋思想の諸伝統を我々自身の意識に内面化し、そこにおのずから成立する東洋哲学の磁場のなかから、新しい哲学を世界的コンテクストにおいて生み出していく努力」に全身を捧げることに他ならない。

イラン革命勃発のため、井筒俊彦が日本に帰国を余儀なくされる前年、一九七八年に『神秘哲学』が復刊された。以下に引くのは復刊時に書かれた「序文」である。

今後、もし気が向いて、この仕事(『神秘哲学』)の継続を考えることがあっても、私はもう旧約からキリスト教への道を取らないだろう。今の私にとっては、旧約系の思想としては、カッバーラからハシディズムに至るユダヤ神秘主義のほうがはるかに重要だし、さきにも一言したようにインド系の神秘哲学、中国やイスラームの神秘思想のほうがずっと面白い。(『神秘哲学』新版前書き)

ユダヤ神秘主義、インド神秘哲学、中国、イスラームの神秘思想、彼が考える「東洋哲学」の領域を垣間見させる記述は、「意識と本質」の出現を予感させる。「もし気が向いて」とあるように、先の一文を書いたとき、翌年日本へ戻り、再び、日本語で著述を始めるなど彼は思ってもいなかっただろう。当時、イスラーム学だけでなく哲学的意味論において世界的な評価を受けていた井筒は、イラン王立哲学研究所に籍を置きながら、エラノスの中核的存在として活躍し、多くの著作を英語で書いていたのである。

一九七九年一月の末、井筒は、テヘラン空港からアテネ行の飛行機に乗った。彼を乗せて飛び立ったのは日本政府が派遣した最後の「救出機」だった。イラン革命の前夜のことである。同じ頃、アテネからホメイニーを乗せた飛行機が救出機とは真逆の航路でイランへと向かっていた。

革命前のイランはイスラーム国家ではない。皇帝モハンマド・レザー・パフラヴィー（パーレヴィ）二世は、政教分離はもちろん、異教徒へ機会均等の政策を実施していた。いわゆる「白色革命」である。農地改革、女性参政権、教育改革などが次々に実行に移された。皇帝によって率いられた改革は、ときに政治的、宗教的弾圧と粛清を生み、急速に進行した近代化は、貧困と経済格差を惹き起こし、結果的に市民を大きく苦しめることになる。その根柢にはイスラームの非絶対化がある。また、イスラームの伝統を守ることよりも、近代化を優先したことも混乱を生む要因になった。

これに真っ向から反対したのがホメイニーだった。当時はまだ、皇帝の側に力があったので、一九六四年ホメイニーは国外に追放される。イラン革命が起こったのは、それから十五年後のことである。一月の中頃、井筒がテヘランを後にする二週間ほど前、イランの土が入った箱を手に、王と王妃は病気療養を名目に海外へと飛んだ。彼らが再びイランの地を踏むことはなかったのである。

社会的困窮への不満だけがイラン革命の原動力だったわけではない。噴出したのは、近代政治学の予測を超えた出来事だった。ホメイニーに従った市民を通じて現れたのは、古代イラン文化の顕現と拮抗して勃発した、シーア派イスラームの復活を望む霊的衝動でもあった。空席になっている「イマーム」を外国から呼び戻す準備は整っていた。シーア派におけるイマームは、霊的系譜における預言者ムハンマドの直系、第四代カリフ、アリーの後継者である。

第十二代ムハンマド・アルムンタザルまで継承が続いたが、この人物をもって「隠れた」とシーア派の人々は信じている。異教徒は暗殺されたと言うが、今も、「お隠れ（ghayba）」は持続していて、信仰者はイマームの再臨を待ち焦がれている。その日までは、霊的指導者が「イマーム」を代行しなくてはならない。それがホメイニーの掲げた「法学者による統治（ヴァラーヤテ・ファギーフ）」である。「イマーム・ホメイニー」の呼称が象徴しているように、革命の後、この人物には、政治的、宗教的双方における絶対的権威が認められた。

意図すれば、井筒はもっと早くテヘランを後にすることができた。前年の秋頃から「テヘラン市内のいたるところで、殺気立った民衆による焼打ち、暴行、暗殺が毎日のように起こった。テヘラン中心部の私達のアパートのすぐ窓下で、突然、機関銃のけたたましい音が、濃い夜の闇を劈いた」と彼は書いている。当時、王立哲学研究所で井筒は「立派な協力者」に助けられながら「イスラーム哲学の未刊テクストの編纂・註解作業を中心として、イスラーム法学基礎理論の非アリストテレス的言語行為理論、スーフィズムの形而上学的基礎付けなど」を並行して進めていた。「異常な緊張感のなかで、私たちは規則正しく会合し、熱心に研究を進めていた」と彼は書いている。

国際社会は、混沌としたイランが異邦人に安全を約束するとは考えなかった。井筒は出国を決意する。「それらを全部放棄して」、彼は、「心ならずも、イランを離れた」。当時の彼の心中を伝える一文がある。

夜には、陰鬱な雨がよく降った。どこか近くの建物の屋上で、突然、神を賛美する悲痛な叫びが響く。たちまち、四方八方の屋上から他の声がそれに唱和する。王政に対する激越な挑戦だ。それを下から狙い撃ちする政府軍の兵士達。暗い夜空を見上げる私の心に、何とはなしに、運命という言葉が去来した。(『意味の深みへ』あとがき)

井筒は自身を「運命論者」だと安岡章太郎との対談で言った。この場合、「運命」とは宿命的であるよりも、啓示的で、人生の時々、強い力で介入し、進む方向の転換を求める働きである。イランでの仕事に興味は尽きないと感じていた一方、「奇妙なことに、それを棄て去ることを悔む気持は少しも起こらなかった」と書いているのも、そうした彼の人生の歩き方を鮮明に告げている。そればかりか、救出機の座席に坐ると、井筒はすぐに次の仕事を考え始めていた。機中で「これからは東洋哲学をめぐる自分の思想を、日本語で展開し、日本語で表現してみよう、という決心とも希望ともつかぬ憶い」を抱くのである。

なぜ、井筒俊彦は、「意識と本質」を日本語で書いたのだろう。居を日本に構えたから、だけでは彼の場合、十分な理由ではない。日本にいながら、世界に向けて英語で書き続けるのは難しいことでないばかりか、彼にはそれまでの仕事の延長でもある。帰国後も海外での学会発表をやめたわけではない。帰国からさほど時を経ずして、日本で最初に行われた講演も、英語だった。当時の仕事の環境を考えれば、英語で書く方がむしろ自然だった。彼の英文著作を待つ読者は世界にいたのである。事実、*Sufism and Taoism* の改訂は「意識と本質」の執筆と並行して進められた。

三十を超える言語を自由にした井筒俊彦は、その一方で、母語が果す決定的な役割を深く認識していた。人間は環境の変化から生活上の第一言語を選ぶことはできる。しかし、母語を選ぶことはできない。

井筒俊彦における「コトバ」は言語と不可分であるが、それに限定されない。画家にとって色が「コトバ」であるように、音楽家には音が「コトバ」となる。曼荼羅においてはイマージュが、心理学においては「元型」もまた「コトバ」となる。イブン・アラビーの生涯を見ると、言葉ではなく、いわゆる念の力による意思疎通が行われるような場合もある。「念」もまた、「コトバ」である。

「現代に生きる日本人が、東洋哲学的主題を取り上げて、それを現代的意識の地平において考究さえすれば、もうそれだけで既に東西思想の出逢いが実存的体験の場で生起し、東西的視点の交錯、つまりは一種の東西比較哲学がひとりでに成立してしまう」、だから日本人として日本語で表現すれば、そこに自ずから「東洋哲学の共時的構造化」は実現される、と井筒は「意識と本質」執筆の動機を記している。この言葉を引き受けて、うなずける読者も少ないだろうが、虚心に彼の言葉に耳を傾ければ、「現代に生きる日本人」に、彼が何を期待したかは伝わってくる。求めたのは論考の完成だけではない。読者の出現である。

それは同時代にも生まれ得るだろうが、未来の読者にも彼は期待しただろう。遺言が読まれることによって完成するように、作品が真実の意味で誕生するのは、書かれたときではなく、読まれたときである。また、作品を理解するに留まらず、血肉化した人物に恵まれれば、それは新生する、あるいは新生し続ける。

「意識と本質」を読むとは、井筒俊彦の思想的帰結を知ることに終らない。そうした安易な接近を、この著作は拒絶している。この本は、読者の内にも人類の根本命題が脈々と生きていることを教える。

この論考を前にすると、『共同幻想論』が著作集に収められた際の序文に、吉本隆明が書き添えた一文を思い出す。「どうして理解するための労力と研鑽を惜むものに、衝撃を与えることなどできようか」。同じ言葉が井筒俊彦から、「意識と本質」の読者に向かって書かれたとしても驚くに及ばない。

『意識と本質』は主著である。何らかの制約があって、井筒俊彦の著述を一作しか選ぶことができないとすれば、『意識と本質』を読まなくてはならない。主著とは統合的な著作であるという意味よりも、読まずに進めば、その人物を見誤るという著作を意味する。「大小説を読むには、人生を渡るのに大変よく似た困難がある」という小林秀雄の言葉は、小説に限定されない。井筒俊彦のように詩魂を抱いた哲学者の論文にも同質のことが言えるのである。

東洋へ

雑誌『思想』で「意識と本質」の連載が始められた当時、井筒俊彦は六十三歳で、開始当初は二回ほどでやめるつもりだったと彼は書いているが、結果的には断続的に二年、八回にわたって続けられた。

「書き進むにつれて筆を止めることができなく」なったとあるが、連載の回数を重ねているうちにそうなったという意味では、おそらくない。初回を脱稿したときすでに、完成すれば主著になることに、彼は気がついていたのだろう。初回と二回目には明らかな筆致の違いがある。連載の初回は自らの哲学的遍歴を駆け足ぎみに追い、次回につなげるように進められるのだが、二回目からは様相が異なり、主題が、書き手を牽引する現象が起こり始める。それは小説家が小説を書く場合、自分が書くというよりも、登場人物が勝手に動き出すという状態に似ていたかもしれない。作者の思い通りに動く作中人物がいたとすれば、それはすでに、作者が何ものかの脱け殻を握っているに過ぎないとモーリヤックは言う。小説と学問は違うという声もあるだろう。しかし、『神秘哲学』、『ロシア的人間』、*Sufism and Taoism* を瞥見しても分かるように、彼は秘儀が闡明されるとき、語り手はすでに人間ではない事実を論じてきたのである。ムハンマドのように、預言者という役割が判る。

然と示される場合もある。古代ギリシアにおいてその任を担ったのは哲学者であり、詩人たちである。

「意識と本質」が狭義の哲学界よりも、遠藤周作、日野啓三、丸山圭三郎、河合隼雄といった学外にいる人々を強く動かしたのも偶然ではない。「意識と本質」は、二十世紀日本に誕生したもっとも重要な哲学論考だが、ある時期、名実ともに一級の批評家でもあった井筒俊彦の「批評」でもある。文庫本で三百頁を超えるこの長編論考には目次がなく、それればかりか各回の表題もない。注釈も一切ないのである。連載初回に二、三の注はあったが、連載二回目からはなく、初回の注も、刊行時にはすべて本文に織り込まれた。論文としては稀有な体裁だが、批評としてはむしろ自然である。

「意識と本質」にはいくつかの鍵概念があるが、井筒はそれらを各々定義しない。「東洋」もその一つである。彼は、文脈が鍵言語の顕現を準備するように書く。読者にも言葉を知解するのではなく、感じ、体得することを強く促す。読者は、「東洋」のありかを情報的に求めることをやめ、それが現成してくるまで待たなくてはならない。

『意識と本質』の副題は「精神的東洋を索めて」となっている。論文「意識と本質」のそれは「東洋哲学の共時的構造化のために」、さらに決定版となった『井筒俊彦著作集』では『意識と本質』の副題が改められ「東洋的思惟の構造的整合性を索めて」となっている。中核的主題が「東洋」であることは分かるが、彼がそれについて明確に書いたことはない。対談では何度かそれに触れたことがあるに過ぎない。

井筒の「東洋」は、日本、中国、韓国、東南アジア、中東――アジアと称される地域はもちろん、ギリシア、ロシアを包含する。日本思想・文学はもちろん、儒家、道家、唯識、禅宗、真言密教をはじめとした仏教思想、インド哲学、イスラーム哲学にギリシア哲学、ロシア文学にまで広がることはこれまでも見てきた。だが井筒はさらに、その範囲はともすればジブラルタル海峡を越えかねないとする。海の向こうはスペインである。

確かにイブン・アラビーはスペインのムルシアで、アヴェロエスもコルドバに生まれた。スペインはカトリック・カルメル会発祥の地、アビラのテレサの故郷であり、井筒がある時期、神秘思想の究極点と見なしていた十字架のヨハネの母国でもある。海峡を逆に渡ればアフリカ大陸の入口モロッコへと辿り着く。

当時タガステと呼ばれたヌミディアの一都市に四世紀、アウグスティヌスは生まれた。「偉大な神秘家プロティノスの精神の真の継承者はプロクロスでもイアンブリコスでもなく、アウグスティヌスである」（『神秘哲学』著作集版）とかつて井筒は書いた。プロティノスはローマで亡くなったが、生まれたのはエジプトである。

しかし、いくつもの国境を突破し、複数の文化圏を統合する広大な領域を想像しても、彼の「東洋」の全貌は窺い知ることはできない。彼はそれを地理的領域ではなく、精神的理念とも考えていたからである。「東洋」は、彼の実存的経験に基づく「想像的《イマジナル》」な場所でもある。アンリ・コルバンは、スフラワルディーの説く「形象的相似の世界」を、ラテン語である mundus imaginalis に移し替えるという過程を経て「イマジナル」の概念を産出した。

十二世紀に生きたイスラームの神秘哲学者であるスフラワルディーは、自らをピュタゴラス、プラトンから伝わる叡知の継承者だと認識していた神知学者でもある。彼はイスラームを徹底的に純化することを自らの使命とした。イスラームの道とは、イスラームがイスラーム的でなくなるところまで純化されたときに完成すると信じていた。イブン・アラビーは、イスラームの保守派から疎んじられたが、スフラワルディーは命を狙われた。彼は暗殺されたとされている。井筒はイブン・アラビーに関しては、英文で包括的な研究を残したが、スフラワルディーに関するまとまった著作はない。主著『東方照明哲学』の翻訳が計画されていたが、実現されることはなかった。

しかし、彼のスフラワルディーへの畏敬の念は、イブン・アラビーに優るとも劣らなかった。「意識と本質」で彼はスフラワルディーに触れ、言った。

> 彼〔スフラワルディー〕はたんなる天使の心象について語っているのではない。彼にとって、天使たちは実在する。天使は、我々の世界にではないが、存在の異次元、彼のいわゆる「東洋」、「黎明の光の国」に実在するのだ。

天使は実在すると信じているのは井筒も同じだろう。彼にとって「東洋」とは、スフラワルディーの「黎明の光の国」、「存在の異次元」だったのかもしれない。

人類にもたらされた無形の叡知的伝統を、井筒俊彦は「東洋」の一語をもって私たちに突きつける。「東洋哲学全体を、その諸伝統にまつわる複雑な歴史的聯関から引き離して、共時的思考の次元に移し、そこで新しく構造化しなおしてみたい」と井筒は「意識と本質」のはじめに書いた。この一文に「意識と本質」の意図は明確に表れている。

「構造化」とは不可視な存在に論理の肉体を付与するということである。井筒における「コトバ」が言語学の領域を超えるように、「構造」は、「構造主義」の範疇を超えてゆく。構造主義が異界の現実を現実界に引き入れようとしたのとは逆に、彼は異界の「構造」を論じることを哲学の眼目とした。

「共時的」とは時間軸に囚われず、思想あるいは思想家たちを現在に結集させ、「今」の問題として論じるという論説的手法を指す。ユングの共時性（synchronicity）とは、文字通り共時的に事物が現象することだが、共時的現象に読者の興味を惹くことがユングの真意ではない。むしろ、現象は、世界が共時性を生起させる多層、多重的実在である傍証に過ぎない。共時性は時間の壁を突破する。

時間の不可逆性は永遠と対立しない。むしろ、過ぎ去った時が還らないことが永遠の実在を証している。永遠とは長く続く時間の謂ではない。永遠は常に「今」である。過去は、過去として存在する。永遠は、人間の準備さえ整えば、いつでも現在に顕現する。

シャマン、預言者、神秘家、使徒、あるいは聖者などと呼称される聖性との遭遇者をエリアーデは「宗教的人間（homo religiosus）」と呼び、彼らがいずれも時空の束縛を受けないことに注目している。彼が「ヒエロファニー」と呼ぶ聖の顕現は、すなわち永遠の開闢に他ならない。

東洋哲学の「共時的」展開を試みる井筒は、歴史の不可逆性を軽んじているのではない。むしろ、彼は思想の歴史的発展を実証的に論じるという業績を片方で積み上げてきた。処女出版である『アラビア思想史』、『神秘哲学』、さらに『ロシア的人間』も透徹した歴史観なしには生まれなかった。

実証的であるとは学問的方法論だが、「共時的」は実存的態度を示す。二つは相反しない。それどころか共時的な出来事に助けられなければ、真実の意味において実証的であることは難しいのではないか。私たちが偶然と呼ぶ出来事は、次元を変えれば必然的であるかもしれないのである。現象界的合理主義が、叡知界では必ずしも適合しないことを、共時的な出来事は鮮明に教えている。また、共時的次元は「非時間」だが、「無時間」的ではない。そこには現象界とは別なダイナミズムがある。「共時的」であるとは、「時」の多層性の上に立つということに他ならない。

「意識と本質」が本格的に展開し始めたとき、井筒はおもむろに本居宣長を論じ始めた。『古事記伝』を書く宣長の態度は、「意識と本質」を書く井筒俊彦を想起させる。そこでは学問的実証性と共時性が重層的かつ立体的に併存している。書物であれ過去に生きた人物であれ、呼びかければ応える、そう二人は信じていたのではないか。彼らにとって「読む」とは知的理解を超える営みだった。

だから、当然、コトバは透明でなければならない。書き手が並べた透明なコトバの連鎖を通して、その向う側に、書き手の心に始めから存立していた意味――つまり言語以前のリアリティ――を理解する、それが「読む」ということだ。(「読む」と「書く」)

同質の実存的経験がなければ『古事記伝』は完成しなかっただろうし、宣長はそこに三十五年もの歳月を捧げることはできなかっただろう。宣長にとって稗田阿礼は先人だが、「過去」の人ではない。宣長が古事記を一個の「生き物」だと思っていたように、井筒俊彦は「意識と本質」に登場する哲人たちを「今」に臨在する者として論じ、読者をその現場に招こうとしているのである。

精神的自叙伝

自伝、回想録、書簡集、日記などの伝記的資料は、井筒俊彦の場合、ほとんど残っていない。あるいは公表されていない。だが「意識と本質」を注意深く読めば、読者は思索の果実だけでなく、作者の哲学的・精神的歴程を目撃することになる。「意識と本質」は彼の精神的自叙伝として読むこともできる。詩人の生涯が年譜ではなく、詩に刻まれているように、哲学者の境涯も論考に刻まれているのである。

アリストテレスの『形而上学』で、神論が展開された第十一巻は、伝統的に独立した一巻の書物のように扱われてきた。ギリシア数字の十一を意味するΛ《ラムダ》に因み、人はそれを「ラムダ巻」と呼ぶ。精神的自叙伝として「意識と本質」を読むとき、「ラムダ巻」は第一章である、と私は思う。いたずらに先に進むより、第一章を何度も読む方が、井筒俊彦の精神的遍歴を理解するには、はるかに有益だろう。井筒が最初に言及したのはサルトルである。「東洋哲学の共時的構造化」を試みると言った先から、二十世紀フランスの実存主義哲学者を、彼は論じ始めたのである。

「デリダのなかの『ユダヤ人』」で井筒は、デリダにおける精神的ユダヤ性を論じたが、同質の主題はサルトル論においても成立する。サルトルは、フランスを代表する作家であると同時に、ユダヤ人でもある。サルトルがどれほど「神」を否定しようと、その精神にはヘブライの霊性が生きている。ユダヤ性は、豊饒な土壌を必要としない砂漠の植物のように、信仰という養分がなくても、彼の中で脈々と生き続けた。井筒がサルトルに魅せられたのは『嘔吐』を読んだときである。それは、文字通りの意味における出来事だったと言ってよい。この小説との出会いが、彼を哲学に導いたようにすら見える。

当時日本で、サルトルの名前を知る人は少なく、思想界においても、彼に関する知識と情報は限定的で、ヨーロッパがこの人物をめぐって騒然となっているという話が、どこからともなく耳に入るといった程度だった。当時の新刊『存在と虚無』――書名を『存在と無』ではなく『存在と虚無』と訳しているのは井筒である――を日本で持っているのは森有正だけで、他の人には見せないらしいという噂があった。「見せてやっても、あまりむつかしすぎて、普通の日本人にはとても理解できまい」と森がもらしたとか、「嘘か本当か、とにかくそんな話だった」。「この噂は、私の好奇心を猛烈に煽り立てた」と井筒は書いている。森有正の言葉を井筒に伝えたのは、関根正雄だったかもしれない。関根は『井筒俊彦著作集』の月報に寄せたエッセイで、自らが仲介者となって、戦後、井筒俊彦と森有正を引き合わせたことがあると記している。

ある日、井筒は大学近くの書店に平積みにされた、白井浩司訳の『嘔吐』を見つける。赤い表紙が印象的だったというから青磁社版で、一九四七年頃だと思われる。「外国の作品はすべて必ず原語で読むべきである」と公言していた彼も、このときばかりは「そんな主義や原則など構ってはいられなかった」、二日二晩かけて一気に読んだ。

「古来、東洋の哲人たちが、『無』とか、『空』とかいう存在解体的概念の形で展開してきたものを、サルトルは実存的に『嘔吐』化し、それを一種の言語脱落、つまり存在の言語的意味秩序崩壊の危機的意識体験として現代哲学の場に持ちこんでくる。この主体的なアプローチの斬新さが私を魅了した」(「三田時代——サルトル哲学との出合い」)と後年になって井筒は当時の読後感を述べている。

彼が魅了されたのは、主人公の「脱自」的体験である。ロカンタンはある日、公園にいた。以下の一節は井筒俊彦訳である。

マロニエの根はちょうどベンチの下のところで深く大地につき刺さっていた。それが根というものだということは、もはや私の意識には全然なかった。あらゆる語《ことば》は消え失せていた。そしてそれと同時に、事物の意義も、その使い方も、またそれらの事物の表面に人間が引いた弱い符牒《めじるし》の線も。背を丸め気味に、頭を垂れ、たった独りで私は、全く生《なま》のままのその黒々と節くれ立った、恐ろしい塊に面と向って坐っていた。

実存的体験を活写したサルトルの表現は、井筒を揺り動かした。「絶対無分節の『存在』と、それの表面に、コトバの意味を手がかりにして、か細い分節線を縦横に引いて事物、つまり存在者、を作り出して行く人間意識の働きとの関係をこれほど見事に形象化した文章を私は他に知らない」、とおよそ四十年後にもかかわらず筆致はまるで過日のことであるように、その衝撃は彼の中で鮮明に残ったのである。

ロカンタンが遭遇したのは、覆いの剝がれ落ちた樹木の実在である。「覆い」とは、人間を幾重にも守る皮膚あるいは、肉体のようなものかもしれない。人間は皮下をむき出しにしたままで生きることはできないし、そうした人間を見つめ続けることも困難だろう。現象界では皮膚的存在者は万物に不可欠な条件なのである。それを透過し、実在に出会ったとき、人間の肉体は耐えきれず、「嘔吐」を惹き起こす。ここでいう覆いが、「意識と本質」における「本質」に他ならない。

それ〔『嘔吐』との出会い〕は、当時、ようやく私のうちに形成されつつあった意味分節理論の実存的基底が、東西文化の別を越えた普遍性をもつことを私に確信させた。それ以来、私の思想は、ある一つの方向に、着実に進み始めた。(「三田時代——サルトル哲学との出合い」)

「以来、私の思想は、ある一つの方向に、着実に進み始めた」との言葉通り、サルトルとの邂逅が、井筒が哲学者として出発するきっかけになった。この後に書かれた『神秘哲学』にも、サルトルの影響は強く残っている。

『嘔吐』の主人公に現代特有の神秘家像を感じ取ったのは井筒だけではない。エティエンヌ・ジルソンの「下へ向う神秘主義」という『嘔吐』評を井筒は引いている。ジルソンは二十世紀フランス哲学界を牽引した言語哲学者、中世哲学の権威、すなわちキリスト教哲学界の重鎮である。ジルソンの場合「上への」神秘主義は、キリスト教神秘主義だが、「下へ向う神秘主義」、「下への脱魂《エクスタシス》」という表現も単なる否定の語ではない。取るに足りないと思えば、ジルソンは沈黙しただろうし、「神秘主義」という表現を用いることはなかっただろう。神秘主義のヴェクトルにおいて、上が望ましいと思うのは人間であって、神ではない。神に上も下もないことを、ジルソンは熟知している。もちろん、それを引く井筒俊彦も。ジルソンにとって「神秘主義」とは科学では説明しきれない不可思議な経験を意味するのではなく、字義通り「神」の経験を指す。

サルトルは、井筒にとって作家、思想家である前に、現代では稀有になってしまった異界への参入者の一人だった。小説としてよりも「全く新しい形の哲学書として」、『嘔吐』を読んだ、と井筒は書いている。それはサルトルの意図に合致していたのかもしれない。サルトルと同時代に肩を並べつつ活躍した、哲学者ガブリエル・マルセルもあまたの戯曲を発表するなど創作活動を繰り広げたが、マルセルにおいては主題が形式を選ぶと確信されていた。このときサルトルもまた、小説という形式を通過しなくては、特異な実存的経験が内包するプロブレマティークに、普遍性を付与することはできないと考えたのだろう。

現代に哲学が蘇るには、文学、すなわち詩との結束を喚び起こさなくてはならない、詩と哲学はもともと不可分の存在である――それは『神秘哲学』執筆当時から井筒にあった信念にも似た態度だった。

詩は空想の世界を描き出すのではない。もう一つの次元を顕現させる営みに他ならない。井筒にとって詩人とは異界からの旅人であって、彼らが詩に刻むのは、いつも「故郷」の風景である。リルケ、芭蕉、マラルメ、中世の歌人などの詩人が「意識と本質」で大きな問いと共に論じられるのは偶然ではない。もちろん、サルトルもその一人である。井筒はサルトルを晩年まで手放さなかった。今も唯識論の書と並んで『存在と虚無』が書斎の机に並べられていると書いたのは一九八五年、彼が七十一歳のときである。

もう一つ、『嘔吐』にちなむ重大な出来事に触れておきたい。対談で遠藤周作にイスラームとの機縁を尋ねられたときのことだった。これまで同じ質問を何度も受けてきたが、答えるのが面倒で、自分でもよくわからないとごまかしてきた。ところが、実は「キリスト教との出会いということが遠い動機になっている」と、井筒は、おもむろにある出来事を語り始めた。

メソディスト派のミッション・スクールである青山学院中等部に進んだ彼は、毎朝、礼拝に参加しなくてはならなかった。一学期目はどうにか我慢したが、二学期に入ると負担は心理的にだけでなく、身体的にも変調をきたすようになる。

そんなある日、教師による聖書の朗読、祈禱と、いつも通りにことが進んでいたそのとき、なぜか「特別に偽善的な感じ」がしたと井筒は当時を振り返る。「何とも言えない不快感におそわれて、とうとう胸が悪くなってきて」嘔吐する。少々気分が悪くなったという程度ではない。朝に食べた物を、前方に並んでいる生徒に「全部引っかけ」た。その同窓生の「霜ふり制服の色まで今でも鮮明に思い出す」というほどの吐瀉だった。

この出来事は、井筒俊彦のキリスト教嫌いの逸話として話題に上ることもあるが、それは読み違えである。この出来事の後、礼拝嫌いが治っただけでなく、キリスト教も「なかなか面白いものだ」と感じるようになったと井筒はいう。『嘔吐』を読んだとき、井筒が中学時代の嘔吐体験を想起しなかったとは思えない。中学生だった彼にその哲学的意味は理解されていないが、「存在」の基盤を垣間見た人間が遭遇する「言語脱落」の瞬間、「意味秩序崩壊の危機的意識体験」に直面していることは疑うべくもない。この日を振り返って、井筒は「生涯の方向を決定した重要なことだったと思う」と述懐している。

「意識と本質」を連載初出に遡って読んでみる。刊行時にある最初の一文が、のちに書き加えられたことに気がつく。

人間知性の正しい行使、厳密な思考の展開、事物の誤りない認識のために、「定義」の絶対的必要性をソクラテスが情熱をもって強調して以来、思惟対象あるいは認識対象の「本質」をきわめるということが西洋哲学伝統の主流の一部となって現在に至った。それが「本質」論として主題的に取り上げられるか否かは別として、「本質」の問題性は、様々な名称、様々な形の下に、西洋哲学の歴史を通じて常に思想家たちの思惟を支配してきた。

彼は連載を終えたとき「西洋哲学の歴史を通じて常に思想家たちの思惟を支配してきた」臆見《ドクサ》を解体する論文の誕生に気がついたのだろう。この一節からは連綿たる西洋哲学史の原点に遡り、その時点を「共時的」に突破しようとする井筒の気概を感じることができる。

「共時的」営為は、現在のみならず、永遠の相の下にある問題に取り組むことである以上、完成されることはない。『意識と本質』のあとがきで、試みられたのは一個の序論に過ぎないと彼自身が述べたように、その営みが完遂不可能であることは、彼が最初から了解していた。井筒が書いたのは序章であるかもしれない。しかし、優れた論考に私たちがしばしば発見するように、「序論」

は根本問題を鮮明に明示しているのである。

「意識」と「本質」

「意識と本質」では、「意識」と「本質」という言葉自体が、私たちが日常的に用いるそれとは位相が異なる。井筒によれば「意識」とは元来「脱自的」である。彼は「フッサール現象学の基礎理念」にあるサルトルの言葉に触れつつ、そう言ったのである。また、彼は常に「意識は何ものかについての意識である」というサルトルの言葉からも目を離さない。意識論と存在論が分離しないところに、井筒はサルトルの今日性と伝統性を見ている。

「脱自」は、「意識と本質」を読み解く鍵言語である。だが、「意識と本質」という言葉の表層的文意の知解のまま読み進めると、井筒の論理が力動的に動き出したときに、読者はその流れを見失ってしまうだろう。

「意識」とは「自分の外へ滑り出すこと」であるとも彼は書いている。「外」で「意識」を待ち構えているのは「本質」である。「意識」が「本質」に向かって「脱自的」に滑り出す。この論考では、「意識」も「本質」も静止的概念ではなく、「脱自的」に展開するのである。

「脱自」という言葉は辞書を探しても見つからない。この訳語を最初に用いたのが誰かは分からないが、九鬼周造は、最初期に用いた一人である。彼がハイデガーの『存在と時間』に触発され、「脱自」の原意である「エクスタシス」にごく早い時期から着目し、時間論において理論展開していたことは先に見た。『時間論』をフランスで発表し、帰国後に行った講演を基にして発表された論考「形而上学的時間」で、彼は「脱自」という表現を用いている。一九三九年に刊行された『存在と時間』の翻訳には「脱自」の文字があることからも、以後、術語として日本哲学界に受容されたのだろう。日本語における哲学的表現、あるいは術語の発見において、九鬼が果たした役割は注目に値する。「実存」という表現を最初に用いたのも九鬼である。

「脱自」の文字を、井筒が本格的に使い始めたのは、一九四九年の『神秘哲学』からである。「脱自」は、「神充」と共に、『神秘哲学』の鍵言語になる。しかし、井筒がそれを、ハイデガーの影響下に使っているかどうかは定かではない。当時、彼はすでにサルトルを読んでいる。その「脱自」観は、よりサルトル的、すなわち『嘔吐』の世界を彷彿させる言語脱落的な経験のように見える。『嘔吐』の後に彼が手にした『存在と無』で、サルトルはしばしば「脱自（ek-stase）」を論じている。サルトルの『存在と無』は、ハイデガーの『存在と時間』への応答だが、サルトルにハイデガーの存在を教えたのは、九鬼である。ここで触れておきたいのは、言葉をめぐる機縁だけではない。「脱自」という哲学的術語が、それぞれの思索者の「脱自」的体験によって生まれ、血肉化され、それが続く者の実存的経験の契機となっている事実である。以下に引くのは九鬼の言葉である。九鬼における「脱自」を実存的に説き明かしているように思われる。

「哲学とは存在一般の根源的会得であると私は考えている」（「哲学私見」）。あるいは「我々は現実の世界が存在するという偶然の事実そのものに驚きを感じないではいられないのである。そこには何等か超感性的なものの深淵が開かれている」（「驚きの情と偶然性」）、との言葉からも分かるように、九鬼と井筒には、単なる類似以上の連関がある。

『神秘哲学』において「脱自」は、ギリシア語「エクスタシス（ekstasis）」の訳語として認識される。それは「人間的自我が我性に死に切ること、自我が完全に無化されること、自我が一埃も残さず湮滅する」実存的経験を意味する。「脱自」が「感性的生命原理としての相対的自我の死滅」だとすれば、「神充（エントゥシアスモス enthousiasmos）」は、「脱自」に随伴して「ただちに」起こる「超感性的生命原理としての絶対我の霊性開顕の機縁」である。

「脱自」は、本能的に自己、時間、空間など現象界的制限を突破し、他者、永遠、異次元を志向すること。「神充」とは、それを受け止める「存在」の摂理である。「脱自」と「神充」に隙間はない。井筒が言うように、「脱自」と「神充」の経験は、禅の見性、儒家における「脱然貫通」と同じ存在次元で生起する。しかし「神充」は神秘家に限定される特異の出来事ではない。仮にその充足者を「神」と呼ぶ。「神充」が狭隘な限定的条件下でのみ起こる経験なら、充足者は選ばれた人にのみ実在するという、低俗な神秘説に陥る。「神」は遍在する。むしろ遍在する超越者が「神」なのである。道は万人に開かれている。

「意識」が「脱自的」であるとすれば「本質」は「充足的」である。「本質」の本性は自らを与え尽くすことにある。人が無になれば「神」が瞬時にそこを満たすと、中世キリスト教の神秘家マイスター・エックハルトが言うのも同質の出来事である。「本質」を真実に「意識」することができれば充溢を経験する。私たちが、それを深く認識できないとしても、である。また、「意識」は、いつも人間を存在的孤立と真逆の方向を志向させる。

「意識と本質」を読むとき、きわめて重要だと思われるのは、井筒が思索の基盤を現実感覚にしっかりと根を下ろし、展開していることである。彼は、表層的な神秘主義的視座を嫌った。彼が読者に求めるのは、私たちが日常感じる常識的世界観を微細に見ることであって、その否定ではない。むしろ、読者を世界の深みへと導きながら、その奥底からふたたび、現実世界へ還ることを促した。彼の思想的態度を如実に物語る一節がある。

「本質」ぬきの分節世界の成立を正当化するためにこそ、仏教は縁起を説くのだ。だが、縁起の理論は、理論的にはいかに精緻を極めたものであっても、実践的にはなんとなくもの足りないところがなくはない。この現実の世界でわれわれが実際に交渉する事物には、縁起の理論だけでは説明しきれないような手ごたえがあるからだ。

仏教で説かれる縁起が何であるかは、今、問題ではない。見るべきところは別にある。出発するのは理論からであっては絶対にならない、現実界の「手ごたえ」からしか、人間は存在の深層へと進むことはできないとする井筒の視座である。私たちが特定の思想、あるいは教義《ドグマ》の前に、日常的な「気分的な了解」を忘却することを、彼は強く諫める。先の言葉に続けて、こう書いている。

「大乗仏教の数ある流派の中で、この問題に真正面から、実践的に取り組もうとしたのが禅である、と私は思う。〔中略〕『本質』に依る凝固性の分節ではない、『本質』ぬきの、流動的な存在分節を、われわれ一人一人が自分で実践的に認証することを禅は要求する」。「一人一人が自分で実践的に認証する」地点が出発点であり、存在究明の目的もそこにあると井筒は考えている。

万物は、超越的普遍者である「存在」に「本質」を付与されて「存在者」となる。眼の前にコップを現出させているのは、「存在」の働きだが、人間が「存在者」を一個のコップとして認識するのは、コップの「本質」を感覚するからである。『嘔吐』を論じたときに見たように、「本質」とは、私たちが「存在」を認識する際に不可欠ないわば覆いである。それは、何かを隠蔽しているというよりも、人間の生活をかくあらしめている基盤でもある。「本質」があるから人は事物を認識し、他者と交わり、日常生活を送ることができる。「あるもの（例えば花）を、他の一切のものから区別して、まさにそのものたらしめる」公理が「本質」である。したがって存在者と同数の「本質」が実在する。山、川、草、花、谷、湖、海、人、それぞれの「本質」がある。世界は無数の「本質」によって区切られている。また、「本質」は、それぞれの文化的枠組みに従って生み出され、無数の人間の多層的な意識と複雑に絡み合い、歴史に沈殿してゆく。あるものは哲人、神秘家あるいは詩人の実存的経験を通じて現実界に現れ、芸術、哲学、宗教などのかたちを獲得しつつ、他者へ伝わる。

その綿々と続けられた人類の営みを、井筒俊彦は「共時的構造化」することで現代に蘇らせようとする。それは無数の「文化」に飛散した「東洋」的霊性のイデアの顕現を準備することに他ならない。その行為は飛び散った紙片を集め、一つの書物を蘇らせるのに似ている。

彼が論究する「本質」は、事物に限定されない。可視的な物的存在に留まらない。不可視な想念、あるいは霊的実在にも同じく「本質」生成の公理は働いている。そうでなければ、イマージュだけで構成されている「密教のマンダラ空間の、あの圧倒的な実在感をどう説明できるだろう」と意識に浮かぶイマージュまでを井筒は、「本質」だと言った。

イマージュの実在を追求した心理学者は少なくないが、それを一輪の花と同じ実在感をもって「本質」と呼んだ人は少ない。マンダラに描かれた魑魅魍魎を表象に過ぎないとするなら、井筒の論考も意味をなさなくなるだろう。スフラワルディーのイマージュ論に触れ、「我々のいわゆる現実世界の事物こそ、文字通り影のごとき存在者、影のまた影、に過ぎない。存在性の真の重みは『比喩』の方にある」と彼は書いている。イマージュを実在として論じる現代の哲学者はいたが、井筒のようにそれを実在の基底者、「本質」と認識した人はいただろうか。

如来や菩薩は象徴であって実在しない、それは「象徴」に過ぎないという視座に、井筒俊彦は現代的精神の脆弱化を見る。むしろ、「象徴」は「コトバ」が現実界に顕現する通路である。「象徴」は、その後ろに不可視な何ものかが存在することを明示する。「比喩」こそ実在である、と言う井筒が、どうして菩薩の実在を疑い得るだろう。それは「我々の面前に、そして我々自身の内部に実現している。見る目をもった人だけに、それが見える」のである。

マンダラに続いて、彼は、「本質」実在論の一つとして、イマージュの世界、「元型」を論じる。元型論といっても、彼はここでユングのいうアニマ、アニムス、老賢者、グレートマザーといった個別型を論じるのではない。井筒がその術語を軸に論じたのが『易』である。彼は『易』の八卦に、「コトバ」の自己展開と意味誕生の過程が生々しく記憶されていることを看取し、八卦の一つ一つに神話が刻印されていることを指摘する。コトバは本来的に「神話詩」を内に秘めている。コトバにおける神話形成的発展性（mythopoesis）とは、その特徴であるより、むしろ、根源的性質、本性であることを論じる。

神話は、単なる「作り話」ではない。超越者の自己顕現の一形式である。人間が神話を作るのではない。超越的なる事象が神話という「元型」を選ぶのである。

元型とは、個人の無意識とは別に、文化あるいは共同体の存在基盤を決定する精神的範型である。私たちはここで元型を、イブン・アラビーが「永遠の範型」、「有無中道の実在」と表現した働きの類比的存在として考えることもできる。井筒はこれを「本質」の一つに数え、実在を認める。

元型は人間意識の深層構造を根本的に規定する「文化の枠組み」と深く結びつき、共同体において独自の発展を遂げる。「つまり、時代と地域との別を超えて、すべての民族に、あるいは全人類に、共通するという意味での普遍性では、それ〔元型〕はあり得ない」。「全人類に共通する普遍性をもった『元型』というようなものは存在しない。個々の『元型』も、それら相互間に成立するシステムも、各文化ごとに違う」のである。仏教徒が、「瞑想的ヴィジョンにおいて、キリストやマドンナを見ないのはなぜ」か、逆に「キリスト教徒の瞑想意識の中に、真言マンダラの諸尊、如来や菩薩の姿が絶えて現われてくることがないのはなぜだろう」と彼は問う。先に見た伝統学派が一致に注目するのに対し、井筒は、「本質」の差異に意味を見出そうとする。

「意識」の実相を把握するには、「意識が意識性を超えるところまで、つまり意識が意識でなくなってしまうところまで推し進めていかなくてはならない」と井筒は考える。「本質」究明にも同じ論理が適応される。「本質」が本質性を離れ、本質が本質でなくなるところまで論じなくてはならない。

「本質」を我々の「意識」が捉えた瞬間に、「これこれのものがそこに存在する。例えば山が、あるいは川が」と井筒は書いている。その言葉に従うと、深層意識が事物を捉えることがなければ、人間は、その実在を実感することがないばかりか、事物は存在すらしないことになる。「意識」には、階層がある。「本質」は意識的階梯に順じて姿を変じる。あるいは「存在」は意識に応じて現れるといってもよい。

ここで井筒が論じる「意識」の究極態は、私たちが実感する意識、精神分析学が範疇とする無意識を含むそれではない。井筒は言葉を超越し、ときに究極者をも含意する術語として、「コトバ」

の一語を生んだが、その異名として、「意識と本質」で一度だけ「ココロ」と書いたことがある。「このコンテクストで使う『無心』『有心』は同義語ではない。『無心』『有心』とはそれぞれ違う次元で成立するココロである」とあるように、「ココロ」こそ、「意識が意識性を超えた」実在なのだが、それが本格的に論じられるのは、絶筆となった『意識の形而上学――『大乗起信論』の哲学』における意識的超越者「心《しん》」の論究まで待たなくてはならないのである。「存在はコトバである」と井筒が自らの思想を収斂的に表現したように、「存在はココロ」でもあり得るということを彼は論じ始めていた。

東洋哲学においては、認識とは意識と存在との複雑で多層的なからみ合いである。そして、意識と存在のこのからみ合いの構造を追求していく過程で、人はどうしても「本質」の実在性の問題に逢着せざるをえない。

この一節は「意識と本質」の、ほとんど最後の文章だといってよいところにある。それは結語でもあるが、原点を明示してもいる。ここでの「存在」は存在者ではない。イブン・アラビーのいう「存在」、それは絶対的超越者の異名である。

精神分析学の誕生以降、急速に広まった無意識という術語を用いることに、井筒俊彦はきわめて慎重だった。というよりも、この言葉を不用意に用いることを、ほとんど禁忌としていたようにも思われる。フロイトとユングを揶揄しているのではない。むしろ、彼は精神分析の創始者と異端の後継者が果たした貢献と、問題提起に鋭敏に反応した一人だった。しかし、彼は現代に跋扈した「無意識」という虚像を全く相手にしない。「意識」は深く、厚く、混沌としていて、理論的な制御を寄せつけない。人間に許されているのは、その力動性を真に眺め、それに構造の仮説を与えて、一端であれ、それを経験することしかない。「意識」の実在は疑うべくもない。だが、その底に無意識と呼ぶべき怪物が横たわっているのではない。無意識という限定は不要である。「意識」自体、もともと得体がしれないのである。

底の知れない沼のように、人間の意識は不気味なものだ。それは奇怪なものたちの棲息する世界。その深みに、一体、どんなものがひそみかくれているのか、本当は誰も知らない。そこから突然どんなものが立ち現われてくるか、誰にも予想できない。

「意識に表層・深層という二層構造を措定」する、と井筒は書いているが、それはあくまで便宜上の区分に過ぎない。「意識」を二分化することが目的ではなく、「中間的意識空間」あるいは「M領域」、「M地帯」と呼ぶ場に構造的実在を付与するところに、彼の眼目がある。表層と深層をつなぐ中間地帯へと井筒は読者を導こうとする。

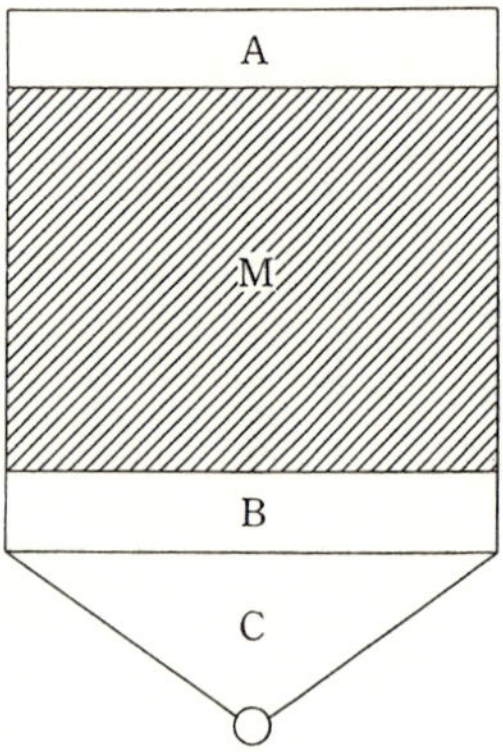

図1 「意識の構造モデル」
（著作集第6巻『意識と本質』、178頁より）

図1は「意識と本質」にある「意識」の構造モデルである。Aは表層意識、M、B、Cは深層意識の領域を示す。「M領域」の「M」は中間を意味するmiddleの略語だろうが、「意味」誕生の場であることを考えると、meaningのそれとも考えられる。ここは先に触れたコルバンが描き出した「イマジナル」な世界でもある。

しかし、私たちはここにまず、レオ・ヴァイスゲルバーの強い影響を看取するべきなのだろう。先に見たように、ヴァイスゲルバーにとっては、言語自体が人間と実在の「中間」に位置するものに他ならなかった。言語は、文化の構造を決定する。「言語的中間世界」とは、すなわち「精神的中間世界」でもある。

精神内にのみ存在する事象があるように、特定の言語においてのみ存在する事象がある。先にオリオン座の例を見た。日本人にとって、カラスは不幸な出来事を想起させるが、旧約聖書では預言者エリヤの眷族である。日常生活における吉凶の徴も同じだろう。しかしだからといって、しょせんは寓意に過ぎないと考えるべきではないだろう。逆に私たちは言語と文化から自由であり得ない以上、その世界構造から容易に逸脱することはできないのである。

「M領域」は、単なる理論的仮説である以前に井筒にとっては実存的境域だった。「イデア論は必ずイデア体験によって先立たれなければならない」(『神秘哲学』)、それはプラトンのイデアの実相を言い当てているだけでなく、彼が自らの信条を表現した一文だと思ってよい。根本問題を論じるときはいつも、実存的経験が先行する。むしろ、それだけを論究したところに井筒俊彦の特性がある。

コトバの神秘哲学

「意味」という言葉も、井筒俊彦が用いると、単語、文章、あるいは現象の指示内容ということに留まらない独自の術語となる。「意味」は混沌から生まれ出る存在の相貌、存在者の「顔」。一つとして同じものがない固有者である。

言葉は未定形のエネルギー体である。言葉が生まれると同時に「意味」が生じるのではなく、「意味」が言葉を求めると彼は考える。つまり、「意味」が言葉の母胎であって、逆ではない。「コトバ」が意味を分節する、と彼は認識する。「コトバ」とは、万物の基底、「根源的絶対無分節のリアリティー」と同義である。すなわち「コトバ」が万物を生むと井筒は考えている。花があって花という言葉が生まれると通常私たちは認識する。しかし、井筒の言説は真逆の事実を突きつける。彼の言葉通りなら花という「意味」の「範型」に形づくられて、花は誕生することになる。

日常的意識、すなわち表層意識が捉える世界では、事象→言葉→意味の順序に従って生成するように映る。事象が先行し、言葉と意味が追う。言葉は事物を指示する記号。記号は時と共に意味を帯びるようになる。事象がなければそれを呼ぶ言葉もない。言葉がなければ意味が生じることはできない、と考えられていて、それを疑わない。

「意味作用を失った瞬間に言語記号は記号としての生命を失って死物と化す」(「禅における言語的意味の問題」『意識と本質』)と井筒は書いている。「意味」は生命それ自体である。表層意識では、初めに事象があるのだが、深層意識界では意味から始まる。事象→言葉→意味の連環は遡及的に逆行すると井筒はいうのだ。

意味的存在者を「種子《ビージャ》」と呼び、存在世界を樹木的隠喩で論じ、独自の存在/意識的意味論を展開したのが仏教の唯識思想である。「種子」が、芽生え、葉を出し、樹木となるように、万物は樹木的発展と展開をくりひろげながら現実界に現れてくる。「意識界における混沌と実在の接点を唯識派は「阿頼耶識《アーラヤ》」と命名した。

「種子」は、すなわち意味であると井筒はいう。彼は唯識思想を単に焼き直し、踏襲しているのではない。その伝統に彼もまた参与しているのである。彼にとって、真実の意味における継承は深化と同義だった。

「唯識哲学の考えを借りて、私はこれ〔言語アラヤ識〕を意味的『種子《ビージャ》』が『種子』特有の潜勢性において隠在する場所として表象する」としながら、阿頼耶識の奥、「コトバ」が意味を産む場所を「言語アラヤ識」と呼び、特別の実在を与えた。「言語アラヤ識」と命名すべき実在に彼が遭遇し、それに論理の体を付与したとき、井筒は「東洋哲学」の伝統の継承者から、刷新者の役割を担う者となった。

「言語アラヤ識」は先にいった「M領域」の奥に布置されている。この言葉によって、井筒は、精神分析家たちには隠された、意識の奥底にある、「存在」と世界をつなぐ道を明示している。

心理学における無意識、意識の奥底までも論じ尽くしたかのような唯識における阿頼耶識、その先に足を踏み入れ、コルバンがいう「イマジナル」な領域のもう一歩奥へ、井筒は参入しようとしている。

「意識と本質」に登場する詩人は、彼が指摘する通り「コトバの錬金術師」であると共に、「言語アラヤ識」の道を行く孤高の探究者でもある。自らの詩作をマラルメが「修道」と呼び、「修道院の奥深く、ひそかに神を求める修道士のいとなみに比していることは意味深い」と井筒は書いている。「形而上的錬金術をなしとげる詩人（コトバの芸術家）マラルメの言語は、もはや日常の、人々が伝達《コミュニカシオン》に使用する言語（langage）ではなくて、事物を経験的存在の次元で殺害して永遠の現実性の次元に移し、そこでその物の『本質』を実在的に呼び出す『絶対言語』（le Verbe）」となる。

「絶対言語」であるコトバが顕現する、それは一般言語としての言葉が脱落することを意味する。すなわち「本質」としての言語から「存在」である「コトバ」が立ちあらわれるのである。コトバが現実界に強く介入する瞬間――そのとき、私たちは世界が、多層多次元的実在であることを知る。

「意味のカルマ」(「意味論序説」)という表現を井筒は用いることがある。彼にとって「カルマ」とは、個人の生涯に随伴する悪しき宿業ではない。「業」は人間の生を狭め、限定するのだろうか。それは障碍ではなく、変革、深化、あるいは解脱するべき対象を告げ知らせているのではないか。先に引いた「意識と本質」冒頭の一文を思い出そう。『本質』の問題性は、様々な名称、様々な形の下に、西洋哲学の歴史を通じて常に思想家たちの思惟を支配してきた」のである。「文化的普遍者」に積もり重なった「業《カルマ》」が「意味」を決定し、それが、人間の文化的基盤を形成する。「業」をどう生きるかに人間の生涯が懸かっているように、文化あるいは霊性にも、それぞれの「業」がある。「文化」にも「意味のカルマ」は類比的働きに生きている。それは「文化」全体、あるいは霊的共同体を支配する不可視な実在である。

井筒俊彦の独創性に言及する際、人は「言語アラヤ識」という表現に注目する。確かにこの術語は井筒独自のもので、この一語にも、東西の伝統的な思想と現代言語哲学に裏打ちされた思索の跡を看取することができる。

だが、彼が追究する実在、「無」意識はその彼方にある。彼はそれを、存在と意識が分かれない世界の「ゼロ・ポイント」と呼ぶこともある。「言語アラヤ識」は「ゼロ・ポイント」の実在を闡明している。そこが井筒における「深層意識的言語哲学」の始原、「コトバ」的世界の始原に他ならない。

「意識と本質」の連載は八回だったが、刊行されたときには十二の章に分けられた。もちろん、加筆補正はされているが、文脈的には一見、大きな差異はないようにも映る。しかし、「コトバ」の一語は例外だった。連載時に、特別な意味を含み、書かれた「言葉」の文字は、刊行にあたって、すべて「コトバ」に改められた。「言葉」、あるいは「言語」と「コトバ」を井筒が明確に使い分けたのは、「意識と本質」の連載途中、第七回のときである。「コトバ」の一語との遭遇は、作者にも予期せぬ経験だったに違いない。

「意識と本質」を読むとは、言葉がコトバへ、そして根源的コトバ、すなわち「存在」へと変貌してゆく井筒俊彦における精神の劇を目撃することに他ならない。マラルメに触れ、彼は、「コトバ」は「『本質』を実在的に呼び出す」と書いた。言葉は「本質」を表現するに留まるが、「コトバ」は絶対無の海から事物を創造的に喚起するというのである。すなわち「コトバ」の秘儀とは「根源的に存在分節の動力」に他ならない。

ところが井筒は「コトバ」の意味を多層的に用いる。「存在はコトバである」と言うとき、コトバは超越的実在だが、「意識と本質」にある「コトバ」の文字をすべて「存在」あるいは「神」に置き換えたら、この論考は破砕してしまう。

『嘔吐』を論じ、「コトバが脱落し、『本質』が脱落してしまえば、当然、どこにも裂け目のない『存在』そのものだけが残る」、と彼が言う際の「コトバ」は、存在者であり「存在」と同一ではない。むしろ、意味的には「本質」に接近している。

さらに、彼の「コトバ」には本源的には言葉、言語あるいは文字と深く結びつきながらも、それを超えていこうとする力動性がある。「意識と本質」が第十章まで来ると、「コトバ」の一語は、急速に究極者的な相貌を帯びてくる。彼は空海とユダヤ神秘主義カバラーに触れ、「深層意識的言語哲学」を展開する。「神のコトバ——より正確には、神であるコトバ」。井筒は、「神」と「コトバ」は不可分に実在していると言明する。言葉に始まり「コトバ」に収斂した井筒俊彦の思想を象徴するこの章こそ、「意識と本質」における哲学的ラムダ巻に他ならない。

空海における密教、すなわち真言密教もまた、「コトバ」を「万物の始原であり、帰趨」とする、「コトバ」の秘教的共同体だった。真言とは「根源的コトバ、まだまったく分節されていない、絶対無分節のコトバ」を意味する。すなわち、真言宗とは、世界の根源的実在が「コトバ」であると闡明する霊性であると考えてよい。

存在の究極の源底（＝「法身」）それ自体を、空海は大日如来として形象化する——より正確には、空海の深層意識に、存在の源底が大日如来のイマージュとして自己顕現する。だから、空海にとっては、存在界の一切が究極的、根源的には大日如来のコトバである。つまり、一切が深層言語現象である。

「存在界の一切が究極的、根源的には大日如来のコトバである」と書いた井筒は、カバラーを論じたときのように、大日如来のコトバ——より正確には、大日如来であるコトバ、と続けてもよかったのである。「法身」は万物を包摂する「最も根源的なコトバ」。つまり「存在者の意味の意味、全存在の『深秘の意味』」であると書いているように、彼にとって、空海は日本で最初のそして、おそらく最高峰の「深層意識的言語哲学」者だったのである。

井筒夫人や彼の近くに接した人に確認しても、比較的新しい情報しかなく、彼がいつ空海に出会ったのかは分からない。井筒がエラノスで空海を論じた形跡はない。曼荼羅を論じ、真言宗に一度言及しているだけである。「空海のいわゆる『自心の源底』のエネルギーが、本論で私が言語アラヤ識と呼んできた深層意識の言語的基底の網目構造を通して第一次的に分節された形姿。そして意識の源底はすなわち存在の源底」とある「意識と本質」の一節を読む限り、彼が「言語アラヤ識」の術語を用いた以後に、空海の「自心の源底」という思想に出会っただろうことは伝わってくる。

邂逅はおそらく「意識と本質」の執筆から、そう遠くない時期だと思われる。それは執筆中の出来事だったかもしれない。出会ったときにすでに、時は熟していたのだろう。井筒は自身の思想的淵源を確認するように、空海を読んだのではなかったか。かつてイブン・アラビーや荘子によって開かれた形而上学的地平を、千年以上も前に、思想的に構造化している日本人がいる事実を知った井筒の驚きは、想像に余りある。「存在はコトバである」という一節を彼が口にしたのも、空海とコトバを論じた講演「言語哲学としての真言」においてだった。

この講演はのちに論文として加筆補正され「意味分節理論と空海」の題下に発表、『意味の深みへ』に収められた。次の一節も空海における存在／意識論を語りつつ、空海に出会った衝撃を伝えている。

存在分節の過程を、空海は深みへ、深みへ、と追っていく。意識の深層に起って表層に達するこの世界現出の過程を、逆の方向に遡行するのだ、ついに意識の本源に到達するまで。「究竟して自心の源底を覚知」する、と彼の言う（『十住心論』）その「自心の源底」に至りつくまで。

空海における「自心の源底」を、井筒は「ゼロ・ポイント」と表現し、それが今日的主題であることを示している。本文中で「意識のゼロ・ポイント」あるいは「存在のゼロ・ポイント」と彼は書き分けているが、「全存在界のゼロ・ポイント」という表現があるように、「意識の」、「存在の」という形容詞は意識論、存在論上の術語、あるいは構造的分節であって、それぞれ別に実在しているわけではない。

「意識」と「存在」が出会う場所、あるいは「意識」と「存在」が分かれ始める地点、「ゼロ・ポイント」において「意識」と「存在」は、不可分であるばかりか、むしろ、実在とは二者の即入的一致の別称である。すなわち、「意識」が意味を把捉する刹那、存在者の分節が生起する。意味分節はそのまま存在分節であると言ってよい。

もちろん、思ったことがすべて、現実界に存在するのではないことを私たちは知っている。ここでの「意識」とは、個々人の表層意識ではない。深層意識の奥で起こる出来事である。「存在分節は、実は、意識のもっとずっと深いところで生起するのだ。我々が表層意識の面で見る事物の分節は、深層での第一次的分節の結果、あるいはそれの第二次的展開にすぎない」のである。

存在分節の起点が、人間が通常認識する意識上では生起しないのであれば、それを言語で論じることは不可能になる。井筒は論じようとしたのではない。あくまでも、その「彼方」的世界を喚起させようとする。「言語アラヤ識」の存在が、その「彼方」を暗示するように、井筒は、「コトバの自己顕現の過程において、『深秘の意味』が言語アラヤ識に直結する最初の一点、コトバの起動の一点」にまで論究を試みる。

彼が注目するのは、真言密教における「阿字真言」である。「ア」、すなわち阿字はすべての言葉の始まりに位置する。そこには「ゼロ・ポイント」における「意識」と「存在」の開けが刻まれている。『「ア」』音は大日如来の口から出る最初の声。そしてこの最初の声とともに、意識が生れ、全存在世界が現出し始める」。大日如来が「ア」音を己が耳で聞く。即、そこに意識が起こり、存在者が現成する。井筒が「意識と本質」で論じたのは、言葉の起源ではなく、コトバの始原である。その試みは言語誕生以前の世界へと読む者を誘う。そこで人間は考え、話し、表現する手段を奪われ、茫然と立ちつくすしかない。人間が世界を真に「見る」のは、この地点においてである。

「深層意識的言語哲学」、「言語アラヤ識」という表現から察知できるように、井筒の「コトバ」論は、既成の言語哲学の枠組みを越え、独自の意識論的深化を遂げる。その営みは最後の著作となる『意識の形而上学』まで続いた。

その過程で、河合隼雄が読者として現れたのは、偶然ではないだろう。日本の深層心理学における実践性と思想性の両面において、大きな貢献を残した人物が、『意識と本質』に著しい関心を寄せたのである。

第十章　叡知の哲学

仏教と深層心理学――「無」意識と無意識

『意識と本質』は、井筒俊彦の「新しい」読者を生んだ。のちに井筒を引き継ぐかたちでエラノスに参加する河合隼雄もその一人だった。「意識と本質」が雑誌連載中から「心を躍らせて読んだ」と『読売新聞』に掲載された追悼文に書いている。自伝的なインタヴュー『深層意識への道』で河合は、同じ本を複数回読むことはないが、『意識と本質』は幾度も読んだ、また、「『意識と本質』という本は、私にとってはすごく大事な本」だと発言し、書名の「深層意識」なる表現も井筒に依拠していると述べている。表現は柔らかだが、『意識と本質』をテーマに十回ほど話したいくらいだ、という言葉からは著しく強い衝撃を感じていることが伝わってくる。

「意識」の専門家である河合が、井筒が論じる「深層意識」に大きく動かされた事実とその意味は一考に値するだろう。それは、思想家河合隼雄を論じる場合だけでなく、彼の登場によって大きな転換点を迎えた日本における深層心理学においても、特筆すべき出来事であると私は思う。それは、深層心理学が心理の学であることを超えて、真実の意味での精神、すなわち「こころ」の学問として独立する予兆でもあったのである。

領域内での研究は学問を進化させる。しかし、根源的な意味における学問の「深化」は、異なる「学問」との対決あるいは対話を経なくてはならない。それは、学問に限定されることなく宗教、芸術においても同じである。河合、井筒の出会いはそれぞれの個人史的出来事では終わらない意味を含んでいる。

先に見た通り「意識と本質」の雑誌連載は、一九八〇年六月、終了したのは八二年二月で、単行本の刊行は翌八三年である。河合の生涯を年譜的に眺めてみても、心理学者河合が、その領域を越え、思想家へと変貌を遂げてゆくのはちょうどこの頃である。河合は井筒だけでなく、哲学者中村雄二郎、遠藤周作をはじめ、異なる分野の人々との対話を深める。こうした彼の変遷に、井筒との出会いが大きく影響していることを告げる河合自身の言葉を、岩波書店で本作りを通じて親交を深めた大塚信一が『河合隼雄——心理療法家の誕生』で紹介している。以下に引くのは、河合が大塚に送った私信である。

> 長い間心理療法をやってきて、最近になってようやく井筒（俊彦）先生のおかげで、自分のしていることの哲学的背景が大分明らかになってきたと感じています。そのような点に特に重点をおいて書いてみたいと思っています。井筒先生によって——明恵上人も——明らかにされた華厳哲学が、哲学的背景として、小生のやっていることにぴったりという気がしています。

この手紙が送られたのは一九八七年一月、『明恵——夢を生きる』の発刊は、同年四月だから、ちょうど河合がこの本の終盤にさしかかった頃である。この著作では平安時代、華厳教を生きた僧明恵が書いた日記『夢の記』を中軸に、特異の精神の遍歴と、きわめて自覚的な深層心理学的営為の発生が論じられている。また、明恵に起こった超自然的現象を論じる際、河合はユングの共時性だけでなく、スウェーデンボリにまで言及している。このことが示すように、河合は僧、宗門あるいは時代といった覆いを取り外し、明恵を一人の実践的思索者として、思想の舞台に招こうとしている。

「高山寺に欅づくりの一枚の掛け板が現存している」と河合は書いている。それは、明恵が規律（清規《しんぎ》）を記したものだが、その始めに明恵は「阿留邊幾夜宇和《あるべきようわ》」と書いた。それが「あるがままに」と自然を尊ぶ発言ではなく、前世も来世もなく、ただ、今、ここのみに生きよとする明恵の「実存的な生き方」が鮮明に反映されていると河合は記している。彼にとって明恵は、日本で最初の、自覚的な深層心理学者でありまた、実存主義者でもあったのである。河合隼雄の思想を論じるとき、この一冊は看過できない。同書の第七章「事事無礙」は、華厳経の境域論でもあるが、河合の井筒俊彦論でもある。河合は、井筒がエラノスで行った講演"The Nexus of Ontological Event: Buddhist View of Reality"と、それを後年井筒が手を加え、日本語にした「事事無礙・理理無礙——存在解体のあと」を引き、華厳の世界を描き出す。

　華厳は四つの「法界」があるという。事法界、理法界——これまで見てきた表現に置き換えると、前者は現象界であり、後者が叡知界である。華厳はこうした二分法では何も語らず、さらに、理事無礙法界と事事無礙法界があると説く。理事無礙法界とは、「理」（叡知）が遍く、「事」（存在者）において自己を顕すということ。華厳における絶対者は「空」、空は無尽なる存在者として自らを顕す、それが「性起」。

　さらに、そうして一なる源泉から生まれた存在者が、個々別々の存在者であり続けることができる場が、事事無礙法界。万物は、「相即渾融」的すなわち、相互的に他者の一部を構成し、世界を形成する。その働きが「縁起」である。「性起」と「縁起」、この二つが華厳的世界の根本原理だと井筒はいう。ここで忘れてはならないのは縁起と性起は、外在だけでなく、内在を包含する公理であることだ。

　河合はこの論考を読んで、明恵が、石や島に手紙を送った真意を知り、また、夢に見る黒犬を明恵が異形の「実在」として認識していた意味を理解したと書いている。

華厳的世界においても、イブン・アラビーの存在一性論の公理は、ほとんどそのまま生きている。井筒がこの論考で論じようとしたのも、この二者が共鳴する「存在」世界の光景である。読者は、ここに仏教とイスラームという接点だけでなく、この時期すでに日本仏教思想が、一個の「哲学」として、世界に問題を提起できる水準に高められていたことをあらためて知る。イブン・アラビーが生まれたのは一一六五年、明恵は一一七三年、二人は文字通りの同時代人である。

エラノス時代、強い意思で井筒が試みたのは、禅や華厳あるいは唯識などの仏教思想が世界の舞台で論じられる地平を開くことだったと言ってよい。彼が論じたのは、禅仏教というよりは「禅」、すなわち達磨以来、東洋全域に拡がり、千五百年にわたって構築された力動的哲学体系に他ならない。『華厳経』は光の「存在」論を展開する高次の思想書であり、道元は独自の時間論を展開した宗教哲学者である。機があったなら、彼は一冊の著作をもって空海という高次の「コトバ」の哲学者を論じることもあっただろう。こうした志向性は最後まで続いた。絶筆は、『大乗起信論』の論究となった。

しかし、翻って考えてみれば、学問的飛躍を遂げる準備が整っていた河合だからこそ、井筒の真意を見出すことができたのだと思う。河合は、井筒の中に真実の意味での「東洋」哲学の伝統に連なる者の姿を見ている。「作品」を完成させるのは著者ではなく、読者である。井筒にとっても幸運な出来事だったに違いない。

イランから帰国後、井筒は、河合隼雄、上田閑照、新田義弘らと西田哲学の読解を中心にした勉強会を催していた。大塚信一は『河合隼雄――物語を生きる』で、この勉強会について河合による言及はほとんどないが、多くを学んだと思われると書いている。

河合はおそらく、井筒の論考に、深層心理学が朦朧と視野に捉えつつも、その姿をいまだ判然と認識できない、無意識の彼方にある世界を看取していたのだろう。「意識が意識性を超えるところまで、つまり意識が意識でなくなってしまうところまで推し進めていかなくてはならない」という「意識と本質」の一節を思い出す。

こうしたところにも、河合は、これまでの心理学が把捉していない領域である「深層意識」を実感しただろう。ユングあるいは河合の捉えている「無意識」は、個人的意識を超え、文化あるいは時代的な「意識」とつながる場所である。その意味で、河合の「意識」認識はすでに、超意識的ではある。コルバンの「イマジナル」な世界に、ユングや河合は、異なる側面から達しているように思われる。

井筒は、「言語アラヤ識」を「無意識」のもう一歩奥に措定し、「存在」が「存在者」に変じる境域があることを論じた。だが、井筒にとっては、そこが「深層意識」の底なのではない。論点は、いまだユングがいう「文化的無意識」と「普遍的無意識」（井筒は「集団的無意識」と訳している）の間を、あるいは「イマジナル」な世界をたゆたっている。「深層意識」には、無限の創造的エネルギーを秘めた「意識を超えた意識」が現成している。井筒が「『無』意識」と呼ぶ実在がそれだ。

「無」意識とは「無」の意識ではない。「メタ意識」とも井筒は表現しているように、それは「本質」としての「無」が顕れる以前の絶対意識である。だから、「無」意識は、「意識的」に把捉することはできない。

意識を超えた意識、意識でない意識をも含めた形で、意識なるものを統合的に構造化しなおそうとする努力を経てはじめて新しい東洋哲学の一部としての意識論が基礎付けられるのであろう。またそこにこそ東洋的意識なるものを特に東洋的意識論として考察する意義がある、と私は思う。(「意識と本質」)

「東洋的」と書くとき、井筒はそこに、次元をまたぐ、という実勢を含意している。「無」意識も同じく、単に人間の意識界を指し示しているのではない。それは人間の営為の極みにおいて垣間見られる領域ではなく、超越界から照らし出される場所である。

意識の実相は、現象や構造を論じるだけでは明らかにならない。その論究を試みる者は、どうしても、意識の彼方から「意識」を見る経験を経なくてはならない。その実現可能性を、河合は井筒の哲学に看取したのである。

しかし、「無」意識が超越的実在であることを指摘するところで話を終わりにしない。「無」意識が、「普通の意味での意識と密接不離な有機的関係にあることもまた否定すべからざる明白な事実であり、まして、それこそ東洋思想の諸伝統における意識の把え方の最も顕著な特徴でもある」（「意識と本質」）と述べ、日常的意識と「無」意識の不可分性を強調する。

超越的現実という不可視な実在を、現象界において見えるかたちにするのが東洋思想の伝統である、東洋哲学の眼目とは、超越界を明示するのではなく、それが現象界において、いかに働き、何を意味しているのかを闡明することに他ならないと井筒は考えている。彼がそのもっとも顕著であり、身近な、そして力動的なる実体として論じたのが、「コトバ」である。

井筒と河合そして、ジェイムズ・ヒルマンによる鼎談がある。そこで河合は、自分は思想的立場としては「ユンギアン」だが、必ずしもユングの言葉で考えない。ことに東西の文化の差異を考えてみれば、ユング心理学の言語をそのまま日本に適応することは、不可能であるばかりか、的確な選択だとも思わないと発言している。「ユンギアン」であるとは、事象界と意識界を含む世界に向き合う「基本的態度」を示す言葉であって、方法論や学説の支持を意味するのではないと言う。さらに、ユングも、時代の子であることは免れなかった。「ユングはいわゆる自然科学的な形をとって彼の考えを述べようとしているところが」ある。「我々はそのような点からは自由になるべき」だと思うと述べている。

「こころ」は古いが、深層心理学は新しい学問である。ことに近現代の日本においては、それを自らの言葉で語る準備がほとんど整っていなかった。河合が発言を始めたのは、いわば学問的「言語」未開の時期だった。この事実は、彼の境涯と日本思想史を考える際に忘れてはならない。彼は霊的実在を、ときに「たましい」と書く。こうした表記方法は、心を「こころ」と書き、身体を「からだ」と書く今日の私たちには、当然のことのように思われる。しかし、彼がそれを試みた当時、ある方面からは、宗教的術語としては「魂」の実在を伝えていないと批判され、また、非学問的だとの声も上っていた。こうしたことは、独創的な思想家には避けて通ることのできない歴史の洗礼だが、すでに状況を客観的に見ることができる現在、彼の功績は正当に認められなくてはならない。河合は明恵を評価する視座に言及し、「明恵が日本の宗教史のなかで何か新しいことをもたらしたか、という観点からではなく、彼の宗教性そのものに注目すべきではなかろうか。そうすることによってこそ、明恵を本当の意味で、わが国の仏教思想史のなかに位置づけることが可能であると思う」と書いているが、「宗教性」を「学問への態度」、「仏教思想史」を「思想史」に変えれば、そのまま思想家河合隼雄を紹介する一節になっている。

母語による術語の発見と、その「メタ言語」化――井筒が「意識と本質」で試みた同質の挑戦――を、河合は深層心理学において実践している。井筒は、しばしば他者を評価するときに「主体的」、「独創的」、「実存的」という表現を用いる。「主体性」とは既存の概念あるいは思想を解説するのではなく、それをわが身に引き寄せ、考え、普遍を目しつつ論究する姿勢であり、「独創的」とは、経験と探究を自らの言葉で語ろうとすることである。さらに「実存的」とは、河合が明恵に付したように、今ここを全身を賭して生きるという生の態度を示す。井筒は河合に触れ、まとまった発言を残していない。だが、河合をエラノスに推薦したのは井筒である。このことが井筒の、河合への評価を端的に物語っている。

これからは「コトバの新しい天使学」が不可欠だというジェイムズ・ヒルマンに井筒俊彦は注目している。「ユング派の左派とでも言いますか、私が個人的に耳にしたところでは、貴方は保守的な意味でのユング派固有の領域境界線を、はるかに超えた、いや〝超え過ぎた〟と言う人さえいる」と井筒は発言している。「コトバの天使学」の一節からも察することができるように、ヒルマンは深層心理学者という範疇にも収まってはいない。

コルバン亡き後、ある時期、井筒とヒルマンがエラノスを牽引した。フロイトが学派を形成し、ユングがそこを発展的に逸脱したように、ヒルマンはユング派に留まらず、単独者の道を行った。その境涯には、単なる気質以上の問題として、学問に対する態度、あるいは思索者としての姿勢を窺うことができる。

ヒルマンと同じく、井筒は群れることを嫌った。彼が折口信夫への敬意を持ちながら、その門下に入らず、西脇順三郎に就いた。あるいは、伝統学派に井筒が感じていた、強い違和感も、群れを嫌う彼の気質が影響しているのかもしれない。「学派」とは、歴史によって形成されるものであって、学問は「孤独者の営みでなければならない」と井筒は信じていた。ヒルマンの井筒における影響は、直接的に交流したことを別にしても、ユングに優るとも劣らない。井筒が鼎談で言っているように、彼がユングとユング心理学への関心を深めたのはヒルマンとの出会いが契機だったのである。

「意識と本質」に、出典は明記されていないが、「コトバの天使学」にヒルマンが言及したのは講演録 “Re-visioning Psychology” である。ヒルマンは、題名に用いている Re-visioning という術語を本文中でほとんど使っていない。読者は表題にある vision の原意を間違って理解すると、ヒルマンが提起する問題を見失ってしまう。この本を読むたびに、小林秀雄のベルクソン論『感想』にある一節を思い出す。

ここまで来れば、ベルグソンが、見るという事に附した二重の意味は、もはや明らかであろう。かつて神学者は、ヴィジョン（vision）という言葉を見神《けんしん》という意味に使ったが、現代の科学が、同じ言葉を視覚という意味に限定してみても、この言葉の持っている古風な響きを抹殺し得ない。生きた言葉は、現実に根を下ろしているからである。（『感想』）

vision とは、叡知界を「見る」ことである。「見る」ことが形而上学的営為のもっとも始原的形態であることはすでに見た。この著作で一貫して、ヒルマンが論究するのは、現象界を包含する叡知界との接触である。

そもそも a new angelogy of words という原語を「コトバの新しい天使学」と訳したのは井筒である。ヒルマンがこの著作で熱情を持って論じたのは「言語」の天使的側面というよりも、天使としての「言語」である。

「要するにヒルマンが言いたいのは、およそコトバなるものには『天使的側面』があるということ、つまりすべての語は、それぞれの普通一般的な意味のほかに、異次元的イマージュを喚起するような特殊な意味側面があるということだ。『天使』などのように始めから異次元の存在を意味する語ばかりでなく、『木』とか『山』とか『花』のようなごくありきたりの事物を意味する語〔ことば〕も、やはり、異次元的イマージュに変相する意味可能性」なのである。ヒルマンはそれを「語の『天使的側面』(the angel aspect of the word) と名付ける」と井筒は解説している。

語《ことば》の「異次元的イマージュに変相する意味可能性」が「天使的側面」であるなら、「異次元的イマージュに変相する意味」は、「天使」そのものであることになる。論理的に展開すれば「天使であるコトバ」となるだろうし、実在的には「天使としてのコトバ」と表現した方がわかりやすいかもしれない。

井筒の表現には、天使は、主人である「コトバ」、すなわち超越者と、不可分な関係にあるという認識が隠れている。ヒルマンは言語ではなく、超越的実在としての「存在」を論じていると井筒は「読む」。

「天使学」を語るとは、天使の存在を是認することに他ならない。ヒルマンは天使の実在を疑わないだろうが、それを論じる井筒も同じだろう。菩薩、如来がそうであるように、天使も一つの元型、「本質」である。天使、それは神の意思。超越者の思いは天使という「本質」を伴い、世界に顕現する。

文学者の「読み」

『意識と本質』以後、井筒俊彦に強く反応した文学者たちがいた。ここで思い浮かべているのは先に論じた遠藤周作、高橋たか子、あるいは安岡章太郎といったカトリックに近しい人々だけではない。日野啓三、丸山圭三郎、司馬遼太郎そして大江健三郎である。

「二十世紀末の闇と光」と題された司馬との対談が、井筒にとって最後の対談であり、公の前に姿を見せた、最後の機会になった。その死が、文字通りの急逝だったことは、司馬の追悼文「アラベスク」に情感を持って描かれている。この題名は井筒の妻、豊子が書いた小説の題名から取られている。

この対談で興味深いのは、先に触れたようなイブラヒム、ムーサーあるいは大川周明といった人物との交流や、井筒が和歌における意味論を真剣に試みようとしていたことなど、それまでは語られることがなかった歴史的事実が、井筒本人の口から語られたところにもあるのだが、それにもまして注目すべきは、小説家司馬遼太郎を前に、井筒が内心にうごめく共時的世界と歴史的世界の境界を快活に語っているところだ。その対話は、通説となった歴史、あるいは文化観を打破しようとする熱情で溢れている。

『空海の風景』を書いた作家と、真言密教における言語哲学を論じた哲学者の対話は、空海の道程をめぐって興味深い展開を見せる。空海は新プラトン主義者プロティノスの哲学を知っていた、と井筒が言えば、空海はキリスト教を知っていた可能性があると司馬が応じ、井筒はそれに強く同意する。「空海の真言密教とプラトニズムとのあいだには思想的構造上のメトニミィ関係が成立するだけじゃなくて、実際に歴史的にギリシア思想の影響もあるんじゃないかと考えている」と井筒は発言している。

「メトニミィ」は換喩を意味するが、日本語に直しても耳慣れない。並列することで、二者間に関係性が強くあることを表すレトリックである。「思想的構造上のメトニミィ関係が成立する」とは、歴史的には空海とプロティノスの思想の交わりはないが、その構造論においては著しい一致があることになる。しかし、井筒はそうした「常識的」見解を覆したい、二者の思想はむしろ、八、九世紀の長安を舞台に、実際に交差しているのではないかと考えている。

『プロティノス全集』の刊行に際して井筒は「『開かれた精神』の思想家」と題した推薦文を寄せている。プロティノスは、新プラトン主義者と呼ばれるが、何もプラトン哲学の枠に閉じこもっていたのではない。「特にインド哲学にたいしては、情熱的関心を抱いていた。彼の思索の基底をなす根源的主体性の自覚は明らかにヨーガ的である。大乗仏教も無縁ではなかった。燦爛と交錯する光の海として彼が描き出す万物相互滲透の存在ヴィジョンは海印三昧意識に現われる蓮華蔵世界海を想起させ、華厳哲学の事事無礙法界を憶わせる」と井筒は書いている。

こうした彼の思いを前提に『意識と本質』以後の作品を読んでみると、学問的見解とは別な、井筒が「見て」いただろう「哲学風景」とも呼ぶべき精神的光景が見えてくる。ここで私が思っているのは『コスモスとアンチコスモス』である。『意味の深みへ』が『意識と本質』と表裏を成し、補完し、深めているように、『コスモスとアンチコスモス』は *Sufism and Taoism* の主題を拡張深化させている。

この本には、エラノス時代、そして帰国後、日本で行われた講演が収められている。それはいわゆる「講演録」ではない。井筒は講演を論文と同じように書く。徹底的に言葉を選び、表現を考え、構造を付し、そのまま論考として発表できるほどに練り上げられたものを、彼は聴衆の前で読むのである。表題になっている「コスモスとアンチコスモス」の講演記録映像を見たことがある。その場で話された内容は、著作に収められているものとほとんど違いがない。

『コスモスとアンチコスモス』の一編で、プロティノスにも言及している「事事無礙・理理無礙」で彼は、自らの考察の目的と期待されるべき成果についてこう書いている。「本論になんらかの取柄があるとすれば、それは私が、華厳哲学の古典的テクストを、一貫して、現代というこの時代の哲学的プロブレマティークへの関与性において解釈しようとしたということであろう」。その試みが、一般的な意味における「哲学的」思索だったと認識してはならない。井筒にとって、「哲学的プロブレマティーク」とはそのまま、人間の生存に直接関わる問題を意味している。彼があえてそう言わないのは、謙遜からではない。そうでなければ哲学が存在する理由がないというほど、彼には自明の前提だったからである。

井筒はプロティノスへの関心を生涯抱き続けた。それは晩年には、ますます深まってゆく。『コスモスとアンチコスモス』には、地下水脈のようにプロティノスの思想が流れている。プロティノスが、一者からの初源的流出が光として描いているように、華厳の世界も徹底した光的世界であることに井筒は注目する。また、『神秘哲学』で論じ尽くすことができなかった主題があるといわんばかり、絶筆『意識の形而上学』でも、彼はしばしばプロティノスに触れた。

『プロティノス伝』——正確には「プロティノスの一生とその著作と順序について」——はプロティノスの死後まもなく、弟子ポルピュリオスによって書かれた。そこに描かれているのは、天才的な哲学者ではない。むしろ異界とつながる異能の人である。「われわれに割り当てられた守護霊について」という論述がプロティノスにあるのは不思議ではない。

ローマ時代、プラトンの誕生日は、聖なる日として祝われ、詩を献上することを慣わしとした。ある祝祭のとき、ポルピュリオスが「聖なる結婚」と題され、多分に秘教的、ときにはシャマニスティックな一編を朗読すると、周囲は、あまりに突飛な内容に、気が狂ったのだと喚きたてた。そのとき、プロティノスは皆に聞こえるほどの大きな声で、ポルピュリオスに言った。君は自分が詩人、哲学者であるだけでなく、秘儀参入者であることを自ら証明したのであると。プロティノスは狭義の「哲学者」を超えた真実の意味での哲人だったと言ってよい。

「彼は考察を最初から最後まで自分の心中で完成させておいた上で、そこではじめて考察したことを文字に置き換えるといったぐあいに、魂の中に貯えておいたものを書き連ねて行ったのであって、そのありさまはまるで、他の書物から転写しているとばかり疑われるほどであった」(『プロティノス伝』水地宗明訳)と、ポルピュリオスは師プロティノスが何をだけでなく、どう書いたかを語った。

さらに、話すとなるとプロティノスは「たいていは霊感を受けた状態で情熱的に述べ、伝統に従うよりも自分の感じたままを説いた」という。「伝統に従う」とポルピュリオスが書いているのは、アカデメイアに伝わるプラトン哲学の歴史を踏襲することを意味しているが、「自分の感じたまま」とは、思いのままに、という意味ではない。語らされるままに、といった方がよいのかもしれない。

プロティノスにとって、哲学とは、理知の学問ではない。当時ローマに拡がりつつあったキリスト教に拮抗する叡知であり霊性、信仰的実践でもあった。ポルピュリオスが描き出そうとしているのも、現代でいう哲学者の生涯ではない。求道する神秘家の一生である。プロティノスの後継者はプロクロスではなく、アウグスティヌスであるという井筒の言葉には、プロティノス以後、プラトン哲学は、「哲学」の血脈ではなく、「宗教」において再生したと見る彼の哲学史観を読み取るべきだろう。空海が出会ったプロティノスの思想もすでに、哲学ではなく「宗教」の姿をしていた。それは、中国に渡り、景教と名を変えたネストリウス派のキリスト教である。

初期の作品「兜卒天の巡礼」で司馬は、景教が日本に伝来した可能性を描き出している。もちろん、宗教としてのキリスト教が、そのときすでに、日本にもたらされたと断定するには大きく論議の余地があることを、二人は十分に承知していただろうし、力点もそこにあるのではないだろう。しかし、プロティノスに始まり、アウグスティヌスに受け継がれた文化的衝撃――あるいは霊性的衝撃といってもよい――は、真言密教の祖によって日本にもたらされた可能性が完全には否定できないと二人が信じていたこともまた事実なのである。

「井筒宇宙の周縁で――『超越のことば』井筒俊彦を読む」という作品を、大江健三郎が書いている。大江は、青春時代に井筒の『マホメット』を読んだ衝撃を、師渡辺一夫の『フランス・ルネサンスの人々』に比して語っている。大江から得られる最高の賛辞だと思っていいだろう。

ウィリアム・ブレイクを読んでいたとき、大江は井筒の『神秘哲学』を「熱に浮かされたように」読んだ。また、ダンテを読む際にも、井筒のイスラーム研究を手がかりにしたと述べている。大江にとってブレイクとダンテは文学的古典であるだけでなく、コルバンの「想像的世界」への扉を開いた先行者だった。また、大江は、イブン・アラビーを論じる井筒の文章を読みながら、ダンテの『神曲』を思い出した、とアシン＝パラシオスを想起させる言葉まで残している。さらに井筒俊彦を論じながら、大江は、小林秀雄の晩年の命題、冥界論と言語論に言及する。

僕はかつて故小林秀雄氏の『本居宣長』の古代、冥界についての考察をレヴィ＝ストロース教授の世界になぞらえたことがある。実際的な手段として小林氏が構造論を採用していられたならば、かれの天才的なレトリックをもってしてもなお不確かさの残った記述をとらえやすいものとなしえただろうと思う。いいかえれば、それは小林氏の宣長研究を言語論として徹底させる方向にいったであろうし、そこには新しい展望が開かれもしたはず、と井筒氏の論文を読む眼を宙にあそばせて考えるのである。

大江が指摘する宣長研究における言語論的展開の可能性とは、井筒が試みた「深層意識的言語哲学」としての「コトバ」論の深化を指すのだろう。遠藤周作が、小林秀雄への追悼文で、井筒の名前を伏せながら、「言語アラヤ識」に言及したことは先に触れた。大江、遠藤の二人が、井筒と小林に相通じる点を論じているのはきわめて示唆的である。大江の作品を読んだ井筒は喜び、掲載された雑誌『新潮』の編集部に手紙を送ったという話を聞いたことがある。

井筒俊彦を知らなかったら、悪性腫瘍の闘病生活中に襲ってきた幻覚との苦闘を耐え抜くことはできなかった、「錯乱の一歩手前まで行った私自身の意識を、どうにか持ちこたえて形を取り戻すことができなかっただろう」と書いているのは日野啓三である。

日野に、『魂の光景』という自選エッセイ集がある。このエッセイ集は収録された作品の執筆時期に応じて四つに分けられている。第一期である一九五〇年から六〇年代の新聞社に勤務しながら執筆した作品を皮切りに、最後の第四期にあるのは、一九九〇年代、彼がガンを患って以降の時節に書かれた作品である。この最終期に収められた、複数の作品に井筒俊彦の名前が散見される。日野は、井筒が訳した『コーラン』に導かれながら、「存在の夜」を語り、また、「光の形而上学」を説くスフラワルディーに触れ、「存在」の光を論じた。日野啓三は、批評家として出発した。晩年の彼は、批評家時代に投じた「存在」の問題に再び還っていった。その道を行く彼にとって、井筒俊彦は、字義通りの「同伴者」だった。日野は『マホメット』時代からの読者だったから、井筒俊彦の存在は古くから知っていた。しかし、『意識と本質』を通じ、日野が経験したのは、『マホメット』に垣間見たこととは全く別種の出来事だった。『意識と本質』を「三度は繰り返して読んだだろう」というから、読後の衝撃は想像に余る。日野啓三に悪性腫瘍が発見されたのは六十一歳のときだった。手術の後、全身麻酔と鎮痛剤の副作用で幻覚に苦しめられた彼は『意識と本質』の世界を、文字通り「経験」することになる。

確かに意識してはいないのに幻覚が出現するときは、体の奥深くで何かがかすかに動く体感があった。それは意味ともイメージとも区別できぬ、意味とイメージの両方を兼ねたもの、というより実は意味がイメージであり、イメージが意味であるようなひどく原初的な作用だった感覚がある。(「断崖にゆらめく白い掌の群れ」)

井筒の本性は「詩人」だと日野は見る。それは井筒が詩人を論じるからではなく、「問題意識そのものが詩的」であり、詩人として世界に接しているからである、「詩人こそ言葉がゆらめき出る意識と身体の最も深い場所に身を置きつつ、人間と世界と宇宙の全体を根源的に生きる人のことである。その意味で科学さえその一部門だ。いわゆる学問も」と記している。「言い難く豊かな砂漠の人」と題され、井筒の著作集の月報として書かれたこの一文は、日野啓三のエッセイの中でも、もっとも美しいものの一つである。そこで彼は、愛読した一冊として『意味の深みへ』をあげ、その一節を引いている。

縺れ合い、絡み合う無数の「意味可能体」が表層的「意味」の明るみに出ようとして、言語意識の薄暮のなかに相鬩《せめ》ぎ、相戯《たわむ》れる。「無名」が、いままさに「有名」に転じようとする微妙な中間地帯。無と有のあいだ、無分節と有分節との狭間《はざま》に、何かさだかならぬものの面影が仄かに揺らぐ。(「文化と言語アラヤ識」『意味の深みへ』)

「コトバ」が意味をともなない世界に顕現する、まさにその刹那を活写する名文だが、日野は、単にそれへの評価を示すために引用したのではないだろう。井筒がイブン・アラビーを論じたときのように、日野は井筒の言葉を借りて、自らの経験を語っている。彼もまた、同様の風景を目撃し、言語化できずにいたところに、井筒の文章に出会ったのである。

日野啓三はガンの発病から十二年後、七十三歳で亡くなる。晩年の彼の小説には、直接、間接的に井筒俊彦の影響を認めることができる。それは、異界の実在を看取し、言語化することで、その経験を普遍化しようとする不断の営みに現れている。それら晩年に書かれた小説群を詳細に論じることができれば、新しい井筒理解と、作家日野啓三に蔵されていた「神秘家」の実相が明らかになるだろう。

『意味の深みへ』に触れ、丸山圭三郎は「一貫して鳴り響く主旋律が聞こえる」、それは、「人間存在の根底にある〈コトバ〉にほかならない」と書いている。おそらく、丸山は、「コトバ」が、井筒俊彦におけるもっとも重要な術語であることを最初に看破した人物だった。彼もまた、自らの中核的言語として、「コトバ」の文字を用いていた。また、丸山は、井筒を紹介する別の文章で、「この世界的碩学の生きた思想は、今もなお流動してとどまることを知らない」と書き、先行者の思想が確定することを知らずに流転を続けていることに注目している。

日本におけるソシュール研究に対し、丸山が果した時代的役割は大きい。後に前田英樹や互盛央のような優れた論者が現れるには、先行者の存在が不可欠なのである。丸山のソシュール論は、新資料の発見や研究の深化によって乗り越えられてゆくだろう。しかし、丸山圭三郎という思想家の研究は緒に就いたばかりである。

丸山圭三郎の主著は『生命と過剰』である。そこで、彼は井筒俊彦の思想を中核的主題として論じた。『生命と過剰』は三部作の予定だったが、第二部『ホモ・モルタリス』を完成したところで、病に斃れ、六十歳で急逝する。この論考を読むと、丸山にとっての井筒体験とは、晩年に起った、しかし、彼の生涯におけるもっとも重大な思想的出来事だったのである。

井筒俊彦氏と晩年のアナグラムのソシュール、そして私自身に共通する言語＝存在論を要約すれば、「意識の表層と深層とに同時に関わるコトバの意味分節作用が、知覚の末端的事物認知機能のなかにまで本質的に組みこまれていて、我々の内面外面に広がる全存在世界そのものは、コトバの存在喚起力の産物にほかならぬ」という考え方なのである。（『生命と過剰』）

これ以後、同質の文章は丸山の著作に頻出する。丸山は、何かを発見したかのように、熱い言葉で、井筒の「コトバ」論を語った。しかし、最晩年の著作『生の円環運動』の最後にある「二十一世紀の〈知〉に向けて」は、ほかの文章とは少し様子が違う。「コトバ」論よりもこのとき丸山が強く論じたのはエラノスの意義だった。そして、時代を遡るように「脱自」と「神充」を論じ、『神秘哲学』を再評価する必要性を訴えた。この作品は、井筒論としても興味深く、また的確でもあるのだが、彼の思想的遺言として読むべきなのだろう。遺言の作者が、それが読まれ、実践されることを期待しているように、丸山もこの一文に、同様の読解を期待していたように思えてならない。事実、すでにガンを抱え、丸山は死を近くに感じていたのである。

二人の交流は学問的領域である言語哲学に生起したのだが、邂逅の必然性は、学問以前に遡る。少年の頃から始まり、成人してもなお、丸山は「一貫して『何故』を問うても答えのない現実不信、現実稀薄感」(『文化のフェティシズム』)の中にあった。生きている確固たる実感が得られないというのである。自己の経験を語るだけでは、普遍性を獲得しづらいと考えたのだろう。丸山は、ジュリアン・グリーンに自らの内心を代弁させている。「夢でみたものしか信じられないのは、私の精神の奇怪さである」、あるいは「恐らく、私たちの周囲に動いているこの全生活は、一つの夢にしかすぎない。私たちのまぶたを閉ざさないけれども、目を開いたままで夢みさせる、もう一つの眠りにすぎない。この幻影の世界の中では、人の言葉も、書物も、一切現実性はない」。

丸山を論じるとき、ソシュールと同等の重要性をもってジュリアン・グリーンの影響を考える必要がある。むしろ、ジュリアン・グリーンの研究から出発したことが彼の思想/文学的視座を決定している。

井筒が、「見霊者」とドストエフスキーを呼んだその表現は、そのままグリーンに当てはまる。グリーンは自身がそうした性質を持つことを隠さなかった。日記をはじめとした彼の著述を読むとそれが、彼だけでなく家族を含む特質だったことがわかる。丸山がソシュールに単なる言語学者ではなく実在の探究者を発見しているのも、グリーンとの出会いがあったからだろう。ソシュールは「二人」いると丸山は書いている。一人は現代言語学の創始者、そして、もう一方のアナグラム研究に象徴される晩年のソシュールは「自らの内部に狂気、妄想、戦慄《おののき》があふれるような詩人でもあった」と書いている。これが丸山の個人的な見解ではないことは、互盛央の研究を見れば、判然とした歴史的事実だったことがわかる。先に引いた一文で「井筒俊彦氏と晩年のアナグラムのソシュール、そして私自身に共通する」とあったのを思い出したい。ソシュールにおける「ランガージュ」、丸山圭三郎、井筒俊彦にとっての「コトバ」、その本源的な働きは、「存在喚起」である。「コトバ」は、あるものを表現する手段ではなく、「コトバ」が、万物を「あらしめる」と彼らは考えた。「コトバ」の存在が、現象界の奥に、もう一つの世界があることを明示すると共に、異界へと人間を導く道標であると認識し、それぞれの思想を展開したのである。

存在は根源的に現象的なものだ。根源的現象性の見地から見るとき、われわれは普通何の疑念もなしに「現実」のすべてだと信じこんでいるものが、実はリアリティのすべてではなく、それのほんの表層にすぎないことをさとる。存在の表層は深層の可視的形姿にすぎない。すべての現象は「現象以前」から現象してくる。人は自らその「現象以前」に参入して、一切をそこから捉えなおさなければならない。（「『エラノス叢書』の発刊に際して」）

最晩年、丸山がエラノスにたびたび触れたのは、彼もまた、日本において「エラノス精神」を生きていたからである。

「日本人の友への手紙」という井筒俊彦に宛てられたジャック・デリダの公開書簡がある。書簡の日付は一九八三年七月十日、同年の六月、文面からわかるように、パリで井筒がデリダと交わした会話が書簡執筆の契機になっている。デリダの著作の多くは翻訳されているが、なぜかこの文章が収められた *Psyche* の訳書は刊行されていない。*Psyche* がフランスで刊行されたのは一九八七年だが、この書簡が丸山圭三郎の翻訳で雑誌『思想』に「〈解体構築〉DÉCONSTRUCTION とは何か」の題下で掲載されたのは一九八四年四月である。翻訳者として丸山を推薦したのは井筒だった。

書簡が書かれた年の秋、デリダは来日し、その際、丸山はデリダとソシュールをめぐって意見を交わした。『文化のフェティシズム』で丸山は、このときの会話と共に、この書簡にも言及している。デリダの déconstruction とは畢竟、「決して破壊ではなくむしろ西欧形而上学の伝統を遡行的に解体構築することであった」と丸山は書いている。「解体構築」という表現は、「脱構築」という術語が定着する以前だったこともあるが、丸山のデリダへの「読み」を表象している。論じ尽くされた感すらある déconstruction を丸山が遡源的解体だと言っているのは興味深い。そこにはデリダ同様、永遠に解体されることのない「存在」が覚知されている。

井筒が「意識と本質」で一貫して論じてきたのも現象界における「言語脱落」的解体であり、それは実在界へ遡源することに他ならない。「事物は相互の明確な差別を失い、浮動的・流動的となって、各自本来の固定性を喪失し、互いに滲透し合い混淆し合って次第に原初の渾沌に戻ろうとする」(『エラノス叢書』の発刊に際して)。それは、エラノスを貫く精神性でもあった。デリダは井筒を「『師』以上の敬意をこめて『巨匠』と呼んでいた」と丸山は書いている。

「日本人の友への手紙」でデリダが、まず井筒に投げかけた問いは、déconstruction の日本語訳の可能性だった。手紙という形式は、対話の継続を期待するデリダの意思を表している。デリダは自らの哲学的遍歴を回顧しながら、誤解を重ねられながらも、思想界を席巻した déconstruction の否定的定義を試みることから始めた。また、どう角度を変えてみても、言語的語意を解明するという意味で、déconstruction を定義することは不可能だ。むしろ、déconstruction は一つの「出来事」で、それは自ずから生起することだとデリダは言う。彼はそこに、人間の手ではけっして「解体」され得ない何ものかを看取していただけでなく、déconstruction の主体が人間ではないことを確信していただろう。デリダは書簡の中で、繰り返し、ほとんど定義不能な déconstruction の一語の静的な語意ではなく、力動性にこそ注目するべきだと言った。デリダの中核的思想 déconstruction は日本語では「脱構築」と表記されている。しかし、井筒はあえてそれを「解体」と訳す。「脱構築」では、デリダが意図している存在基盤の根柢的／次元的転換という語意が十分に表現できていないと考えたのだろう。そこに「解体構築」と訳した丸山の影も見える。

今や、哲学者たちは長く世界を論じることに忙しく、根源的な意味での問題解決に精力を注ぐことを忘れているとする危機意識は、井筒、デリダの二人に共通した精神的基盤だったと思われる。政治、宗教、文化間の衝突に積極的に関与したデリダを、歴史は、思索者としてだけでなく、高次の意味における実践家として記憶するだろう。その姿は井筒の『神秘哲学』に登場する哲人を思わせる。

複数ある井筒によるデリダ論の中で、「デリダのなかの『ユダヤ人』」は、この手紙に応えたものだ。この論考を含む『意味の深みへ』でも、デリダは特異な位置を与えられ、幾度も論じられた。井筒は一流の古典の解読者でもあったが、現代思想の優れた解読者でもあった。サルトルはもちろん、メルロ＝ポンティ、エマニュエル・レヴィナス、ロラン・バルト、ジャック・デリダをめぐるエッセイ、論考もある。

ここに挙げたフランス現代思想家に共通しているのは「ユダヤ性」である。「デリダのなかの『ユダヤ人』」で井筒は、デリダにおける「ユダヤ性」を論じる。

「ユダヤ性」とは、単に遺伝的にユダヤ人の血脈を継いでいることを示すのではない。フッサールは、ユダヤ人だが内面においては「ギリシア人」であるといったのはデリダだが、デリダは、出自的にはアルジェリア人だが、血統以上に、根源的性質、すなわち霊性的には「ユダヤ人」だと井筒は指摘する。井筒の射程にあるのは、ジャック・デリダという人間に生起する、霊性のdéconstructionである。デリダなら、宗教は、「déconstruction＝解体」されることなく、実在としての「宗教」でありうることはできないと言うかもしれない。ここで、井筒は、デリダも愛したユダヤ詩人エドモン・ジャベスの言葉を引く。「世界は一冊の書物である」と断言するジャベスには、「解体」可能性と不可能性が判然と認識されている。書物は静止しているが、蔵されたコトバは生きている、それを見る人間によってコトバは姿を変じ、現れる。

からである。

真実在と万有在神論――西田幾多郎と山崎弁栄

西田幾多郎は、おそらく井筒俊彦を知らない。断言できないのは、井筒が書いた、日本で最初の本格的なイスラーム哲学史『アラビア思想史』の出版は一九四一年、当時西田幾多郎は存命だったからである。

井筒が、西田をいつから読み始めたかはわからない。池田彌三郎が慶應義塾大学に入学し、折口門下に入る以前、池田哲学を構築すると豪語していた頃、二人はなぜか「哲学がやたらに好きだった」と書いているから、このとき、すでに読んでいたと考えることもできる。

著作集に収められた井筒の論考と対談でそれぞれ西田幾多郎の名前が出てくるのは一度だけ、それも西田の一節を引用するに留まるなど、西田哲学に対する発展的考察が行われたわけではない。

その他には、拾遺エッセイ集『読むと書く』に収められた、岩波書店からのアンケート「私の三冊」に応じて書いた『善の研究』へのコメントがある。「本書の中心課題『純粋経験』は、いわゆる西田哲学の原点である。自己の行くべき道を模索しつつあった若き日の思索の記録。その思索のみずみずしさが読む人の心を打つ」と井筒は書いている。さらには、現在のところ単行本には未収録だが『西田幾多郎全集』の推薦文「いま、なぜ、『西田哲学』か」がある。

東洋的自覚の根源的主体性を実存の深みに秘めつつ、西洋哲学の概念機構を自在に操作して思索した独創的哲学者。西洋に向って自己を開いたポスト明治日本にあって、西と東の思想的交流点を、パイオニアとして、力動的に彼は生きた。近代的日本哲学の生起点である西田幾多郎の思想は新しい東洋哲学の様々な方向への展開の可能性を示唆する。彼の思索の軌跡をもう一度、批判的に辿りなおしてみるべき時が、今、来ているのではないか、と私は思う。(「いま、なぜ、『西田哲学』か」)

この文章が井筒の西田に関するもっともまとまった記述である。「思索の軌跡をもう一度、批判的に辿りなおしてみるべき時が、今、来ている」と書く井筒の「読み」が従来の西田論を踏襲するものだったとは思えない。

しかし、『神秘哲学』あるいは初期の井筒の論考にも西田の影響を看取することができる。「影響」といっても、井筒がイブン・アラビーやプラトン、プロティノスから受けたそれと、同等に論じるつもりはない。看過すべきではないと思われるのは、術語における接近、あるいは、神論における対決である。

ここで想起している言葉は「真実在」である。この一語が持つ『善の研究』における重要性は、目次を見るだけでもわかる。「第二編」実在論の第四章は「真実在は常に同一の形式を有っている」、

第五章は「真実在の根本的方式」と題されている。以下にいくつか西田が「真実在」に触れた文章を引いてみる。

我々は何を為すべきか、何処に安心すべきかの問題を論じる前に、まず天地人生の真相は如何なる者であるか、真の実在とは如何なる者かを明《あきらか》にせねばならぬ。

かくの如く主客の未だ分れざる独立自全の真実在は知情意を一にしたものである。真実在は普通に考えられているような冷静なる知識の対象ではない。我々の情意より成り立った者である。

真実在は一つの者の内面的必然より起る自由の発展である。

最初の一文は、実在の認識の優位が論じられている。それは、日常的行動はもちろん、個的な安心欲求にも優先する。ここでの「安心」は、生活の安定を意味するのではなく、人間の側から見た救いを含意している。西田は、「真実在」の認識が、それに優先すると明示する。超越者を真に知ることこそ、人間が生きる真実の目的であると考えている。次の一節は、実在をあらしめているのが「情意」、すなわち魂的働きによるものであることを含意している。そして、最後の一文は、「真実在」が、一者の内的必然から生じる「自由」と同義であることが示されている。

窮極的真実在としての一者は、相対的多者界と絶対否定的に対立し、これを撥無するものではなくして、あらゆる存在者を無限に高く超越しながら而もあらゆる存在者を無限に近く、無限に温く包みつつ、其等を生かし其等に存在性を分与するところの叡知的愛の主体でなければならなかった。換言すればクセノファネスの神は「全」と一義的に対峙拮抗する純形而上的「一」ではなくして、「一」と「全」とが超越・被超越の絶対対立関係にありながら矛盾的一致に於て相合する「一《ヘン》・即《カイ》・全《パン》」（Simpl.Phys. 22-to gar hen touto kai pān ton theon elegen ho Xenophanēs.）なのである。

西田は「真実在」を「一つの者の内面的必然より起こる自由の発展」であるとし、井筒は「存在性を分与するところの叡知的愛の主体」に他ならないと書いている。「真実在」は絶対的超越者の異名だが、西田は、それを「究極的自由」、井筒は「叡知的愛」として捉えている。二人は別々の実在を論じているのではなく、それぞれ一者の異なるペルソナを見ているのだ。

イスラームの「神」は、究極者は九十九のペルソナを持つ、アッラーを加えれば百の「顔」がある、と諸井慶徳が書いている。「大慈者、大悲者、王者、神聖者」に始まり、最後の「許容者」まで、諸井は、それらをすべて日本語に移し替えている。彼がここで強調するのは、人間が、究極的意味において「神」を呼ぶことの不可能性である。どんなに優れた人間であっても、その人物が「神」の名を口に出した途端に、それはすでに「神」を限定していることになる。諸井がアッラーを加えて、ペルソナは百と数えるところには、「アッラー」の一語すら、「神」の実相を表現することはできないとの認識が明示されている。「アッラー」は「神」である。しかし、「神」そのものではない。

宗教的絶対名すら「神」を闡明し得ないとの発言は、諸井が一神教の真摯な信仰者であることを鑑みるとき、いっそうの重みを持つ。彼は、論じたように世界を認識し、生きた。諸井は、「神」を語ることの不可能性から、自らの学問を出発させているのである。

ここで「真実在」の一語をめぐって井筒と西田の異同を論じる眼目もそこにある。彼らが超越的実在を「真実在」と呼び、それぞれが看取したペルソナを基盤に論究するのは、とうてい論じ尽くすことはできない無尽の「顔」を認識している裏返しでもある。こと超越者論において、彼らは、それぞれが見、感じ、体験したことのみを論じたのである。

超越者を「叡知的愛」と呼ぶ井筒の言葉に、その働きを「慈愛の息吹」と表現したイブン・アラビーを想わずにはいられない。超越者における「内面的必然」が究極的愛であることをイブン・アラビーは生涯をかけ、論じ、井筒は、それを現代に蘇らせようとしたのである。

その試みにおいて、井筒がイブン・アラビーの思想と著しい共時的共鳴があると論じたのが華厳思想だった。以下「華厳」と書く場合、経典としての「華厳経」とその霊性的伝統である「華厳宗」、さらに法蔵らによって深化したその教学、この三者が複雑にからみあった有機的統合体を意味している。

華厳の影響は、すでに『神秘哲学』以前に、井筒に流れ込んでいた。先に引いた一文で井筒は、クセノパネスの思想を「一・即・全」の一節に収斂させる。その後ろに華厳の中核的思想「縁起」を表象する「一即一切・一切即一」があることは明らかである。また、『神秘哲学』では、華厳そのままの表現、「一即一切」がたびたび用いられている。

「一・即・全」、「一即一切」とは、個別者と全体が融即的関係にあることを示す。すなわち個別的存在である「一」が、集結して全体を構成する加算的世界観ではなく、「一」は、即時的に「全」であり、逆もまた、然りである。

西田が存在の根柢的公理を論じ「実在の根本的方式は一なると共に多、多なると共に一」(『善の研究』)と書くところにも華厳は生きている。『善の研究』で西田は華厳に直接言及しない。しかし、この著作の随所に、華厳思想の影響は看取できる。井筒の実質的な原点である『神秘哲学』、西田の文字通りの思想的起点である『善の研究』、双方に華厳の精神が強く流れていることは、二人の精神史上の問題に留まらず、仏教がこれまで果たしてきた思想的役割を正当に評価するためにも、看過してはならない、と私は思う。

さらに、「言語的」、「コトバ」的地平において思想を深化させた点においても、西田と井筒の思想は共鳴する。井筒が「存在はコトバである」と、「コトバ」の超越性を表現したように、西田も

「主語」、「述語」、「繋辞」の論理において「存在」の秘儀を解き明かそうとした。西田哲学に独自の「読み」を転換している哲学者小野寺功は、西田が「主語」、「述語」、「繋辞」を一体的実在として捉えている視座に注目し、キリスト教の三位一体との呼応する論理/存在構造を認めている。

西田幾多郎の哲学的苦闘は、哲学言語の発見にあった。西田は、思索だけでなく、日本における哲学言語の「創造」を託されていた。哲学言語における創造的発見から思索を始めた点において、井筒は西田の血脈を継承している。西田は預言者を「神の口」と表現したが、哲学者とは超越者の「手」の異名であることを知り、その実践を試みた点において、二人は著しく接近する。『神秘哲学』執筆当時、喩えではなく「血を吐きながら」原稿用紙に向かったと井筒は記しているように、この著作は彼の「血」によって書かれている。西田の著作にも同質の苦闘のあとがある。「悪戦苦闘のドッキュメント」と西田が自著を語るところに偽りはないのである。

言葉の発見と概念作成とは、似て非なる営みである。概念は現象界的な営みだが、哲学言語は、詩的言語に似て、異界的境域との実存的接近を経なくては決して顕れない。同質の使命を背負った先人マラルメに、井筒が無上の畏敬をもって接するのはそのためだ。使命とは、字義通り命を賭し、使役しなくては完遂することができない責務である。顕れるのは言葉である。人間はそれを目撃し、それを闡明するだけである。「意識と本質」で井筒は、マラルメが「絶対言語」と遭遇する現場を生々しく描き出している。

だが、詩人が絶対言語的に「花」という語を発するとき、そこに或る異常なことが起るのだ。存在の日常的秩序の中に感覚的実体（「輪廓」）として現われていた花が、発音された語《コトバ》のひき起す幽かな空気の振動と化して消え散っていく。花の「輪廓」の消失とともに、花を見ている詩人の主体性も消失する。生の流れが停止し、あらゆるものの姿が消える。この死の空間の凝固の中で、一たん消えた花が、形而上的実在となって、忽然と、一瞬の稲妻に照明されて、白々と浮び上ってくるのだ。花、永遠の花、花の不易が。（『意識と本質』）

こうした出来事は外在する事物だけでなく、内在する事象にも現起する。井筒が『神秘哲学』で描き出すように、詩と哲学が不可分であるなら、哲学言語においても、詩的言語と同じ「絶対言語」誕生の秘儀が働くことになる。だからこそ、哲学における「コトバ」の出現もまた、「忽然と、一瞬の稲妻に照明されて、白々と浮び上ってくる」のである。

存在のこのような形而上的高みに立って、「花」という一語を発音することは、マラルメにとって、神の宇宙創造にも比すべき一つの根源的創造行為だった。だが、それは同時に、事物不在によってひき起される極限的非人間性の鬼気迫る緊迫のうちに、マラルメが己れの詩の終焉を告げる華麗な、しかし限りなく悲しい、身振りでもあったのだ。（『意識と本質』）

マラルメは、詩を作る自らを修道士に喩えた。「絶対言語」は、誰もいない独りのときに訪れる、さらに言えば、周囲に人がいても、出来事が生起するときは、詩人は独り、絶対者と対峙しなくてはならない。

『善の研究』の刊行は一九一一年、明治四十四年である。しかし、おそらくそれ以前に、「真実在」という言葉を用いている人物がいるとすれば、顧みるに値するだろう。なぜなら、究極的実在を自らの言葉で語ることが哲学の始めに他ならないからである。その人物を時代が忘れていたなら、私たちは想い出さなくてはならない。その人とは、山崎弁栄である。

山崎弁栄は一八五九年に生まれ、一九二〇年に没した浄土宗の僧である。徹底した布教者でありながら、その一方で近代日本仏教を刷新する体系的な「光」の教学を樹立した文字通りの思想家と呼ぶべき宗教者である。椎尾弁匡と共に、近代浄土宗を代表する人物だといってよい。一九一四年、大正三年、弁栄は、既成の浄土門から独立した宗門として「光明会」を立ち上げ、その教学を「光明主義」と命名する。弁栄は自らの教学の養分となすように、積極的にキリスト教神学を摂取、咀嚼した。彼の「光明」は、単に仏教的表現であるよりも、三位一体の「聖霊」を思わせる。山崎弁栄研究の第一人者である宗教哲学者河波昌が、弁栄の教義において「重要な展開の一部は、キリスト教的であり、キリスト教そのものであり、さらにはキリスト教を超えてよりいっそうキリスト教的でさえあったのである」(『光の現象学』)と書いている。河波が、定昌の名を持つ僧でもあることを鑑みるとき、その発言は注目に値する。「光明主義」を説く山崎弁栄の教学は、イブン・アラビーの存在一性論、あるいはスフラワルディーの光の神秘哲学とも接点を持つ。また、弁栄は、鈴木大拙の『日本的霊性』の二十余年以上前に、「霊性」を中核的思想として論じている。「霊」を超越者そのものであるとすれば、弁栄の教学は、霊の、あるいは霊性の教学であるともいえる。

「世に一つ御親《みおや》の真実在すこと識らずして、人生を闇の中に暮らしてまた闇に入る人ほど不幸な者は有りませぬ」（『無礙光』）と弁栄は書いている。弁栄が「みおや」と呼ぶのは阿弥陀如来である。仏教者であるにもかかわらず弁栄は、その教学中、積極的に「神」という表現を用いるばかりか、究極的宗教のあり方とは「超在一神的汎神教」であると書いている。すなわち、それは、狭義の一神教と汎神論の差異に拘泥する宗教と霊性のあり方を超越する。

以下に引くのは西田の「場所的論理と宗教的世界観」の一節である。これが西田の最後の論文になった。西田がこれを書き終えて、没後発刊された事実に、摂理的なものを感じずにはいられない。この論文は続く者への真摯なる遺言でもあるだけでなく、哲学者西田幾多郎のもっとも重要な論文である、と私は思う。「単に超越的に自己満足的なる神は真の神ではなかろう」と西田は言い、続ける。

何処までも超越的なるとともに何処までも内在的、何処までも内在的なるとともに何処までも超越的なる神こそ、真の弁証法的なる神であろう。〔中略〕私のいう所は、万有神教的ではなくして、むしろ、万有在神論的 Panentheismus ともいうべきであろう。

「万有神教」とは汎神論、すなわち万物を神そのものとする思想である。一方、「万有在神論的Panentheismus」は「汎在神論」的とも表される。すべてが「神」なのではなくて、万物に「神」が、超越的に、内／外在するという思想である。人間から単に超越している神は真実の「神」ではない。また、それぞれが、単に個的に神々であるという世界観にも与しない。むしろ、全てが「神」を内に含みつつ、存在している、この言葉は、西田の「哲学的信仰」の表明だと思ってよい。以下の文章を読むと、井筒は少なくとも『神秘哲学』執筆の前には、「場所的論理と宗教的世界観」を読んでいると私は思う。

この神的内在論に就いて、それがpantheismus〔汎神論〕か或いはpanentheismus〔汎在神論〕かを議論する必要もない。プロティノス自身の一者観の肯定的側面、即ち内在論的側面に於ては、神が万有に内在するのではなく、明かに万有が神に包有され、神の裡に内在するのである。

汎神論と汎在神論の違いを論議する必要はない、「真実在」はその「彼方」にあると書くとき、井筒の念頭に西田の論文があったと考える方が自然だろう。また、人間が究極者を論じる、その極限が、超越界の入口だと井筒は考えている。

また、西田は「プロティノスの一者は東洋的無と対蹠的極限に立つものである。この故に、それは平常底という立場にまで達したものではない」とプロティノスと東洋的無を「対蹠的」位置に据える。ギリシア人は哲学の方向に行ったため、真の宗教を知らないとも書いている。

先の井筒の一文が、西田の汎在神論理解とプロティノス観への強い異議となっているのは明らかだろう。そればかりか『神秘哲学』全体が、そうした西田のギリシア観への「否」となって現出しているのである。

むしろ、井筒と共鳴するのは、山崎弁栄である。「超在一神的汎神教」は汎神論の対極にある汎在神論を超える、なぜなら、そうした二者択一的論議自体が、超越者の内側で行われているからだと弁栄は説く。

> 宇宙唯一の法身の手によりて成生したる万有なれば大は宇宙全体より太陽も地球も所有万物もいかに微細なる一切の個体は一大法身の分身なる個々なれば、個々は小法身なり。〔中略〕しからば有る人が個法身の万物いかに微細なるも神を宿し能わざるほどの微細なるものなしと。
> （「万有生起論」）

「法身」とは究極的絶対者のこと。その手によって万物は生まれた。大きくは太陽、地球、宇宙全体まで、また、どれほど微細なものであったとしても例外的存在者はない。個々の存在者は、超越者が自らのわが身を分けた実在である。だから、個物でどれほど小さい者でも「神」の働きが及ばないほどに小さいものは存在しないと言うのである。これらの言葉は、イブン・アラビーの世界を彷彿させる。イブン・アラビーが超越者を「存在」と呼ぶように、弁栄は「みおや」「法身」あるいは「神」と書く。「神」の一語すら、一者の自己顕現・自己限定・自己分節的表現でしかないことを示す彼の強い意図がある。

井筒俊彦は生涯を通じ、実存的に輪廻の問題を問い続けた。『神秘哲学』には「輪廻転生と純粋持続」と題された一章もあるが、そこに限らない。彼はプラトン、アリストテレス論でも、この命題を忘れない。ピュタゴラスは犬を殴打する人物に、やめてくれ、その犬は前世、私の友人だったと言った。プラトンは、ピュタゴラスの思想を継承し、前世、現世、来世を信じた、また、若きアリストテレスはそのプラトンの影響を受け、ある時期には文字通り、密儀宗教そのままの輪廻転生を論じたこともあった、と井筒は書いている。プラトン、アリストテレスが論究したことであっても、肉感できなければ、井筒はそれを信じない。輪廻、あるいは「カルマ」の問題は、その典型である。だから、井筒の「カルマ」論も独自の展開を見せる。

「カルマ」の思想は、個の枠組みに留まる限りは、その真実を知ることはできない、むしろ、「カルマ」とは、個が、個でありながら、普遍へ開かれてゆく扉だと井筒は考えた。その帰結を私たちは絶筆『意識の形而上学』に見る。

だが、それにしても、実に長く険しい道のりだ、「究竟覚」を達成するということは。『起信論』の語る「究竟覚」の意味での「悟り」を達成するためには、人は己れ自身の一生だけでなく、それに先行する数百年はおろか、数千年に亘って重層的に積み重ねられてきた無量無数の意味分節のカルマを払い捨てなければならず、そしてそれは一挙に出来ることではないからである。

かくて、一切のカルマを棄却し、それ以前の本源的境位に帰りつくためには、人は生あるかぎり、繰り返し繰り返し、「不覚」から「覚」へと戻っていかなくてはならない。「悟り」はただ一回だけの事件ではないのだ。「不覚」から「覚」へ、「覚」から「不覚」、そしてまた、新しく「不覚」から「覚」へ……。

「究竟覚」という宗教的・倫理的理念に目覚めた個的実存は、こうして「不覚」と「覚」との不断の交替が作り出す実存意識のフィールドの円環運動に巻き込まれていく。

この実存的円環行程こそ、いわゆる「輪廻転生」ということの、哲学的意味の深層なのではなかろうか、と思う。

『意識の形而上学』の最後の一節といってよい文章である。それは井筒が生前に書いた最後の文章であることを同時に意味している。

ここで彼は、真実に生きてきたのは、はたして誰なのかという根源的な問いを放っている。「人は己れ自身の一生だけでなく、それに先行する数百年はおろか、数千年に亘って重層的に積み重ねられてきた無量無数の意味分節のカルマを払い捨て」ねばならないと感じるのは、哲学的営為を通じて出会った人々との対話が、彼には文字通りの意味で現実の事件だったことを物語っている。また、同時に、ここには、哲学は、死者を救い得るかという実存的な問題が横たわっているのである。

あとがき

一九九三年一月七日、井筒俊彦が急逝した。井筒は、『神秘哲学』に、死をめぐって以下のように書いていた。

肉体が生存しつつある間、霊魂は死の闇に沈潜しているのであるから、肉体が死なぬ限り霊魂は生きることができない。人間は肉に死んで甫めて霊に生きることを得るのである。人間が真にその名に価する生命を生き得るためには、先ず霊魂が肉の墳墓から解放されねばならない。悲劇詩人エウリピデースが「恐らくは、生は死であって、死が却って生であるかも知れぬ」という如く、現世に生きていることは実は死んでいることであり、現世に死ぬことこそ却って真に生きる所以である。

死は、『神秘哲学』の中核的主題の一つである。井筒は、いかに生きたまま「死す」かを論究している。神秘道とは、肉体を有しながら、実存的に「死す」ことだというのである。だが、それだけならば、プラトンが説く「死の修練」をなぞっているに過ぎない。深化の跡は「恐らくは、生は死であって、死が却って生であるかも知れぬ」というエウリピデースの一節にある。井筒は、死を観念的問題として終わらせまいとして、リルケが『ドゥイノの悲歌』で歌ったように、死者を確固とした実在として捉えようとする。その態度には、希求という表現が当てはまるほど著しい熱情がある。

しかし、時を経た、晩年の井筒による死者論は、ずいぶん様相が異なるのである。

人間の存在には、実に不思議な次元がある。「幻影の人」彌三郎と逢うたびに、私はつくづくそう思う。それは、ひとつには、私の形象空間に出没する彌三郎が、意外なほど華やいだ、若々しい姿をしているからなのかもしれない。学生時代のようにおどけたり、はしゃいだりする彼に私はそこで久々に逢う。〔中略〕

存在の次元では、かけがえのない一人の友を私はなくした。だが、彼はいま、「花をかざした幻影の人」の姿となって訪れて来ては、私をなぐさめ、はげまし、楽しませてくれる。こんな次元で、こんな新しい形で、我々の交遊は、これから育っていくだろう。ぜひそうあってほしい、と私は願う。（「幻影の人——池田彌三郎を憶う」）

ここに書かれた言葉は、そのままに理解しなくてはならない。一切の比喩はないのである。「幻影の人」とは「死者たちの世界から立ち現われて来て不意に私を訪れる懐かしい人々」である。西脇順三郎の詩においては、必ずしもそうではないかもしれないが、自分にとっては、生ける死者にならざるを得ないと井筒は言う。また、「今はただ、『幻影の人』としての彼〔池田〕にだけ、私は逢う。存在の次元を異にする二人が、親しく手を取って語りあえる奇妙な空間がそこにひらける」とも彼は書いている。

「親しく手を取って語りあえる」という肉感的な表現が湧き上がるほど、井筒にははっきりとした実感がある。五感を超える実在に、コトバの「肉体」を与えること、それが哲学者の使命である、井筒はそう信じていたのではなかったか。そうでなければ、こうした誤解を惹き起しかねない主題を、わざわざ彼が書く積極的な理由はないのである。

井筒の死は、新聞で知った。その扱いがあまりに小さかったのを、今でも鮮明に覚えている。全国紙をすべて買ったが、どこも形式的な記事ばかりだった。しばらく時間が経過して、河合隼雄や司馬遼太郎は情感のある追悼文を書くが、むしろ、それは例外的で、ジャーナリズムは沈黙していたといってよい。

もちろん、追悼記事の大きさがその人物の業績を直接的に物語るとは限らない。静かに逝った優れた人物も少なくない。しかし、当時感じた、著しい違和感が、本書執筆の直接的な契機となった。

思い返すと、企図が芽生えてから、短くない時が過ぎたことになる。執筆する過程を通じて強く感じたのは、書くことよりも、「読む」ことの意味と困難である。むしろ、何か不可視な力によって、「読み」を強いられている状況が、この碩学を通じて少しなりとも「書く」ことができるかもしれないという希望を抱かせてくれた。

井筒俊彦に「『読む』と『書く』」と題されたエッセイがある。彼の境涯はこの言葉に収斂される。「読む」とは、実在界との接触であり、「書く」とは、そこでの経験を実践することに他ならなかった。本書を書いている間も、浮かびあがってきたのは、「書く」井筒俊彦と、「読む」井筒俊彦の二つの姿だった。

「悠邈《ゆうばく》たる過去幾千年の時の彼方より、四周の雑音を高らかに圧しつつ或る巨大なものの声がこの胸に通い来る」に始まる『神秘哲学』冒頭の一節を読んだときが、井筒俊彦との出会いだった。それまでも『イスラーム哲学の原像』と『意識と本質』を読んでいたが、文字を追うのにいっぱいで、井筒俊彦という哲学者の実在を実感することはできずにいた。今でも、あのときの衝撃を覚えている。文字通り何かにぶつかったという感覚があった。

しかし、容易に進まず、『神秘哲学』を読み終えるには、しばらく時間が必要だった。頁を開くことを本が拒み、言葉は、読む者に留まることを求める、そうした日々が随分と続いた。勝手な思い込みに過ぎないのだろうが同質のことは、リルケの『ドゥノイの悲歌』でも感じたことがある。つまり、人間が能動的に言葉を探す次元ではなく、言葉が顕れ、人間はそれを目撃することを許されるのみという経験である。

E・R・クルツィウスの『読書日記』（生松敬三訳）に興味深い記述がある。『バルザック論』の準備を進めていたときのことだった。彼はバルザックの同時代評を調べていて、ゲーテの日記中にそれがあるのを知るが、テキストの入手は困難を極めた。途方に暮れていたある日、道端でフランクフルトを買う、すると包み紙に、探していたゲーテの文章が印刷されていたというのである。「精神がひじょうに緊張しているときには、そのための努力をしなくても、求めるものが与えられる。わたしはこういう経験をなんども確認した」、と彼はユングの共時性を思わせる現象に導かれた生涯の日々を回顧している。

『読むと書く』に収められた井筒俊彦の未刊行の文献を集めていた頃、そして本書執筆の途中でも、同様の経験が幾度かあった。図書館の書架、あるいは雑誌保存庫だけではない。古書店で偶然とった書籍に資料を見つけたこともあった。特に思い出されるのは、四章で論じた諸井慶徳である。諸井は、天理教神学の樹立を試みた信仰者であるとともに、稀代の宗教哲学者だった。

本論の連載を決めた当時は、諸井の名前すら知らなかった。それが偶然、諸井の著作を知り、一章を割いて諸井と井筒の関係を書くことになった。天理教に縁があったのではない。そればかりか『おふでさき』『みかぐらうた』も読んだこともなかったのである。

一九六一年、諸井は、四十六歳で亡くなった。今年で没後五十年になる。彼は宗教哲学者として著作を公にすることなく、逝かねばならなかった。諸井の本を読むといつも、死に至る苦しみが思われ、胸に痛みを覚えながら読んだ。彼が自らの病など知らなかった頃の論考を繙くときも、何故かそうした感覚から逃れることはできなかった。だが、同時に諸井の諸作は、「復活」も強く感じさせた。闇はある。しかし光がそれを包み込む、当時、私をほとんど支配していたそうした実感を、今もまざまざと想起することができる。諸井は、死と死者の問題が、次元を異にすることを教えてくれた。

四章が発表されてほどなく、妻恵子が逝った。連載を始めた当時は、元気そうにしていた彼女に、ガンの再発が確認されたのは、ちょうど一章を書き終えたときだった。彼女がはじめてこの病を患ったのは、一九九九年である。そのときすでに余命は半年であると告げられていた。二章、三章は、治療法を探しながら書いた。四章に差し掛かっていた頃は、すでに彼女の体に目に見える異変が起きていた。連載を中止しようと何度思ったか分からない。しかし、そうすることを願っていなかったのは、彼女の方だった。自らの病のために、私の仕事と文筆活動に支障が出ることを彼女はなによりも恐れていた。

「自分は治るためにできる限りのことをする、だからあなたも仕事を続けて」と彼女は言った。そばにいてくれるよりも、私が仕事をしてくれている方が幸せだと彼女はもらしたこともある。自分が耐えることで、社会的な責任が果たされるのであれば、それは文字通り共に働いていることになるというのである。

末期的な症状が出て、自由に身動きができなくなるまで、ごく一部の人を除いて、彼女の病を知る人はいなかった。そこには両親を含む親族も含まれる。口外することを拒んだのは彼女である。彼女は自分のことで、他者の心が苛まれることを拒み、また嫌った。

闘病生活の間、彼女は微笑みと感謝の言葉を絶やしたことがない。数キロの腹水や、呼吸が難しくなるほどの胸水に耐えなくてはならないときも、それは変わらなかった。苦しいときは、そう言ってよいのだと伝えると「もし、自分が苦しみをそのまま言葉にしたら、きっとあなたは耐えられないと思う」と彼女は応えた。また、こんなとき、どうして微笑み続けることができるのかと聞くと、「今、あなたにできることはそれしかないから」と彼女は答えた。本論はそうした協同のもとに書かれている。それは、彼女が「幻影の人」となっても続いている。

一冊の本が出来上がるまでには、実に多くの「手」が参与する。『三田文学』への連載を加藤宗哉編集長に申し出、快諾していただいたところに、本論は始まった。連載の途中に何人かのよき読者に恵まれたことも幸いだった。発表の機会と読み手が与えられなければ、こうした無謀な試みが具現化することはない。『三田文学』の編集室の方々を含め、連載中に支えて下さった人々に改めて深く感謝申し上げたい。

また、執筆中には、いくつかの重要な出会いがあった。井筒俊彦夫人の豊子氏、井筒と交流があった澤井義次氏、井筒の蔵書と業績を整理し、井筒研究の基盤を整えた岩見隆氏、「言語学概論」の講義を記録していた川島第二郎氏、四氏それぞれとの複数回にわたる対話からは、貴重な示唆を得ることができた。この場を借りて、改めて心から謝意を表したい。

本書の刊行を後押ししてくれた慶應義塾大学出版会会長であり、作家の坂上弘氏と初めて会ったのは、ちょうど二十年前、当時、大学内にあった『三田文学』の編集室においてだった。当時坂上氏は、小説家として第一線にありながら、ビジネスマンとしても、ある国際的な大企業に勤めていた。今も私が、文学とは関係のないビジネスに携わりながら、文章を書くのは坂上氏の影響が強い。「君は、三十五歳までものを書かない方がよいかも知れない。執筆よりも、人間を見なさい。そして、できれば物を作る会社に勤めなさい」、頭で文章を書いてはならないということなのだろう。そう言われ、二〇〇六年、三十八歳になるまで、まとまったものを書くことはなかった。今、こうしたかたちで、仕事を共にするに当たっては、強い感慨と感謝の念がある。

書き手は、いわば農夫のような存在である。私は日々、ハーブを扱う事業に携わっているが、書くとは、言葉という土壌において「素材」である主題を、育み、育て、収穫し、出荷する営みである。しかし、それだけでは、生活者には届かない。間には料理人あるいは販売者の存在が不可欠である。

本書の誕生にも校正者、装丁者、編集者という「料理人」が力強く介在している。彼らと仕事ができたことは、本当に幸運な出来事だった。彼らを通過することによって改めて、自分は何を書こうとしているのかを知った。彼らとの仕事に対しては、感謝より、むしろ、協同者として光栄である気持ちを表現したい。これからのことだが、よき販売者を通じ、読者が手にしてくれることも真に願っている。販売という行為が、製品を完成させ、文章は読まれることで初めて、命を帯びるからである。

誤りがあれば、「素材」の責任者である筆者にある。難ある素材では、「販売」はもちろん「料理」の幅にも自ずと限界が生じるのは避けられない。

ここに名前を挙げないが、私はいつも、今、苦難にある何人かの知人を思い浮かべながら書いた。私の願いは、彼らと同じく、人生の試練にある人々によっても、読み解かれることにある。東日本大震災に被災し、あるいは近しい人を喪った人々にも、本書中の言葉が届くことを願わずにはいられない。文学の責務とは、真理を明らかにするよりも、言葉として、求める人間のそばにいることに他ならない、と私は考えている。

本書は、慶應義塾大学出版会の片原良子氏が担当してくれた。これまでも何度か仕事を共にしたが、今回の仕事においても、真摯さをもって全過程を貫いてくれた。こうした営みが、言葉を書物へと変貌させるのである。その場に居合わせた人間の一人として、衷心から感謝を送りたい。

二〇一一年四月十四日

若松　英輔

引用文献一覧

＊本書で引用している主な文献を章ごとにまとめ、井筒俊彦の著作を除いて五十音順に並べた。ただし、複数回引用している文献については、その文献を特に論じている章のみに記載した。

第一章　『神秘哲学』――詩人哲学者の誕生

井筒俊彦

「思想と芸術」〔安岡章太郎との対談〕『井筒俊彦著作集別巻　対談・鼎談集』、中央公論社、一九九三年

『神秘哲学』、慶應義塾大学出版会、二〇一〇年

「『著作集』刊行にあたって」『井筒俊彦著作集　1』、中央公論社、一九九一年

以下、『読むと書く』所収（慶應義塾大学出版会、二〇〇九年）

「師と朋友」／「追憶」／「西脇先生と言語学と私」／「マホメット」

稲垣足穂

『東京遁走曲』、河出書房新社、一九九一年

上田光雄

『純粋宗教　哲学道教団・神秘道とは何か』、哲学修道院、一九四九年（非売品）

西脇順三郎

「*Ambarvalia*」『西脇順三郎コレクション第Ⅰ巻　詩集』、慶應義塾大学出版会、二〇〇七年

「超現実主義詩論」『西脇順三郎コレクション第Ⅳ巻　評論集』、慶應義塾大学出版会、二〇〇七年

柳宗悦

以下、『柳宗悦・宗教選集第一巻　宗教とその真理』所収（春秋社、一九九〇年）

「種々たる宗教的否定」／「神秘道の弁明」／「即如」／「哲学におけるテムペラント」

第二章　イスラームとの邂逅

井筒俊彦

『アラビア思想史』、博文社、一九四一年

『アラビア哲学』、慶應義塾大学出版会、二〇一一年

『コーランを読む』『井筒俊彦著作集　8』、中央公論社、一九九一年

以下、『井筒俊彦著作集別巻　対談・鼎談集』所収（中央公論社、一九九三年）

「二十世紀末の闇と光」〔司馬遼太郎との対談〕／「文学と思想の深層」〔遠藤周作との対談〕

以下、『読むと書く』所収（慶應義塾大学出版会、二〇〇九年）

「R・A・ニコルソン『イスラーム神秘主義におけるペルソナの理念』への序詞」／「回教に於ける啓示と理性」／「語学開眼」／「ぴろそぴあはいこおん――Philosophia haikôn」

池田彌三郎

「井筒俊彦君との交際」『手紙のたのしみ』、文藝春秋、一九八一年

『銀座十二章』、朝日新聞出版、一九九六年

井筒豊子
「バフルンヌール物語」『白磁盒子』、中央公論社、一九九三年
大川周明
「安楽の門」近代日本思想大系〈21〉『大川周明集』、筑摩書房、一九七五年
『回教概論』、筑摩書房、二〇〇八年
『復興亜細亜の諸問題』、中央公論社、一九九三年
小辻節三
『ユダヤ民族の姿』、目黒書店、一九四三年
竹内好
「大川周明のアジア研究」近代日本思想大系〈21〉『大川周明集』、筑摩書房、一九七五年
村松剛
解説（『回教概論』、中央公論社、一九九二年）

第三章　ロシア、夜の霊性

井筒俊彦
「正師を求めて」『読むと書く』、慶應義塾大学出版会、二〇〇九年
『ロシア的人間』、中央公論社、一九八九年
「ロシアの内面的生活——十九世紀文学の精神的展望」『個性』三号、思索社、一九四八年
『露西亜文学』、慶應義塾大学出版会、二〇一一年
ウラジミール・ソロヴィヨフ

『自然に於ける美・芸術の一般的意義』高村理智夫（除村吉太郎）訳、一九二八年

小林秀雄

「『罪と罰』についてⅡ」『小林秀雄全作品』〈16〉、新潮社、二〇〇四年

J・M・マリ

『ドストエフスキー』山室静訳、泰流社、一九八三年

ドストエフスキー

『おかしな人間の夢』太田正一訳、論創社、二〇〇六年

野口啓祐

「ベルジャーエフの生涯と思想」（ベルジャーエフ『愛と実存――霊の国　セザルの国』）、筑摩書房、一九五四年

ベルジャーエフ

『ドストイェフスキイの世界観』宮崎信彦訳、黎明書房、一九五五年

ボードレール

『悪の華』鈴木信太郎訳、岩波書店、一九六一年

除村吉太郎

『芸術とリアリズム』、京王書房、一九四七年

「ベリンスキー略伝」（ベリンスキー『ロシヤ文学評論集　Ⅰ』）、岩波書店、一九五〇年

『ロシヤ文学について』、ナウカ社、一九四八年

第四章　ある同時代人と預言者伝

井筒俊彦

『マホメット』、講談社、一九八九年

ミルチャ・エリアーデ

『シャーマニズム　上・下』堀一郎訳、筑摩書房、二〇〇四年

諸井慶徳

『宗教神秘主義発生の研究——特にセム系超越神教を中心とする宗教学的考察』、天理大学出版部、一九六六年

『宗教的主体性の論理』、天理教道友社、一九九一年

以下、『諸井慶徳著作集　上』所収（天理教道友会、一九九六年）

「天理教教義学試論」／「天理教神学序章」

柳田國男

『遠野物語』、岩波書店、一九七六年

第五章　カトリシズム

井筒俊彦

以下、『読むと書く』所収（慶應義塾大学出版会、二〇〇九年）

「クローデルの詩的存在論」／「詩と宗教的実存——クロオデル論」／「神秘主義のエロス的形態——聖ベルナール論」

井上洋治
『キリストを運んだ男』、日本基督教団出版、一九九八年
越知保夫
『小林秀雄——越知保夫全作品』、慶應義塾大学出版会、二〇一〇年
九鬼周造
以下『九鬼周造エッセンス』所収（田中久文編、こぶし書房、二〇〇一年）
「時間の観念と東洋における時間の反復」／「日本芸術における『無現』の表現」
高橋たか子
『高橋たか子の日記』、講談社、二〇〇五年
ピエール・リシェ
『ベルナール小伝』稲垣良典・秋山知子訳、創文社、一九九四年
マーティン・ダーシー
『愛のロゴスとパトス』井筒俊彦訳、上智大学出版部、一九六六年
吉満義彦
「神秘主義の形而上学」『吉満義彦全集　第四巻』、講談社、一九八四年

第六章　言葉とコトバ

井筒俊彦
『イスラーム生誕』、中公文庫、一九九〇年
『イスラーム哲学の原像』『井筒俊彦著作集　5』、中央公論社、一九九二年

『意味の構造――コーランにおける宗教道徳概念の分析』『井筒俊彦著作集 4』、中央公論社、一九九二年
「『意味の深みへ』あとがき」『井筒俊彦著作集 9』、中央公論社、一九九二年
God and Man in the Koran: Semantics of the Koranic Weltanschauung, 慶應義塾大学言語文化研究所、一九六四年
Language and Magic: Studies in the Magical Function of Speech, 慶應義塾大学出版会、二〇一一年
以下、『読むと書く』所収（慶應義塾大学出版会、二〇〇九年）
「言語哲学としての真言」／「哲学的意味論」

池田彌三郎
〔谷川健一との対談〕『柳田國男と折口信夫』、岩波書店、一九九四年

井筒豊子
「自然曼荼羅――認識フィールドとしての和歌」『講座東洋思想　日本思想2』、岩波書店、一九八九年

ヴィルヘルム・フォン・フンボルト
『双数について』村岡晋一訳・解説、新書館、二〇〇六年

岡倉由三郎
「『意味の意味』石橋幸太郎訳への序文」、新泉社、二〇〇八年

オグデン＝リチャーズ
Meaning of Meaning: A Study of the Influence of Language upon Thought and of the Science of Symbolism, Harcourt Brace Javanovich, Inc, 1989.『意味の意味』石橋幸太郎訳、新泉社、二〇〇八年

風巻景次郎
『中世の文学伝統』、岩波書店、一九八五年
川島第二郎
「サルトルを超えなさい」『源流』十号、一九九六年
佐竹昭広
「『見ゆ』の世界」『萬葉集抜書』、岩波書店、二〇〇〇年
白川静
『漢字――生い立ちとその背景』、岩波書店、一九七〇年
『初期万葉論』中公文庫BIBLO、中央公論新社、二〇〇二年
ステファン・マラルメ
『マラルメ詩集』世界詩人選〈07〉、西脇順三郎訳、小澤書店、一九九六年
ベンジャミン・ウォーフ
『文化人類学と言語学』池上嘉彦訳、弘文社、一九九五年
『ウォーフ言語論集』池上嘉彦訳・解説・注釈、研究社、一九七八年
村上博子
「病」『冬のマリア』、黄土社、一九七四年
レオ・ヴァイスゲルバー
『母語の言語学』福田幸夫訳、三元社、一九九四年
ロマーン・ヤーコブソン
『言語とメタ言語』池上嘉彦・山中桂一訳、勁草書房、一九八四年

第七章　天界の翻訳者

井筒俊彦

『コーラン』（上・中・下）初訳、岩波書店、一九五七―五八年

『コーラン』（上・中・下）新訳、岩波書店、一九六四年

Sufism and Taoism: A Comparative Study of the Key Philosophical Concepts, University of California Press, 1983.

以下、『読むと書く』所収（慶應義塾大学出版会、二〇〇九年）

「回教神秘主義哲学者　イブン・アラビーの存在論」／「コーラン翻訳後日談」／「道程」

アンリ・マスペロ

『道教』川勝義雄訳、平凡社、二〇〇〇年

泉井久之助

『一般言語学と史的言語学』、増進堂、一九四八年

白川静

『孔子伝』中公文庫BIBLO、中央公論新社、二〇〇三年

中山みき

『みかぐらうた・おふでさき』村上重良校注、平凡社、一九七七年

ロマーン・ヤーコブソン

『音と意味についての六章』花輪光訳、みすず書房、二〇〇八年

第八章　エラノス——彼方での対話

井筒俊彦

以下、『読むと書く』所収（慶應義塾大学出版会、二〇〇九年）

「『エラノス叢書』の刊行に際して」／「エリアーデ追悼」／「第一級の国際人」〔『鈴木大拙全集』の推薦文〕／「東西文化の交流」

アンリ・コルバン

「エラノスの時」『エラノスへの招待——回想と資料』、平凡社、一九九五年

神谷幹夫

「アンリ・コルバンの創造的想像力」『時の現象学Ⅰ』、平凡社、一九九〇年

サイイド・ホセイン・ナスル

『イスラームの哲学者』黒田壽郎・柏木英彦訳、岩波書店、一九七五年

第九章　『意識と本質』

井筒俊彦

『意識と本質——精神的東洋を索めて』、岩波書店、一九九一年

以下、『読むと書く』所収（慶應義塾大学出版会、二〇〇九年）

「意味論序説——『民話の思想』の解説をかねて」／「三田時代——サルトル哲学との出合い」／「『読む』と『書く』」

九鬼周造

以下、『偶然と驚きの哲学——九鬼哲学入門文選』所収（書肆心水、二〇〇七年）

「驚きの情と偶然性」／「哲学私見」

吉本隆明

『共同幻想論』、角川書店、一九八二年

第十章　叡知の哲学

井筒俊彦

『意識の形而上学――『大乗起信論』の哲学』、中央公論新社、二〇〇一年

「いま、なぜ、『西田哲学』か」（『西田幾多郎全集』推薦文、単行本未収録）

「『開かれた精神』の思想家」（『読むと書く』、慶應義塾大学出版会、二〇〇九年）

以下、『井筒俊彦著作集　9』所収（中央公論社、一九九二年）

「事事無礙・理理無礙――存在解体のあと」

「文化と言語アラヤ識」

大江健三郎

「井筒宇宙の周縁で――『超越のことば』井筒俊彦を読む」『新潮』、一九九一年

大塚信一

『河合隼雄――心理療法家の誕生』、トランスビュー、二〇〇九年

河合隼雄

『深層意識への道』、岩波書店、二〇〇四年

『明恵――夢を生きる』、講談社、一九九五年

小林秀雄
「感想」『小林秀雄全作品〈別巻2〉』、新潮社、二〇〇五年
ジャック・デリダ
「〈解体構築〉DÉCONSTRUCTIONとは何か」丸山圭三郎訳、『思想』、岩波書店、一九八四年
西田幾多郎
『善の研究』、岩波文庫、一九七九年
「場所的論理と宗教的世界観」『自覚について　西田幾多郎哲学論集III』、岩波書店、一九八九年

日野啓三
「言い難く豊かな砂漠の人」『井筒俊彦著作集　8』月報、中央公論社、一九九一年
「断崖にゆらめく白い掌の群れ」『日野啓三　自選エッセイ集　魂の光景』、集英社、一九九八年
ポルピュリオス
「プロティノスの一生と彼の著作の順序について」水地宗明訳『プロティノス・ポルピュリオス・プロクロス』世界の名著15、中央公論社、一九八〇年
丸山圭三郎
『生命と過剰』、河出書房新社、一九八七年
「二十一世紀の〈知〉にむけて」『生の円環運動』、紀伊國屋書店、一九九二年
山崎弁栄
「万有生起論」『無量光壽』、光明会本部、一九三〇年
『無礙光・無対光』、光明会本部、一九五七年

著者
若松英輔　Wakamatsu Eisuke
批評家・随筆家。東京工業大学リベラルアーツ研究教育院教授。1968年生まれ、慶應義塾大学文学部仏文科卒業。2007年「越知保夫とその時代　求道の文学」にて第14回三田文学新人賞、2016年『叡知の詩学　小林秀雄と井筒俊彦』にて第２回西脇順三郎学術賞、2018年『詩集　見えない涙』にて第33回詩歌文学館賞、『小林秀雄　美しい花』にて第16回角川財団学芸賞、第16回蓮如賞を受賞。著書に『イエス伝』(中央公論新社)、『魂にふれる　大震災と、生きている死者』(トランスビュー)、『悲しみの秘義』(ナナロク社)、『詩集 燃える水滴』(亜紀書房) ほか多数。『井筒俊彦全集』『井筒俊彦ざんまい』編集 (慶應義塾大学出版会)。
本書の英訳に *Toshihiko Izutsu and the Philosophy of Word* (Tr. Jean Connell Hoff, International House of Japan, 2014) がある。

井筒俊彦
——叡知の哲学

2011年５月30日　初版第１刷発行
2023年５月17日　初版第６刷発行

著　者————若松英輔
発行者————大野友寛
発行所————慶應義塾大学出版会株式会社
〒108-8346　東京都港区三田2-19-30
TEL〔編集部〕03-3451-0931
〔営業部〕03-3451-3584〈ご注文〉
〔　〃　〕03-3451-6926
FAX〔営業部〕03-3451-3122
振替　00190-8-155497
https://www.keio-up.co.jp/
装　丁————中島かほる
印刷・製本——萩原印刷株式会社
カバー印刷——株式会社太平印刷社

Printed in Japan ISBN978-4-7664-1811-8

井筒俊彦年譜

本年譜では、復刊版は邦文、英文著作とも、1989年の『マホメット』を例外に記載していない。学会、講演など、記録から日時が特定できるものはできるだけ詳細に記し、のちに単行本にまとめられた論文も、個別に記載している。復刊時に書名が変更された場合は、改められた方の名称を採用している。(例:『アラビヤ哲学』⇒『アラビア哲学』)

外国語論文は、エラノス会議での講演、のちに加筆補正され、日本語著作に採録された論考のみを記載し、他は、単行本の名称を記載するに留めた。

追悼論文集 *Consciousness and Reality*(1998年、岩波書店)と『井筒俊彦著作集別巻』(中央公論社)に収められた、岩見隆による著作・論文目録、および経歴書が、井筒俊彦の業績を知る第一次資料である。これらの一覧には、邦文、英文双方の業績が整理されている。本年譜の作成に当たっても、これらに多くを拠った。(若松英輔)

1914(大正3)年　0歳

5月4日、東京・四ツ谷、父信太郎、母シン子の間に生まれる。信太郎は、新潟の出身、米問屋の次男。禅に親しみ、碁と書をよくし、夏目漱石を愛読した。息子俊彦に、幼い頃から『無門関』、『臨済録』、『碧巌録』など禅籍、『論語』などの素読と、独自の内観法を教えている。

1927(昭和2)年　13歳

キリスト教プロテスタント・メソディスト派の青山学院大学附属中等部に入学。毎朝行われる礼拝に馴染めず、心身症のような状態になる。ある日、礼拝中に嘔吐する。しかし、その後、キリスト教嫌いは急速に癒え始め、かえって興味を覚える。のちに井筒は、この出来事を一神教的原経験だったと回想している。この頃から、西脇順三郎を愛読した。

1931(昭和6)年　17歳

井筒は5年のカリキュラムを4年で終え、青山学院を卒業。慶應義塾大学経済学部予科入学。生涯の友となる池田彌三郎に出会う。この頃、東京外国語大学の夜間部で除村吉太郎からロシア語を学ぶ。後年、除村吉太郎について「ロシアの魂の底知れぬ深み」を「揺曳していて、それがひどく私を感動させた」(「正師を求めて」)と書いている。

1934（昭和9）年　20歳

京都帝国大学文学部を受験、合格し、新聞にも発表されたが、手続上に問題があり、入学することができなかった（池田彌三郎『三田育ち』による）。慶應義塾大学文学部英吉利文学科に転部が決まると池田、加藤守雄と共に、経済学部の教科書簿記原論を数寄屋橋から投げ捨て、文学部への転部を祝った。文学部に転入後、折口信夫の講義に魅了されながらも、指導教授として西脇順三郎に学ぶ。のちに井筒は、西脇を「生涯ただひとりの我が師」（「追憶——西脇順三郎に学ぶ」）だったと書いている。西脇門下になった後も、井筒は折口の講義の聴講を続け、その模様を西脇に報告していた。

1935（昭和10）年　21歳

1月、詩「ぴろそぴあはいこおん—philosophia haikôn—」を池田彌三郎が主筆の同人誌『ひと』に寄稿。この頃、エリオットの詩「荒地」を翻訳し、池田彌三郎に渡す。

1937（昭和12）年　23歳

慶應義塾大学文学部英吉利文学科卒業。同学文学部助手に就任。同じ西脇順三郎研究室には、厨川文夫（イギリス古典学者）がいた。この頃、のちに『神秘哲学』の基となる「ギリシア神秘思想史」の講義が行われる。

小辻節三が主宰していた「聖書原典研究所」でヘブライ語を学ぶ。同所で関根正雄（のちに旧約聖書学者）を知る。その後、関根とアラビア語、ギリシア語の勉強会を始める。

アブデュルレシト・イブラヒムを知る。イブラヒムは、井筒俊彦のアラビア語とイスラーム教の導師となる。井筒はイスラームに入信することはなかったが、イブラヒムは「お前は生まれつきイスラーム教徒だ。生まれたときからイスラーム教徒なんだから、おれの息子だ」と言い、井筒を深く愛した。

1939（昭和14）年　25歳

9月、「最近のアラビア語学——新刊紹介」（『言語研究』）、12月、「アッカド語の -ma 構文について」（『言語研究』）を発表。

この頃、イブラヒムの紹介で、ムーサー・ビギエフと出会う。ムーサーは井筒のイスラーム神学・哲学の師となる。同じく、この頃、大川周明と出会う。大川周明は、井筒を信頼し、オランダなどから購入したイスラーム大叢書の整理を任せていた。

1940（昭和 15）年　26 歳

8・9 月、回教圏研究所の機関誌『回教圏』に「ザマフシャリーの倫理観」、10 月、東亜経済調査局の機関誌『新亜細亜』に「アラビア文化の性格」を発表。同研究所で前嶋信次（のち慶應義塾大学教授：イスラーム学）を知り、交流を深める。

1941（昭和 16）年　27 歳

7 月、回教圏研究所大久保幸次監修の興亜全書として『アラビア思想史』（博文館）を刊行。処女出版となる。

1942（昭和 17）年　28 歳

9 月、西脇順三郎の首唱により、慶應義塾語学研究所が開設。研究員となる。西脇の他、松本信廣、及川恒忠、清岡暎一、辻直四郎、服部四郎、魚返善雄、茅野蕭々、福原麟太郎、市河三喜、井汲清治、関口存男などが研究員として在籍。10 月、慶應義塾大学は外国語学校を創設、西脇順三郎を初代校長に就任させる。井筒は「なんでも好きな外国語講座を置いて、誰でも好きな先生を連れてくる自由を与えられた」（「道程」）。井筒は、同研究所で辻直四郎からサンスクリット、多田等観からチベット語を学ぶ。井筒はイスラーム哲学を講じた。同月、『東印度における回教法制（概説）』（東亜研究所）を刊行。

1943（昭和 18）年　29 歳

7 月、日本諸学振興委員会哲学特別学会にて講演「回教に於ける啓示と理性」を行う（発表は翌年 9 月）。10 月、『世界の言語』（慶應義塾語学研究所刊）に「トルコ語」「アラビア語」「ヒンドスターニー語」「タミル語」を執筆。

1944（昭和 19）年　30 歳

6 月、「回教神秘主義哲学者　イブン・アラビーの存在論」（『哲学』三田哲学会）。11 月、共著『西亜世界史』（弘文堂書房）に「イスラム思想史」「マホメット」「アラビア科学・技術」を執筆。アブデュルレシト・イブラヒム死去。10 月 2 日、父信太郎死去。

1947（昭和 22）年　33 歳

このころ、白井浩司訳でサルトルの『嘔吐』を読む。療養生活の中、初版『神秘哲学』の付録部分となる「ギリシアの自然神秘主義――

希臘哲学の誕生」（中央公論社版『井筒俊彦著作集』（以下『著作集』）版『神秘哲学』第一部）を執筆、出版予定だったが、書肆が倒産し、中止。

1948（昭和23）年　34歳

3月、「ロシアの内面的生活――十九世紀文学の精神史的展望」（『個性』）を発表。5月、共著『世界哲学講座五巻』に「アラビア哲学――回教哲学」（光の書房）を執筆（この論考は、1975年『アラビア思想史』の改訂版『イスラーム思想史』が出版されるとき、統合される）。

この頃、光の書房社主上田光雄を知る。上田は井筒に『神秘哲学』の執筆を強く促した。上田は書肆の経営者でありながら、自身も哲学論考の執筆や翻訳を行った。また、光の書房とは別に「哲学道教団・神秘道」なる宗教法人やそれに付属する修道・教育機関である「哲学修道院　ロゴス自由大学」を運営していた。井筒は、上田による「熱烈な支持と激励」がなければ、『神秘哲学』は生まれなかったと記している。

1949（昭和24）年　35歳

5月、講義「言語学概論」を始める（川島第二郎の講義ノートによると翌年まで）。9月、『神秘哲学――ギリシアの部』（光の書房）を刊行。病床で「血を吐きながら」書いた。同書で、第一回福澤賞と義塾賞を受賞。続編として、第二部ヘブライの部、第三部キリスト教神秘主義の部が予定され、広告も出されていたが、光の書房の倒産により中止。11月、「詩と宗教的実存――クロオデル論」（『女性線』）を発表。ムーサー・ビギエフ死去。8月15日、母シン子死去。

1950（昭和25）年　36歳

9月、『アラビア語入門』（慶應出版社）刊行。慶應義塾大学文学部助教授に就任。

1951（昭和26）年　37歳

1月、慶應義塾大学通信教育部のテキストとして『露西亜文学Ⅰ』、6月、『露西亜文学Ⅱ』（慶應通信）を刊行。8月、「神秘主義のエロス的形態――聖ベルナール論」（『三田哲学』）を発表。

講義：後期「言語学概論」（1956年まで）が始まる。村上博子（詩人・カトリック絵本作家）による講義ノートがある。この頃から、コーランの翻訳を始める（完成は58年）。

1952（昭和 27）年　38 歳

豊子と結婚。4 月、アテネ文庫の一冊として『マホメット』（弘文堂）を刊行。7 月、「トルストイに於ける意識の矛盾性について」（『三色旗』）を発表。11 月、共著『世界言語概説』上巻に「ヒンドスターニー語」を執筆。

1953（昭和 28）年　39 歳

2 月、『ロシア的人間——近代ロシア文学史』（弘文堂）を刊行。春、国際文化会館の知的交流委員会の招聘で来日していたM・C・ダーシーに会い、自ら、『愛のロゴスとパトス』の翻訳を申し出る。8 月、「クローデルの詩的存在論」（『三田文学』）を発表。

9 月、折口信夫死去。

1954（昭和 29）年　40 歳

慶應義塾大学文学部教授に就任。

1955（昭和 30）年　41 歳

5 月、共著『世界言語概説』下巻に「アラビア語」を執筆。夏、京都大学で意味論の集中講義を行う。

1956（昭和 31）年　42 歳

Language and Magic: Studies in the Magical Function of Speech（慶應義塾大学語学研究所）を刊行。初めての英文著作となる。

1957（昭和 32）年　43 歳

3 月、翻訳『愛のロゴスとパトス』（M・C・ダーシー著、創文社）を刊行。11 月、日本初の原典訳『コーラン』（岩波文庫）の刊行が始まる（翌年 6 月まで）。12 月、「マホメットとコーラン」（『文庫』）。同月、大川周明死去。

1958（昭和 33）年　44 歳

4 月、「記号活動としての言語」（『三色旗』）、7 月「コーランと千夜一夜物語」（『文庫』）を発表。

1959（昭和 34）年　45 歳

ロックフェラー財団の奨学金を受け 2 年間の留学。初めての海外渡航。レバノンに半年間滞在。10 月、海外便り「レバノンから　ベイ

ルートにて」(『三田評論』)を発表。慶應義塾大学から文学博士号を授与。*The Structure of the Ethical Terms in the Koran: A Study in Semantics*(慶應義塾大学語学研究所)を刊行。

1960(昭和35)年　46歳

前年の留学を継続し、エジプト・カイロに滞在。8月、シリア、アレッポを訪れる。10月、ドイツでレオ・ヴァイスゲルバーに会う。その後、パリを経て、モントリオールに到着。マギル大学イスラーム研究所で研究を始める。

1961(昭和36)年　47歳

ニューヨークでアメリカ宗教学会総会に参加。慶應義塾大学の同僚前嶋信次と共に、ボストン郊外・コンコードにエマソン、ソローの足跡を訪ねる。7月、海外便り「ボストンから」(『三田評論』)を発表。イスラーム圏での経験を生かし、『コーラン』(岩波文庫)の改訳に着手する。

12月から翌年6月までマギル大学イスラーム研究所で特別講義を行う。

1962(昭和37)年　48歳

この頃、言語学者泉井久之助が、井筒を京都大学へ招こうとした。これが契機となり、6月、慶應義塾大学は、語学研究所を改組し、「慶應義塾大学言語文化研究所」を発足、井筒俊彦を教授に任命した。初代所長は松本信廣(東洋史・民俗学)。研究所専任教授は、文学部から移籍された井筒俊彦と辻直四郎(インド古代哲学)のみという小世帯の研究所だった。

マギル大学へ客員教授として赴任(1968年まで)。同大学でメフディ・ムハッキク(イラン人、イスラーム学)を知る。二人は、19世紀のイスラーム・スコラ哲学者、サブザワーリーのテキスト校訂など共同的業績を複数残している。また、同研究所でヘルマン・ランドルトを知る。当時を振り返り、井筒は、「とにかく止むに止まれぬ実存的衝迫のようなものにつき動かされていた」(「道程」)と書いている。

1964(昭和39)年　50歳

God and Man in the Koran: Semantics of the Koranic Weltanschauung(慶應義塾大学言語文化研究所)を刊行。12月、『コーラン』の改訳が終る。

1965（昭和40）年　51歳

The Concept of Belief in Islamic Theology: A Semantic Analysis of ÎMÂN and ISLÂM（慶應義塾大学言語文化研究所）を刊行。

1966（昭和41）年　52歳

Ethico-Religious Concepts in the Qur'ān（McGill-Queen's University Press），*A Comparative Study of the Key Philosophical Concepts in Sufism and Taoism*（慶應義塾大学言語文化研究所）を刊行。後者続巻は翌年刊行。この著作は、*Sufism & Taoism: A Comparative Study of the Key Philosophical Concepts* と改題、改訂増補され、1983年、岩波書店から、翌84年、University of California Press から刊行される。井筒の英文主著。

1967（昭和42）年　53歳

6月、「哲学的意味論」（『慶應義塾大学言語文化研究所所報』）を発表。夏、36回エラノス会議に初めて正式講演者として参加、"The Absolute and the Perfect Man in Taoism" を講演。鈴木大拙に続き、日本人として二番目の参加者となる。このとき、宗教学者ミルチャ・エリアーデと出会い、親交を深める。

1968（昭和43）年　54歳

慶應義塾大学文学部教授を退任。

1969（昭和44）年　55歳

マギル大学に正式に教授として迎えられる（1975年まで）。マギル大学イスラーム学研究所テヘラン支部の開設に伴い、メフディ・ムハッキクと共にテヘランへ移住。前年までは半年間をモントリオール、半年間を日本で暮らしたが、移住後は、十年間、本拠地をテヘランに据えた。夏、38回エラノス会議に参加。"The Structure of Selfhood in Zen Buddhism" を講演（のちに改稿され「禅的意識のフィールド構造」として『コスモスとアンチコスモス』に収録）。6月、「コーラン翻訳後日談」（『三田評論』）を発表、ホノルルで行われた第5回東西哲学者会議に参加。「イスラムに於ける形而上学的思惟の基礎構造」を講演（「コーラン翻訳後日談」）。

冬、イスラエル・エルサレムのヘブライ大学、アジア・アフリカ研究所で、カバラー研究の泰斗ゲルショム・ショーレム、マイモンデス研究の第一人者シュロモ・ピネス、原子物理学者であり、新プラトン主義的自然学、時間論を研究するシュムエル・ザンブルスキー

らを聴衆に “An Analysis of Wahdat al-Wujud” を講演（のちに補正され、『イスラーム哲学の原像』に収録される）。

1970（昭和45）年　56歳

夏、39回エラノス会議に参加。“Sense and Nonsense in Zen Buddhism” を講演。このとき、シュタイナーの先駆的研究者高橋巖が同行している。

1971（昭和46）年　57歳

国際哲学研究所（Institut International de Philosophie）会員になる。*The Concept and Reality of Existence*（慶應義塾大学言語文化研究所）を刊行。

1972（昭和47）年　58歳

春、テヘラン大学の学生5人とイブン・アラビー『叡智の台座』の読書会を始める。読書会は1977年まで続けられ、参加者には、のちにイブン・アラビーの研究者として知られることとなるウィリアム・チティック、イスラーム学者となるナスロッラ・プールジャヴァーディ、ゴラームレザ・アーヴァーニーがいた。5月20日および24日に、イラン・テヘラン大学で「新創造」の題下で講演。8月、「アイヌ＝ル＝クザート・ハマダーニの思想における神秘主義と言語の多義的用法の問題」（『オリエント』黒田壽郎訳）を発表。夏、41回エラノス会議に参加。“The Elimination of Color in Far Eastern Art and Philosophy” を講演。9月、スペイン・マドリッドでの国際中世哲学大会に参加。学会の後、イスラーム学者モンゴメリ・ワット等とコルドバを旅行。11月、英文著作の翻訳『意味の構造——コーランにおける宗教道徳概念の分析』（牧野信也訳、新泉社）を刊行。

1973（昭和48）年　59歳

2月、「東西文化の交流」（『三田評論』）を発表。夏、42回エラノス会議に参加。“The Interior and Exterior in Zen Buddhism” を講演。

1974（昭和49）年　60歳

1月、「回教哲学所感」（『図書』）を発表。夏、43回エラノス会議に参加。“The Temporal and A-Temporal Dimensions of Reality in Confucian Metaphysics” を講演。テヘラン大学より博士号を授与。

1975（昭和 50）年　61 歳

2 月、『イスラーム思想史』（岩波書店）刊行、同月、「禅における言語的意味の問題」（『理想』）を発表。夏、44 回エラノス会議に参加、"Native Realism and Confucian Philosophy" を講演。イラン王立哲学研究所に教授として迎えられる（1979 年 1 月、イラン革命勃発まで）。

1976（昭和 51）年　62 歳

夏、45 回エラノス会議に参加。"The I Ching Mandala and Confucian Metaphysics" を講演。ロンドンで開催されたイスラーム・フェスティヴァルで、華厳哲学について講演。同じく、夏、東大寺を訪れる。

1977（昭和 52）年　63 歳

Toward a Philosophy of Zen Buddhism（Iranian Academy of Philosophy）を刊行。10 月、テヘランでの国際シンポジウムに参加、"BEYOND DIALOGUE: A Zen Point of View" を講演（のちに「対話と非対話」と題され、『意識と本質』に収録）。イラン人建築研究家の N・アルダランと共に、東大寺を再訪。

1978（昭和 53）年　64 歳

1 月、今道友信との対談「東西の哲学」（『思想』）を発表。井筒俊彦監修の「イスラーム古典叢書（岩波書店）」として、3 月、翻訳『存在認識の道――存在と本質について』（モッラー・サドラー著）、5 月、翻訳『ルーミー語録』を刊行。それぞれに詳細な解説を執筆する。同叢書にスフラワルディーの『照明哲学』も刊行の予定だったが未刊。

夏、47 回エラノス会議に参加。"The Field Structure of Time in Zen Buddhism" を講演。

1979（昭和 54）年　65 歳

1 月、「対話と非対話――禅問答についての一考察」（『思想』）を発表。2 月、イラン革命のため日航の救出機でテヘランを後にし、アテネ経由で日本に帰国する。このときを境に、井筒は自身の生涯が第三期に入ったという。5 月 22・29 日、岩波市民講座で「イスラーム哲学の原点」を講演（発表は同年 8・10 月「イスラーム哲学の原点――神秘主義的主体性のコギト」として『思想』に掲載）。6 月、岩村忍との対談「イスラーム世界とは何か」（『中央公論』）を発表。夏、48 回エラノス会議に参加。"Between Image and No-Image: Far Eastern

Ways of Thinking" を講演。10月、『イスラーム生誕』(人文書院)を刊行。12月、「本質直観――イスラーム哲学断章」(『理想』)を発表。同月、慶應義塾大学主催国際シンポジウム「地球社会への展望」で講演「人間存在の現代的状況と東洋哲学」を行う。コルドバ国際シンポジウムで「東洋哲学における物質と意識」を講演(『意識の遍歴』たま出版に収録)。追悼集『回想の厨川文夫』に「追憶」を執筆。

1980(昭和55)年　66歳

1月〜6月まで『三田評論』にエッセイを連載(「国際会議・学際会議」「道程」「慶應国際シンポジウム所感」「武者修行」「正師を求めて」「師と朋友」)。4月23日、日本文化会議で講演「イスラームとは何か」を行う(7月、『中央公論』で「イスラームの二つの顔」として発表)。5月、『イスラーム哲学の原像』(岩波書店)刊行。6月、「意識と本質」(『思想』)連載始まる(1982年2月まで)。同月、上田閑照・大沼忠弘との鼎談「神秘主義の根本構造――『イスラーム哲学の原点』をめぐって」(『理想』)を発表。夏、49回エラノス会議に参加。"The Nexus of Ontological Event: A Buddhist View of Reality" を講演。『鈴木大拙全集』に推薦文「第一級の国際人」を書く。

1981(昭和56)年　67歳

1月、伊東俊太郎との対談「イスラーム文明の現代的意義」(『エコノミスト』)を発表。3月、『イスラーム神秘主義におけるペルソナの理念』(R・A・ニコルソン著、中村潔訳)に序詞を寄せる。12月『イスラーム文化』(岩波書店)刊行。11月27日〜30日、モロッコ王国学士院主催の国際シンポジウム「現代世界における知的、精神的危機」に参加。*The Theory of Beauty in the Classical Aesthetic of Japan*(井筒豊子との共著、Martinus Nijhoff)を刊行。慶應義塾大学名誉教授に就任。

1982(昭和57)年　68歳

1月18日から3月29日まで、岩波市民セミナー第1回として計10回、「コーランを読む」を講義。6月、西脇順三郎死去。7月、池田彌三郎死去。夏、51回エラノス会議に参加。"Celestial Journey: Mythopoesis and Metaphysics" を講演。同会議でミルチャ・エリアーデと再会。最後の面会となる。また、この年が井筒俊彦にとって、最後のエラノスとなった。10月、「追憶――西脇順三郎に学ぶ」(『英語青年』)を発表。11月、『イスラーム文化』で毎日出版文化賞受賞。

12月、日本学士院会員に選ばれる。柳瀬睦男の依頼を受け上智大学アジア文化研究所で講演。

1983(昭和58)年　69歳

1月、「デリダ現象」(『新刊の目』)を発表。同月、『意識と本質』(岩波書店)刊行。2月、「幻影の人——追憶　池田彌三郎」(『中央公論』)を発表。5月、「『読む』と『書く』」(『理想』)を発表。6月、『コーランを読む』(岩波書店)を刊行。同月、ジェイムズ・ヒルマン、河合隼雄との鼎談「ユング心理学と東洋思想」(『思想』)を発表。同月、パリでジャック・デリダに会う。同年7月13日付で、デリダは前月の対話をふまえた書簡体の論考「日本人の友への手紙」を発表している(この書簡は丸山圭三郎による翻訳がある。1984年『思想』4月号)。7月『西脇順三郎全集』別巻月報に「西脇先生と言語学と私」を執筆。9月、「デリダのなかの『ユダヤ人』」(『思想』)を発表。12月23日、日本工業倶楽部、素修会で講演、「シーア派イスラーム」を行う。朝日賞(朝日新聞社)を受賞。同年司馬遼太郎も同賞を受賞。二人の出会いとなる。

1984(昭和59)年　70歳

3月、「語学開眼」(『道——昭和の一人一話集』)。同月、「シーア派イスラーム——シーア的殉教者意識の由来とその演劇性」(『世界』)、岩波書店創業70年記念国際フォーラム『現代文明の危機と時代精神』に「文化と言語アラヤ識——異文化間対話の可能性の問題をめぐって」を寄稿。4月、「単数・複数意識」(『文学』)、「『書く』——デリダのエクリチュール論に因んで」(『思想』)を発表。同月、マーク・テイラーの『さまよう』(井筒豊子訳、岩波書店)の原著 *Erring A Postmodern A/theology* に推薦文を書く。早春、ロンドンのイスマーイール研究所に招かれ、イスラーム哲学における古代インド哲学の受容について3ヶ月間講義を行う。6月、「スーフィズムと言語哲学」(『思想』)、ヘルマン・ランドルトとの対談「スーフィズムとミスティシズム」(『思想』)を発表。10月、「混沌——無と有のあいだ」(『国語通信』)を発表。12月26日、高野山で開催された第17回日本密教学大会で特別講演「言語哲学としての真言」を行う(翌年3月、『密教研究』に発表)。『意識と本質』で読売文学賞受賞。

1985(昭和60)年　71歳

1月、遠藤周作との対談「文学と思想の深層」(『世界』)を発表。2月、「意味分節理論と空海——真言密教の言語哲学的可能性を探る」(「言

語哲学としての真言」の補正版、『思想』）を発表。7・9月、「事事無礙・理理無礙——存在解体のあと」（『思想』）を発表。11月、「三田時代——サルトル哲学との出合い」（『三田文学』）を発表。12月、『意味の深みへ』（岩波書店）を刊行。

1986（昭和61）年　72歳

1月、対談集『叡知の台座』（岩波書店）を刊行。3・4月、「創造不断——東洋的時間意識の元型」（『思想』）を発表。5月12日、日本学士院の例会で、イスマーイール派の「暗殺団」について講演。同講演を7・8月に「イスマイル派『暗殺団』——アラムート城砦のミュトスと思想」として発表（『思想』)。9月「エリアーデ哀悼——『インド体験』をめぐって」（『ユリイカ』）を発表。12月13日～17日まで、天理大学で行われた同学主催の国際シンポジウムに参加、講演「コスモスとアンチコスモス」を行う。『プロティノス全集』、『西谷啓治著作集』に推薦文を書く。

1987（昭和62）年　73歳

1月、「気づく——詩と哲学の起点」（『思想』）を発表。3月、「コスモスとアンチコスモス——東洋哲学の立場から」（『思想』）を発表。4月、「風景」（『月刊かながわ』）を発表。

1988（昭和63）年　74歳

『岩波講座・東洋思想』の編纂委員になる。1月「中世ユダヤ哲学史における啓示と理性」、10月、「言語現象としての『啓示』」、「アヴィセンナ・ガザーリー・アヴェロエス『崩落』論争——『哲学の崩落』と『崩落の崩落』をめぐって」を『岩波講座・東洋思想』に執筆。8月、1969年のエラノスでの講演に加筆した「禅的意識のフィールド構造」（『思想』）を発表。11月、安岡章太郎との対談「思想と芸術」（『三田文学』）を発表。『下村寅太郎著作集』に推薦文を書く。

1989（昭和64・平成元）年　74歳

4月、コンサイス『20世紀思想辞典』に「東洋思想」の長文項目を執筆。5月、『マホメット』（講談社学術文庫）を初出に戻し、復刊。6月、「TAT TVAM ASI（汝はそれなり）——バーヤジード・バスターミーにおけるペルソナ転換の思想」（『思想』）を発表。7月、『コスモスとアンチコスモス』（岩波書店）を刊行。

1990（平成 2）年　75 歳

1 月、「マーヤ的世界認識――不二一元論的ヴェーダーンタの思惟構造をめぐって」（『思想』）を発表。『エラノス叢書』（平凡社）の監修者になる。7 月、「『エラノス叢書』の発刊に際して――監修者のことば」を執筆。12 月、佐竹昭広『民話の思想』の解説として「意味論序説――『民話の思想』の解説をかねて」を執筆。

1991（平成 3）年　76 歳

5 月、『超越のことば』（岩波書店）を刊行。10 月、『井筒俊彦著作集』（中央公論社）の刊行が始まる（1993 年、著者の死後完結）。第一巻に「『著作集』の刊行にあたって」を執筆。

1992（平成 4）年　77 歳

4 月、『井筒俊彦著作集 4　意味の構造』の前半部分に大きく加筆補正する。

晩秋、司馬遼太郎との対談「二十世紀末の闇と光」を行う。最後の対談となる（発表は翌年 1 月『中央公論』）。「意識の形而上学――『大乗起信論』の哲学」の連載（『中央公論』）を開始。5 月、「存在論的視座」、8 月「存在論から意識論へ」、10 月「実存意識機能の内的メカニズム」（第 3 回が絶筆となる）。

1993（平成 5）年　78 歳

1 月 7 日、朝、執筆を終え、寝室へ向かう途中、絨緞につまずき転倒。何ごともないかのように立ち上がり、妻豊子に「お休み」と声をかけたがこれが最後の言葉となる。午前 9 時、寝室で脳出血を起こす。同日、午後 4 時 45 分鎌倉市の病院にて死去。葬儀は本人の遺志で行われなかった（墓所は鎌倉円覚寺）。3 月『意識の形而上学――『大乗起信論』の哲学』（中央公論社）が刊行。

1994（平成 6）年　没後 1 年

12 月、*Creation and the Timeless Order of Things: Essays in Islamic Mystical Philosophy*（White Cloud Press）が刊行。

2001（平成 13）年　没後 8 年

11 月、『井筒ライブラリー・東洋哲学』第一巻として井筒による『老子』の英訳（慶應義塾大学出版会）が刊行。

2008（平成20）年　没後15年

エラノス会議での講演録 *The Structure of Oriental Philosophy: Collected Papers of the Eranos Conference*（慶應義塾大学出版会）上・下巻が刊行。

8月、マレーシア・クアラルンプールで井筒俊彦のイスラーム学をめぐって国際会議 "Japanese Contribution to Islamic Studies: The Legacy of Toshihiko Izutsu" が開催される。2002年以降、マレーシアでは井筒俊彦の没後も複数の英文著作が復刊されている。

2009（平成21）年　没後16年

1月、『三田文学』で井筒俊彦特集が組まれる。

2011（平成23）年　没後18年

3月、『井筒俊彦英文著作集』（慶應義塾大学出版会）の刊行が始まる。第一巻として *Language and Magic: Studies in the Magical Function of Speech* 刊行。

2013（平成25）年　没後20年

『井筒俊彦全集』（全12巻、別巻1、慶應義塾大学出版会）の刊行が始まる。